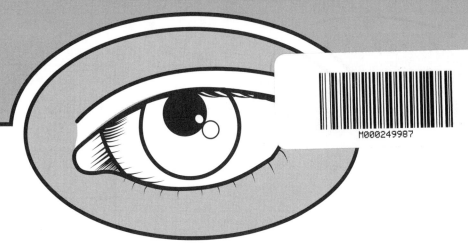

Mis cinco sentidos

Esta sección contiene 16 páginas en español con actividades, juegos y experimentos sobre nuestros cinco sentidos, cómo los utilizamos, y cómo funcionan nuestros órganos sensoriales. Las actividades se pueden utilizar de las siguientes maneras:

- Con niños de 1er grado, puede dirigir lecciones para grupos pequeños o para toda la clase.

- Con niños de 2° y 3er grado, puede utilizar las actividades para lecciones dirigidas con grupos pequeños o con toda la clase, para actividades independientes en centros, o como trabajo independiente.

Utilice los recursos de su biblioteca y colegio para ampliar el contenido proporcionado en estas páginas.

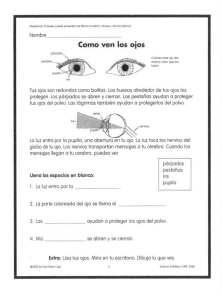

My Five Senses

This section contains 16 pages in English with activities, games, and experiments about our five senses, how we use them, and how our sensory organs function. Activities may be used in the following settings:

- With children in 1st grade, use activities for guided lessons with small groups or the whole class.

- With children in 2nd and 3rd grades, use activities for guided lessons with small groups or the whole class, for independent activities in centers, or for independent work.

Use resources from your library and school to expand upon the content presented in these pages.

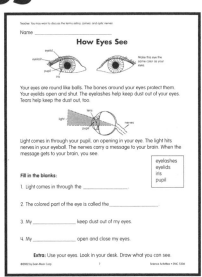

Science Activities • EMC 5306

Nombre_____

Mis cinco sentidos

Veo con mis <u>ojos</u>.
Oigo con mis <u>oídos</u>.
Huelo con mi <u>nariz</u>.
Saboreo con mi <u>lengua</u>.
Siento con mi <u>piel</u>.

Estos son mis cinco sentidos.
Ellos envían mensajes a mi cerebro.
Mi cerebro le dice a mi cuerpo lo
que tiene que hacer.

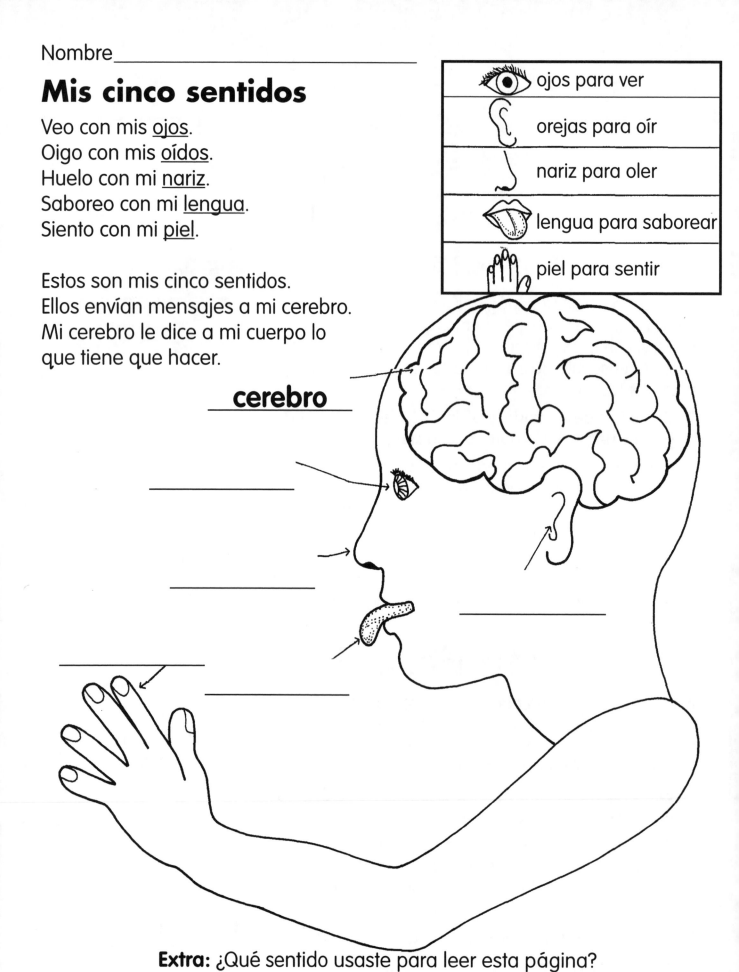

ojos para ver	
orejas para oír	
nariz para oler	
lengua para saborear	
piel para sentir	

cerebro

_____

_____

_____

_____

Extra: ¿Qué sentido usaste para leer esta página?

2   Science Activities • EMC 5306

Name _____

My Five Senses

I see with my <u>eyes</u>.
I hear with my <u>ears</u>.
I smell with my <u>nose</u>.
I taste with my <u>tongue</u>.
I feel with my <u>skin</u>.

These are my 5 senses.
They send messages to my brain.
My brain tells my body what to do.

	eye to see
	ear to hear
	nose to smell
	tongue to taste
	skin to feel

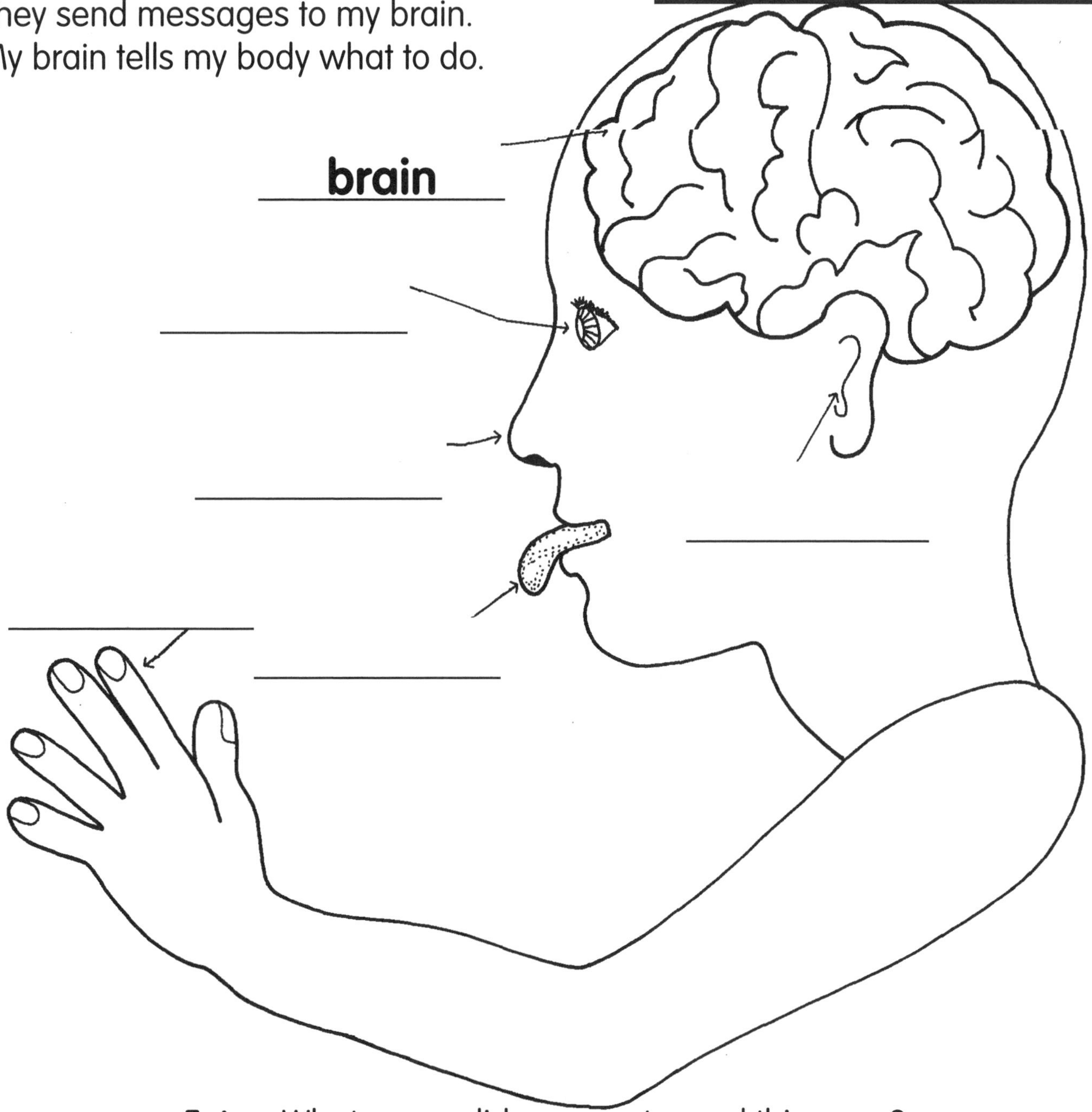

brain

_____

_____

_____

_____

Extra: What sense did you use to read this page?

Nombre_____

Mis ojos

Yo puedo ver con mis ojos. Puedo
ver de cerca y de lejos. Puedo ver
formas y colores. Puedo natar si está
oscuro o claro. A veces los ojos
no ven bien. Entonces, se necesita
usar lentes para ver.

Usa tus ojos para colorear:

◯ rojo   ▢ azul   △ verde

Extra: Dibuja lentes en la cara.

©2002 by Evan-Moor Corp.
Science Activities • EMC 5306

Name _____

My Eyes

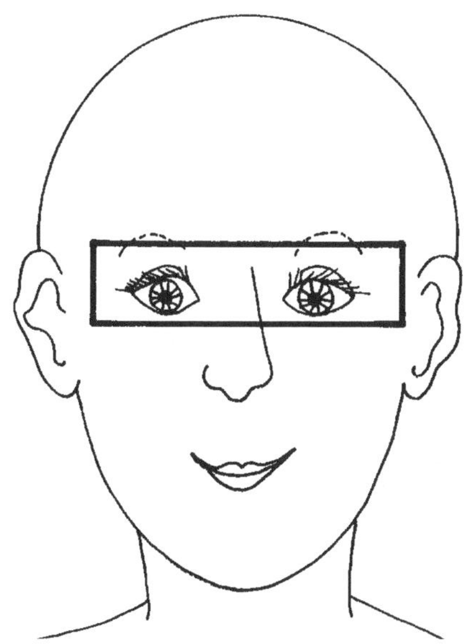

I can see with my eyes. I can see near and far. I can see shapes and colors. I can tell if it is light or dark. Sometimes eyes do not see well. Then you need glasses to help you see.

Use your eyes to help you color:

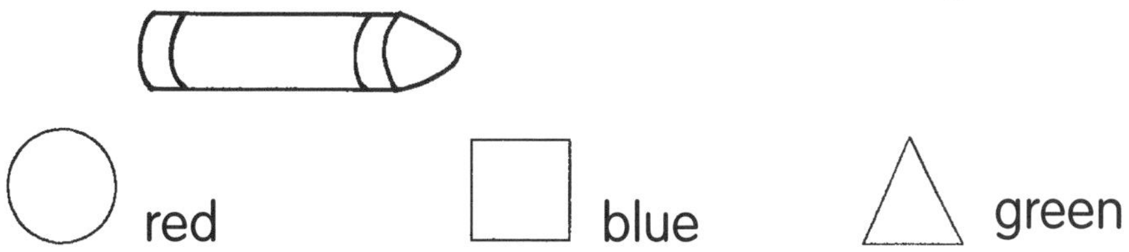

○ red   □ blue   △ green

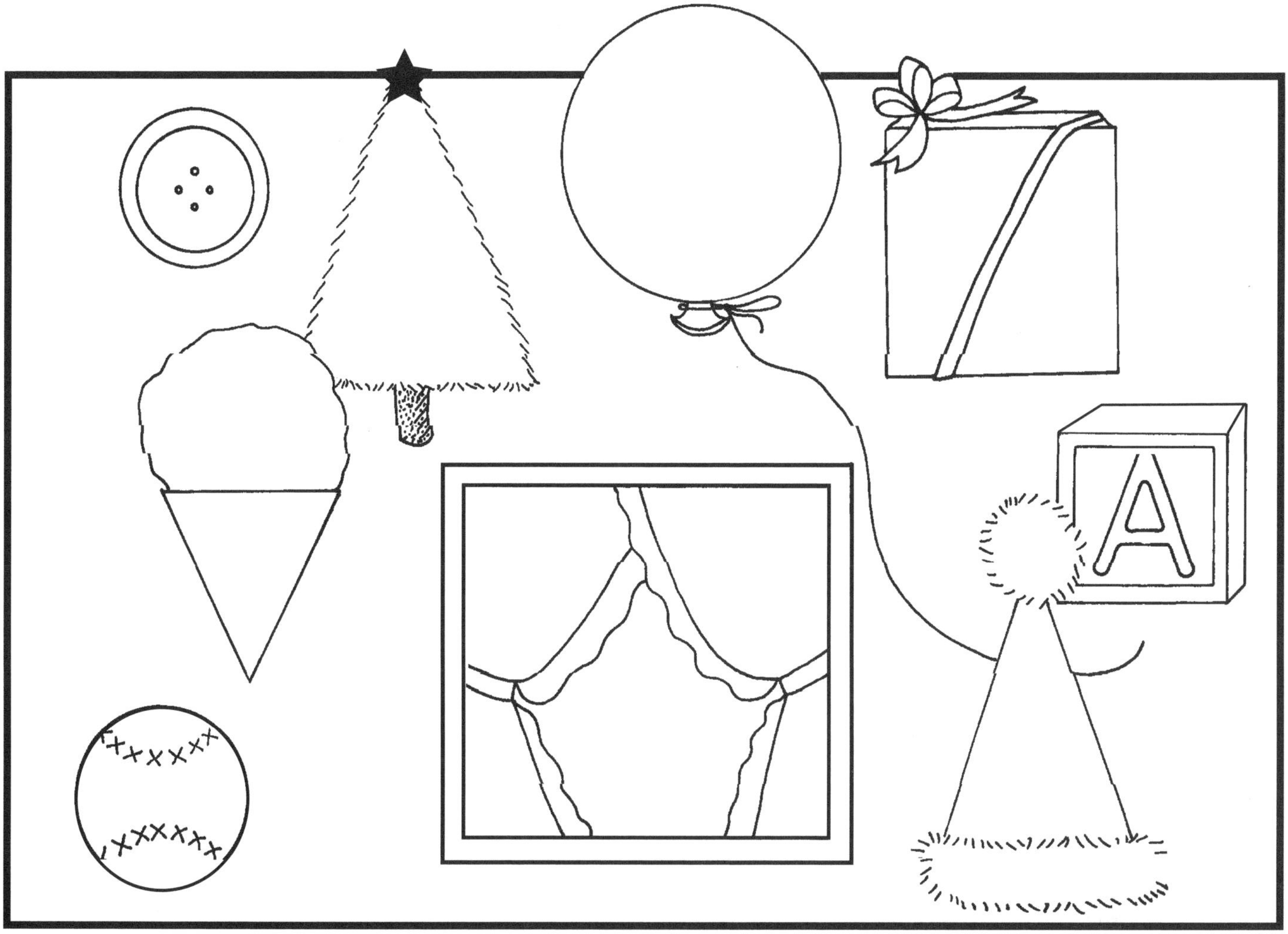

Extra: Make glasses on the face.

Science Activities • EMC 5306

Nombre_____

Como ven los ojos

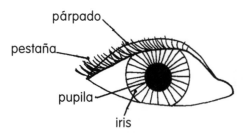

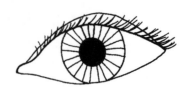

Colorea este ojo del mismo color que los tuyos.

Tus ojos son redondos como bolitas. Los huesos alrededor de tus ojos los protegen. Los párpados se abren y cierran. Las pestañas ayudan a proteger tus ojos del polvo. Las lágrimas también ayudan a protegerlos del polvo.

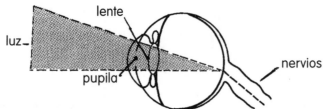

La luz entra por la pupila, una abertura en tu ojo. La luz toca los nervios del globo de tu ojo. Los nervios transportan mensajes a tu cerebro. Cuando los mensajes llegan a tu cerebro, puedes ver.

| párpados |
| pestañas |
| iris |
| pupila |

Llena los espacios en blanco:

1. La luz entra por la _____ .

2. La parte coloreada del ojo se llama el _____ .

3. Las _____ ayudan a proteger los ojos del polvo.

4. Mis _____ se abren y se cierran.

Extra: Usa tus ojos. Mira en tu escritorio. Dibuja lo que ves.

Name _____

How Eyes See

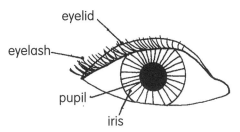 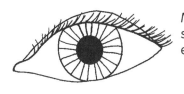

Make this eye the same color as your eyes.

Your eyes are round like balls. The bones around your eyes protect them. Your eyelids open and shut. The eyelashes help keep dust out of your eyes. Tears help keep the dust out, too.

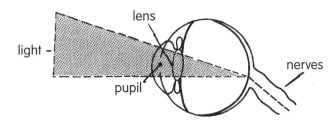

Light comes in through your pupil, an opening in your eye. The light hits nerves in your eyeball. The nerves carry a message to your brain. When the message gets to your brain, you see.

eyelashes
eyelids
iris
pupil

Fill in the blanks:

1. Light comes in through the _____.

2. The colored part of the eye is called the_____.

3. My _____ keep dust out of my eyes.

4. My _____ open and close my eyes.

Extra: Use your eyes. Look in your desk. Draw what you can see.

Nombre_____

Mis oídos

Oigo con mis oídos. Puedo oír sonidos altos y sonidos bajos. Puedo oír sonidos fuertes y sonidos suaves.

¿Qué puedes oír?
Circula:

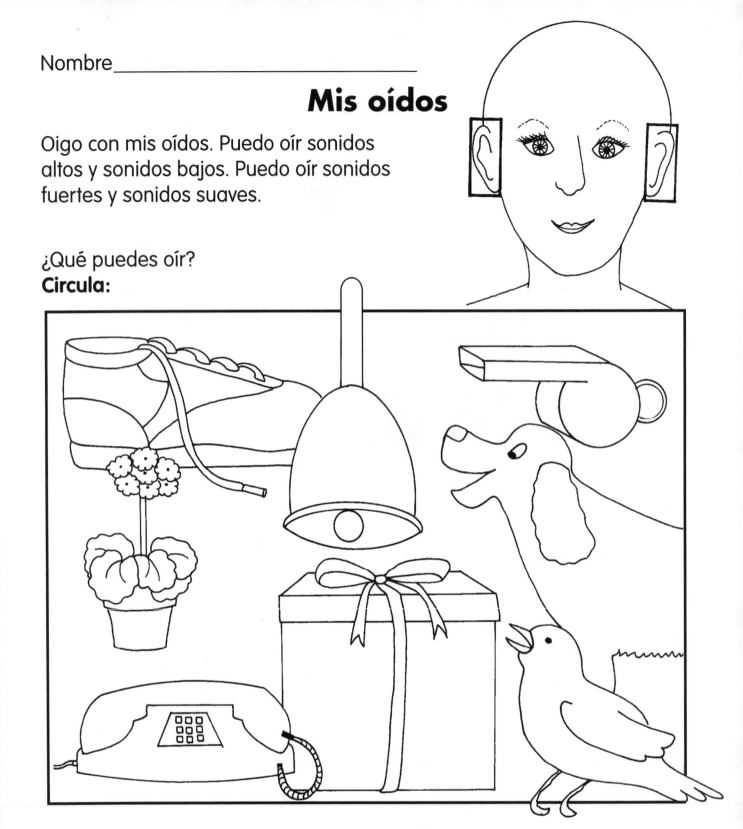

Si un sonido es demasiado fuerte, me puede lastimar los oídos. También se pueden lastimar si meto objetos en mis orejas.

Extra: ¿Cuál fue el primer sonido que oíste hoy?

 Science Activities • EMC 5306

Name _____

My Ears

I hear with my ears. I can hear high sounds and low sounds. I can hear loud sounds and soft sounds.

What can you hear?
Circle:

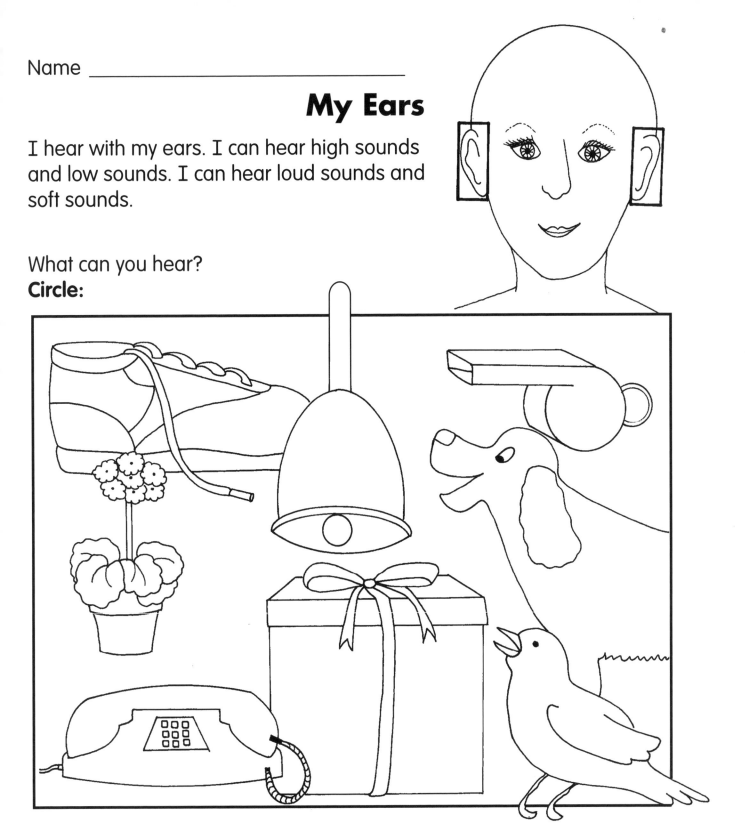

If a sound is too loud, it can hurt my ears.
Putting sharp things in my ears can hurt them, too.

Extra: What was the first sound you heard today?

       Science Activities • EMC 5306

Nombre_____

Cómo escuchan los oídos

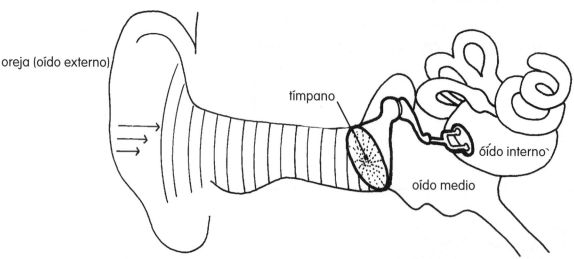

Los sonidos se mueven en el aire hacia tus orejas. Las orejas atrapan las ondas de sonido y las pasan por el oído externo hacia el tímpano. Después, el sonido pasa por tres huesitos en el oído y por una parte del oído que se parece a un caracol. Luego los nervios llevan las ondas de sonido hacia el cerebro. Cuando llegan al cerebo, oyes el sonido. Todo esto sucede muy rápidamente.

Llena los espacios en blanco:

| aire |
| huesos |
| cerebro |
| tímpano |
| oír |

1. El_____ lleva las ondas de sonido hacia el oído.

2. El_____ y tres pequeños _____ ayudan a pasar el sonido.

3. Los nervios transportan el sonido hacia el _____.

4. Los oídos nos ayudan a _____ sonidos.

Extra: ¿Qué sonido te gusta oír?_____

Name _____

How Ears Can Hear

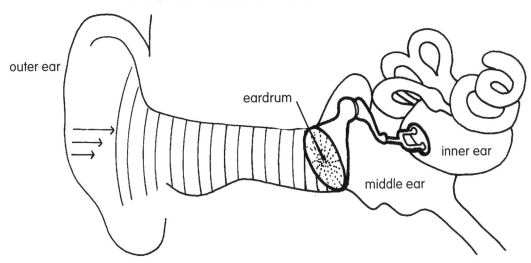

Sounds move in the air toward your ear. Your ears catch the sound waves and take them along your ear to the eardrum. Next, the sound moves past 3 little bones in your ear and along a part of your ear that looks like a little snail shell. Then nerves take the sound waves on to your brain. When they reach your brain, you hear sound. This all happens very quickly.

Fill in the blanks:

air
bones
brain
eardrum
hear

1. The _____ carries sound waves toward your ear.

2. Your_____ and 3 little _____ help move the sound along.

3. Nerves take the sound to your _____.

4. Our ears help us to _____ sounds.

Extra: What sound do you like to hear? _____

Mi nariz

Yo huelo con mi nariz. Yo puedo sentir los olores buenos y malos. Mi nariz calienta y limpia el aire que respiro.

Piensa en estos olores.
Colorea lo que huele bien.
Pon una **X** sobre lo que huele mal.

Extra: El olor que más me gusta es _____.

Name _____

My Nose

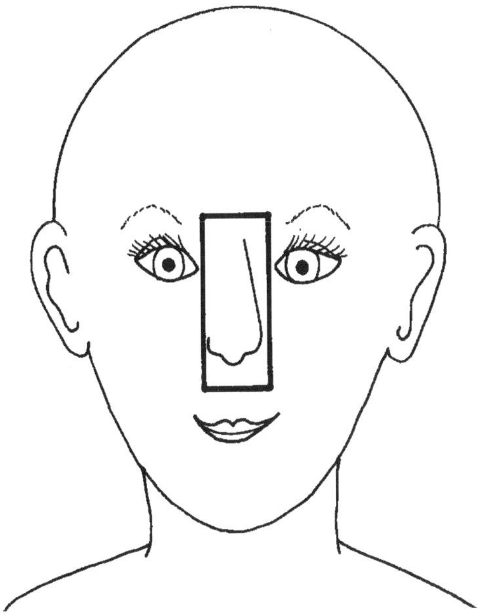

I smell with my nose. I can smell good smells and bad smells. My nose warms and cleans the air I breathe.

Think about these smells:
Color the things that smell good.
X the things that smell bad.

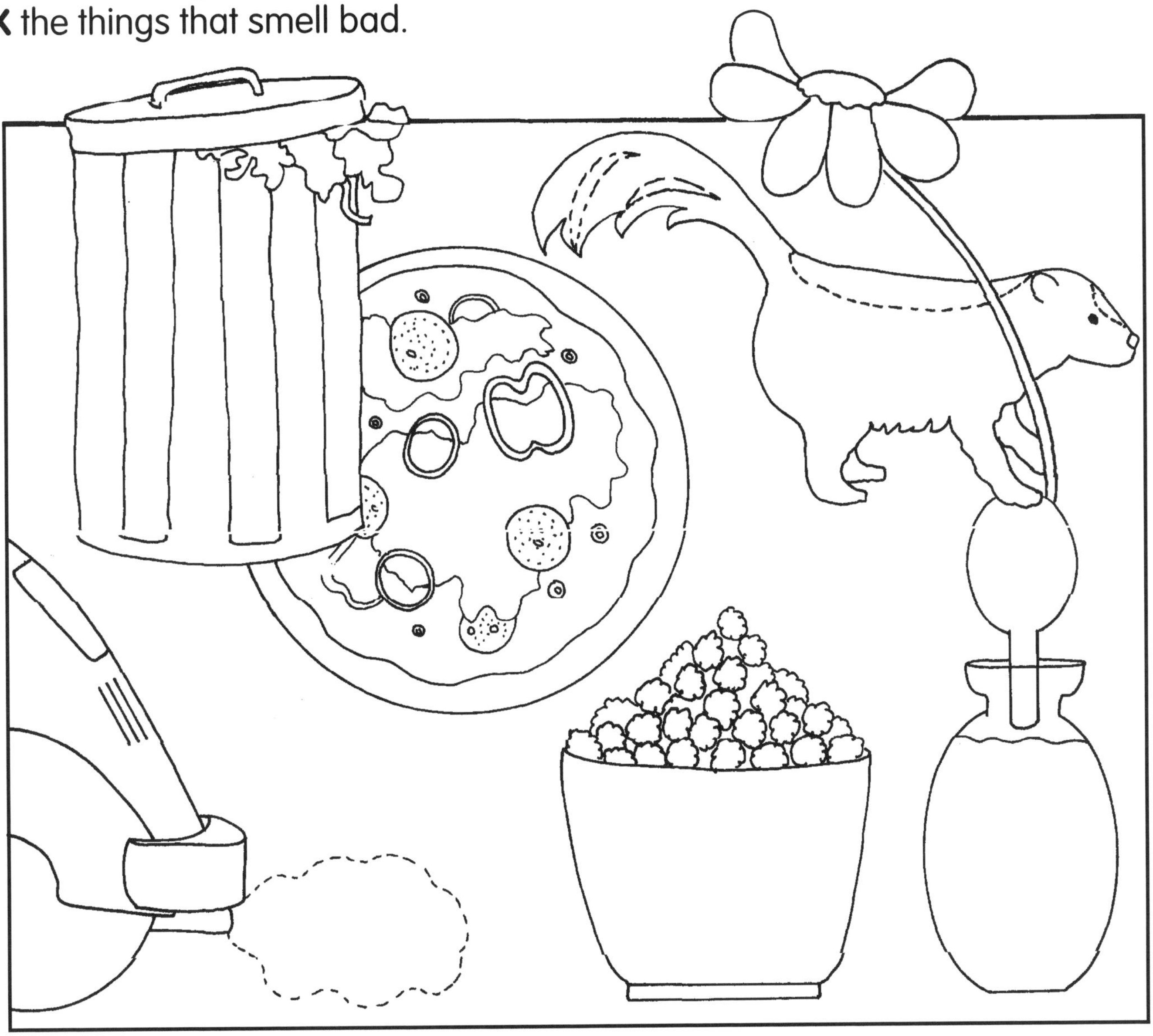

Extra: The smell I like the best is _____.

Nombre_____

Cómo puede oler una nariz

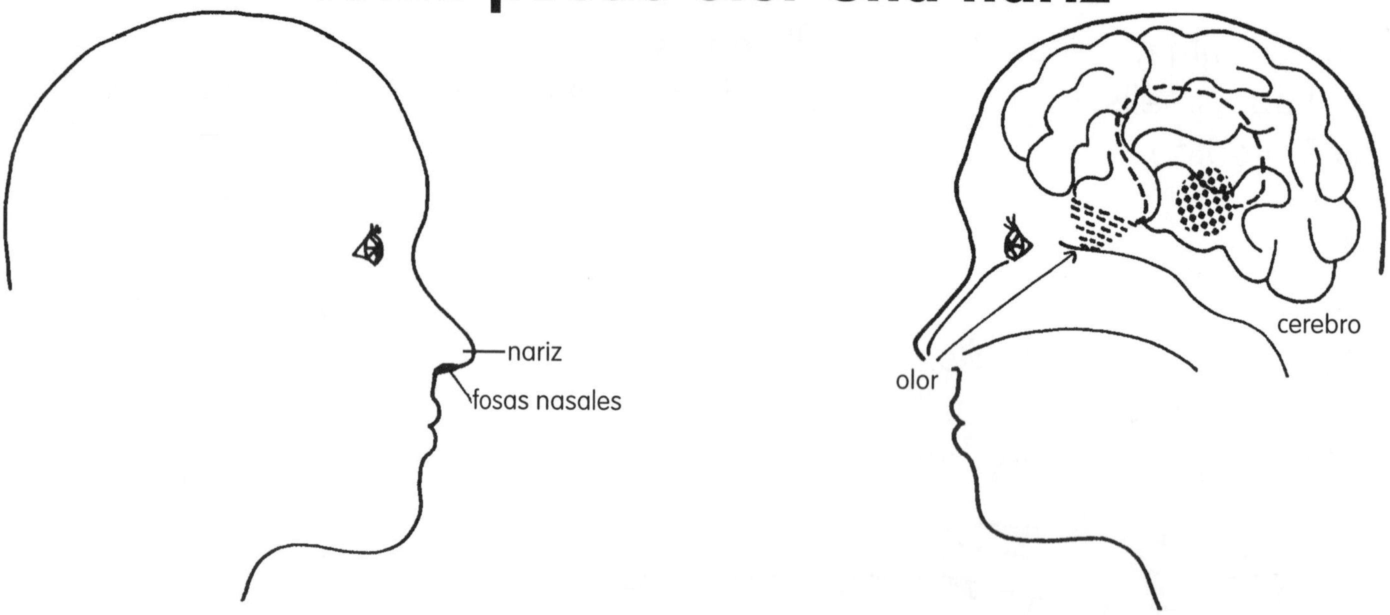

nariz

fosas nasales

cerebro

olor

Los olores llegan a la nariz con el aire que respiras. Los nervios llevan los olores hacia la parte de tu cerebro que tiene que ver con el olfato.

Llena los espacios en blanco:

cerebro
nervios
nariz
fosas nasales

1. Tú hueles con tu _____.

2. El aire entra a tu nariz por las _____.

3. Los _____ llevan los olores de la nariz hacia el _____.

Los olores ayudan a la comida a tener mejor sabor. Dibuja una comida que huele tan rica ¡Que la tienes que comer!

Extra: Hay narices de diferentes formas. Dibuja tu nariz al reverso de esta página.

Teacher: You may want to discuss the terms *olfactory* and *molecules*.

Name _____

How a Nose Can Smell

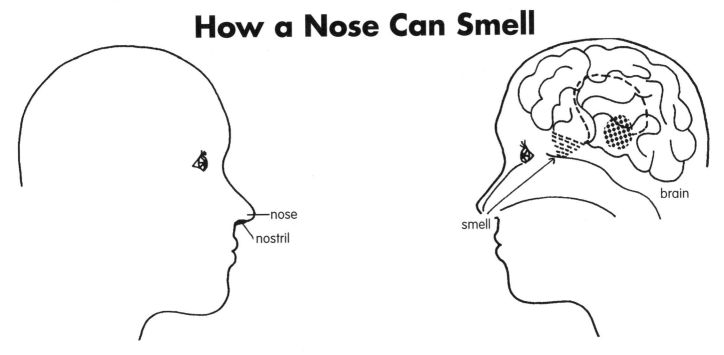

Smells come into your nose with the air you breathe.
Nerves carry the smells to the part of your brain that has to
do with smell.

Fill in the blanks:

| brain |
| nerves |
| nose |
| nostrils |

1. You smell with your _____.

2. Your _____ let the air into your nose.

3. Your _____ carry the smells from your nose to your _____.

Smells help make food taste better. Draw a food that
smells so good, you just have to eat it!

Extra: Noses come in many shapes. Draw your own nose on the back of
this paper.

Nombre_____

Mi lengua

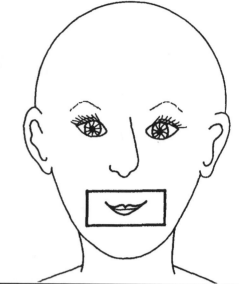

Saboreo con mi lengua. Puedo saborear cosas dulces, ácidas, saladas y también cosas amargas.

Mi lengua me ayuda a hablar. Me ayuda a producir los sonidos.

Conecta la comida con su sabor:

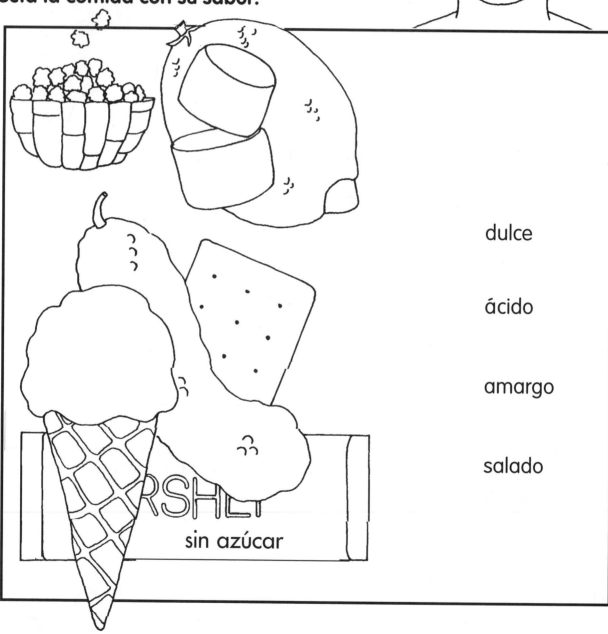

sin azúcar

dulce

ácido

amargo

salado

Extra: El mejor sabor es _____.

Science Activities • EMC 5306

My Tongue

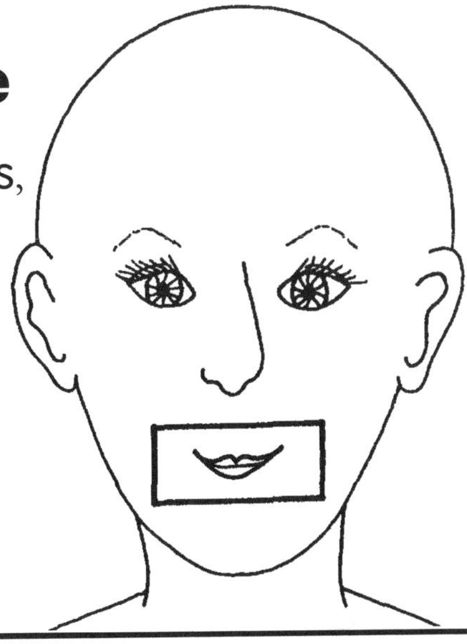

I taste with my tongue. I can taste sweet tastes, sour tastes, salty tastes, and bitter things, too.

My tongue helps me to talk. It helps me make sounds.

Match:

sweet

sour

bitter

salty

unsweetened

Extra: The best taste is _____ .

Nombre_____

Cómo siente sabores la lengua

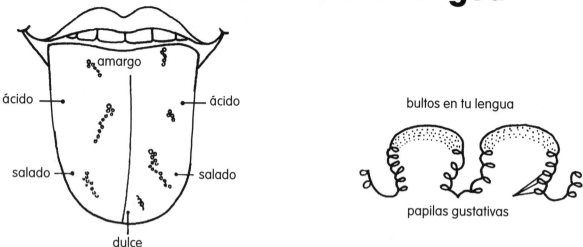

bultos en tu lengua

papilas gustativas

Pequeños bultos en tu lengua saborean los alimentos. Esas pequeñas papilas gustativas dicen si la comida es dulce, ácida, salada o amarga. Sientes estos sabores en diferentes partes de tu lengua.

Cuando pruebas la comida, también la hueles con la nariz y sientes con tu lengua si es crujiente, suave, lisa o grumosa.

Dibuja:

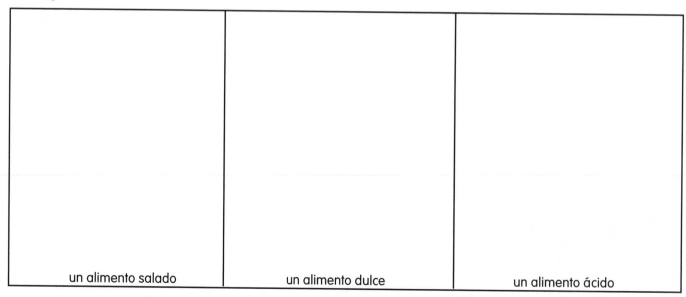

| un alimento salado | un alimento dulce | un alimento ácido |

Extra: ¿Puedes pensar en algo con sabor amargo?

 Science Activities • EMC 5306

Name _____

How a Tongue Tastes Flavors

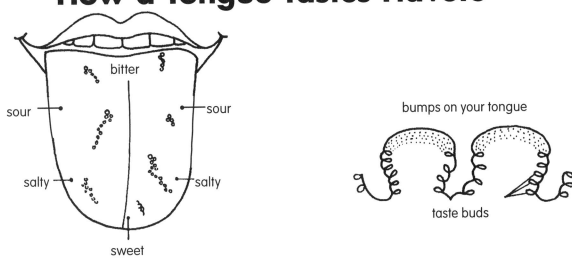

Little bumps on your tongue taste your food. These little taste buds tell if food is sweet, sour, salty, or bitter. You taste these tastes on different parts of your tongue.

When you taste food you also smell it with your nose, and your tongue lets you know if it is crisp, soft, smooth, or lumpy.

Draw:

a salty food	a sweet food	a sour food

Extra: Can you think of something that tastes bitter?

Mi piel

Yo siento con mi piel. Puedo sentir el calor
y el frío. Puedo sentir lo duro y lo suave.
Puedo decir si algo es áspero, liso, mojado,
seco o pegajoso.

¿Cómo se sienten estos objetos?
Conéctalos a la palabara correcta:

caliente

frío

duro

suave

mojado

seco

áspero

liso

Science Activities • EMC 5306

Name _____

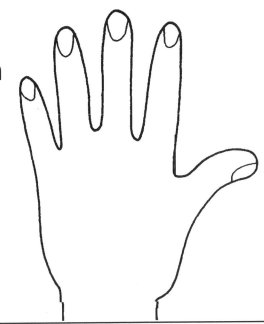

My Skin

I feel with my skin. I can feel hot and cold. I can feel hard and soft. I can tell if something is rough, smooth, wet, dry, or sticky.

How do these things feel?
Match them to the right word:

hot

cold

hard

soft

wet

dry

rough

smooth

Science Activities • EMC 5306

Nombre_____

Cómo puede sentir la piel

Tú tienes células que te ayudan a sentir.

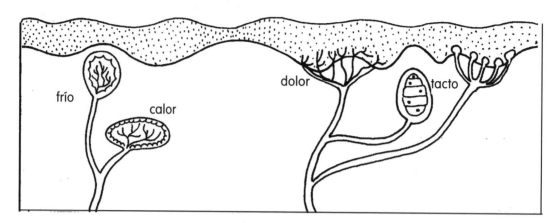

Cuando sientes algo, pequeñas células llevan mensajes a tu cerebro. Tienes nervios para el tacto, para sentir calor, frío y presión. Algunos nervios te protegen del peligro, porque te dejan sentir dolor.

Llena los espacios en blanco:

frío	dolor
calor	piel
mensajes	

1. Los nervios llevan_____ al cerebro.

2. Puedes sentir el _____ y el _____.

3. El _____ ayuda a avisarnos cuando sentimos algo peligroso.

4. Sentimos con nuestra _____.

                                       Science Activities • EMC 5306

Name _____

How Skin Can Feel

You have cells that help you to feel.

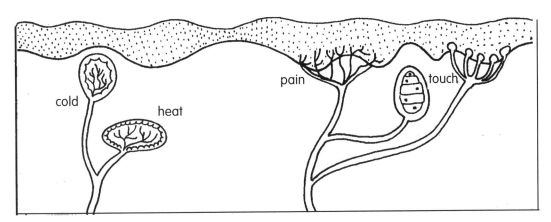

When you touch something, tiny cells take messages to your brain. You have nerve cells for touch, heat, cold, and pressure. Some of your nerve cells warn you to get away from danger by letting you feel pain.

cold	pain
heat	skin
messages	

Fill in the blanks:

1. Nerve cells take _____ to your brain.

2. You can feel _____ and _____ .

3. When you feel _____ , it helps warn you about something dangerous.

4. We feel with our _____ .

Nombre_____

Conecta el dibujo con la palabra:

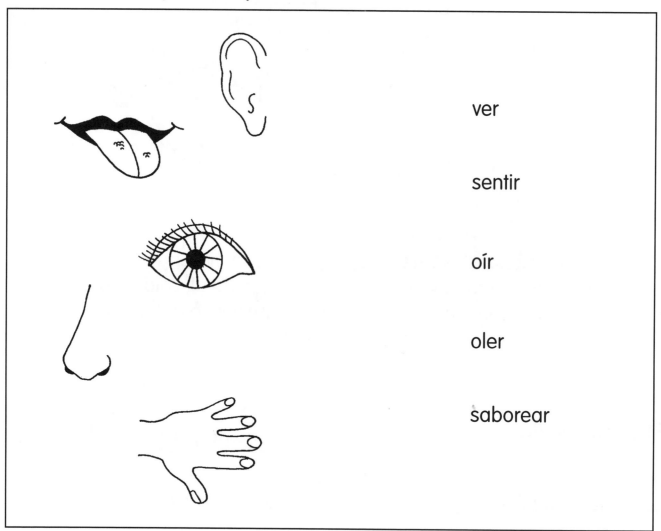

ver

sentir

oír

oler

saborear

Busca las palabras:

_____lengua   _____orejas

_____nariz   _____piel

_____oír   _____saborear

_____ojo   _____sentir

_____oler   _____ver

o	n	a	r	i	z	s	e	n	t	i	r	o
m	c	j	v	e	r	w	o	l	e	r	t	l
o	í	r	o	s	s	a	b	o	r	e	a	r
i	l	e	n	g	u	a	r	m	i	o	n	u
p	i	e	l	k	m	l	e	r	e	j	e	s
b	p	a	l	o	r	e	j	a	s	o	s	t

Name _____

Connect the picture to the word:

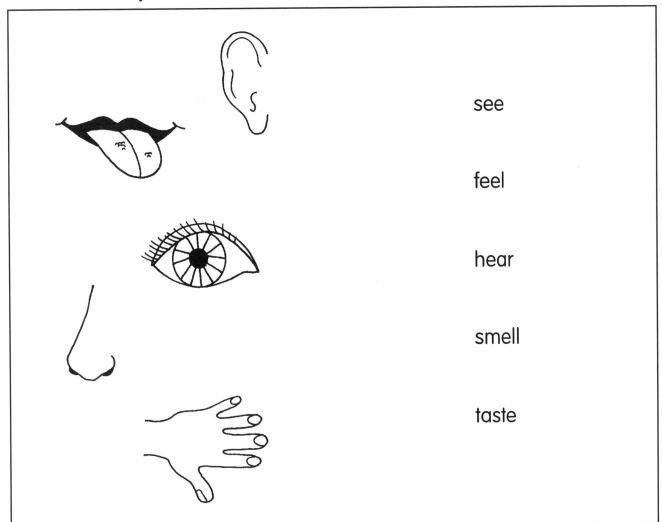

see

feel

hear

smell

taste

Find the words:

_____ears   _____see

_____eye   _____skin

_____feel   _____smell

_____hear   _____taste

_____nose   _____tongue

s	k	i	n	a	b	s
c	d	t	a	s	t	e
e	n	o	s	e	f	e
e	g	n	h	f	i	j
a	k	g	l	e	y	e
r	m	u	h	e	a	r
s	m	e	l	l	n	o

Nombre_____

¿Qué uso?

	 👅	 👃	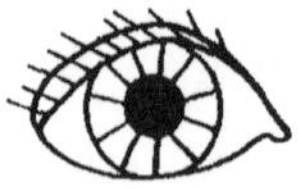 👁	 👂	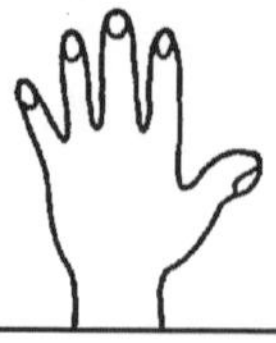 ✋
 (bird)			✓	✓	
 (flower cart)					
 (rose)					
 (book)					
 (ice cream)					
 (fox)					
 (clock)					
 (fire truck)					

   Science Activities • EMC 5306

Name ______________________________

What Do I Use?

		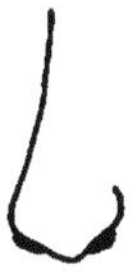	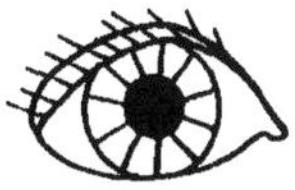	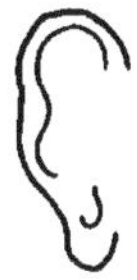	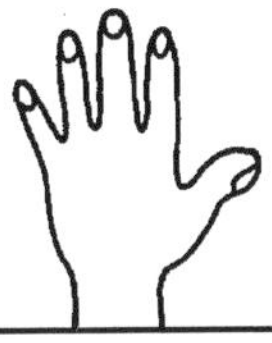
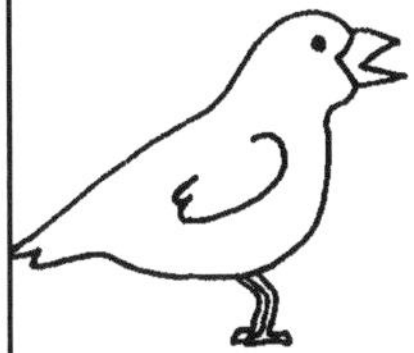			✓	✓	
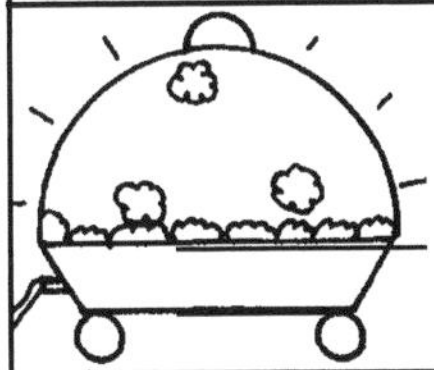					
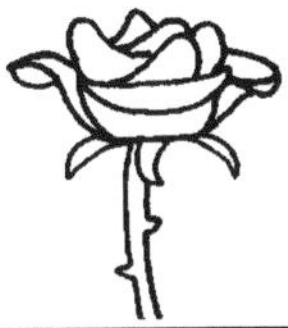					

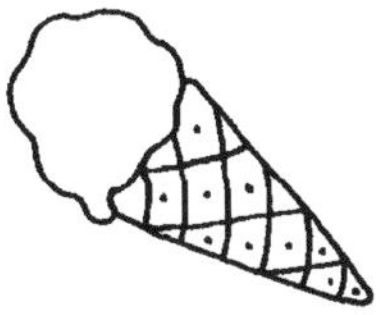					
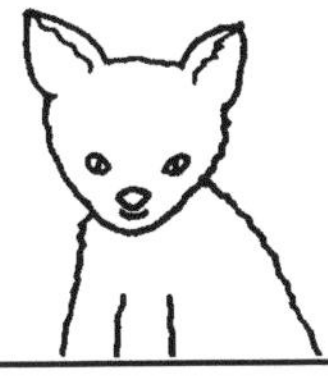					
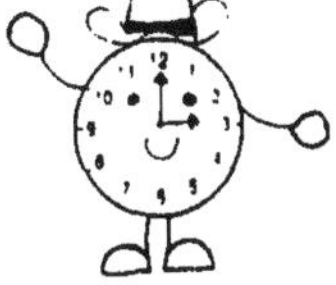					
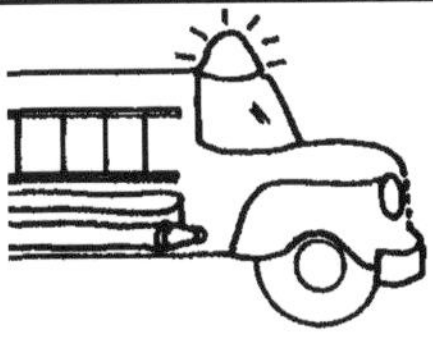					

Nombre_____

Usa tus sentidos

Colorea lo que puedes ver.

Encuadra lo que puedes saborear.

Circula lo que puedes oír.

Pon una **X** sobre lo que puedes oler.

Extra: Menciona algo en esta imagen que podrías tocar. _____

Science Activities • EMC 5306

Name _____

Use Your Senses

Color what you can see.　　　Box what you can taste.

Circle what you can hear.　　　X what you can smell.

Extra: Name one thing in this picture that you could feel. _____

　　　29　　　Science Activities • EMC 5306

Nombre_____

¿Qué soy?

Dibuja:

1. Yo te ayudo a ver.	2. Yo te ayudo a decir si algo está caliente, frío, mojado o pegajoso.	3. Yo puedo decir qué ruido se ha producido.
4. Yo puedo saborear si algo es dulce o salado.	5. Me usas para oler una flor.	6. Me usas para leer un libro.

Dibuja:

ojos
nariz
boca y lengua
orejas
cerebro
manos

 Science Activities • EMC 5306

Name _____

What Am I?

Draw:

1. I help you to see.	2. I help you tell if something is hot, cold, wet, or sticky.	3. I can tell what sound has been made.
4. I can taste if something is sweet or salty.	5. You smell a flower with me.	6. You use me to read a book.

Draw:

eyes
nose
mouth and tongue
ears
brain
hands

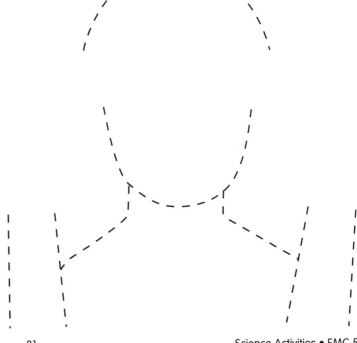

Science Activities • EMC 5306

Note : Copy these directions on tagboard.
Cut apart to make cards for a Science Center.

Nota : Copie estas instrucciones en cartulina.
Recórtelas para colocar en un centro de ciencias.

What Do You Hear?

Materials:
- blindfold
- 12 small jars with lids
- "noisemakers" (beans, marbles, rice, cotton puffs, nails, toothpicks)

1. Fill two jars ½ full with each of the noisemakers.
2. Put on the blindfold.
3. Shake the jars. Find two that sound alike.
4. Take off the blindfold to check yourself.

¿ Qué oyes?

Materiales:
- venda para los ojos
- 12 frascos pequeños con tapadreras
- "materiales ruidosos"(frijoles, canicas, arroz, bolitas de algodón, clavos, palillos)

1. Llena los frascos hasta la mitad con cada uno de los "materiales ruidosos".
2. Ponte la venda.
3. Sacude los frascos. Busca los dos frascos que hagan el mismo sonido.
4. Quítate la venda para comprobar.

Alike and Different

Materials:
- 3 small sandwich bags each containing 2 items:
  brown bread & graham cracker
  round cookie & rice cracker
  salt & sugar

1. Look at each sandwich bag and compare the two foods.
2. How are they alike? How are they different? Think about how they look, taste, feel, smell, and sound.

Parecido y diferente

Materiales:
- 3 bolsas pequeñas para sandwich, cada una con 2 alimentos:
  pan intergral & galleta redonda
  galleta salada & galleta de arroz
  sal & azúcar

1. Mira cada bolsita y compara los dos alimentos.
2. ¿En qué se parecen? ¿En qué son diferentes? Piensa en como se ven, como saben, huelen y suenan.

"Feely Box"

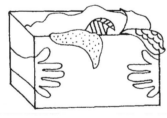

Materials:
- blindfold
- 2 boxes of fabric scraps (Use fabric that feels different such as corduroy, velvet, silk, cotton, polyester, etc. Be sure each box contains a sample of each type of fabric.)

1. Put on the blindfold.
2. Take a piece of cloth from one box. Find the same kind of cloth in the other box.
3. Take off the blindfold to check yourself.

"Caja táctil"

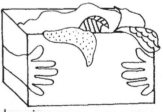

Materiales:
- venda para los ojos
- 2 cajas con retazos de tela (usa tela con texturas distintas, como pana, terciopelo, seda, algodón, polyester, etc. Cada caja debe tener una muestra de cada tipo de tela.)

1. Ponte la venda.
2. Toma un pedazo de tela de una caja. Busca el mismo tipo de tal en la otro caja.
3. Quítate la venda para comprobar.

Science Activities • EMC 5306

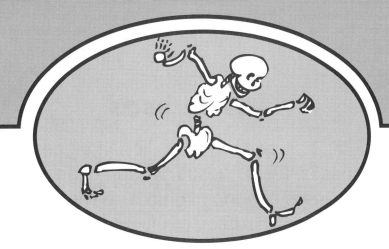

El esqueleto y los músculos

Esta sección contiene 16 páginas en español con actividades que muestran los huesos y músculos del cuerpo humano, cómo son y cómo funcionan. Las actividades se pueden utilizar de las siguientes maneras:

- Con niños de 1er grado, puede dirigir lecciones para grupos pequeños o para toda la clase.

- Con niños de 2º y 3er grado, puede utilizar las actividades para lecciones dirigidas con grupos pequeños o con toda la clase, para actividades independientes en centros, o como trabajo independiente.

Utilice los recursos de su biblioteca y colegio para ampliar el contenido proporcionado en estas páginas.

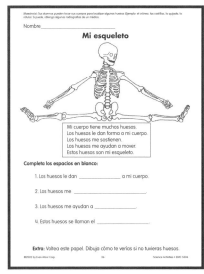

My Skeleton and Muscles

This section contains 16 pages in English with activities that show the bones and muscles of the human body, how they look, and how they work. Activities may be used in the following settings:

- With children in 1st grade, use activities for guided lessons with small groups or the whole class.

- With children in 2nd and 3rd grades, use activities for guided lessons with small groups or the whole class, for independent activities in centers, or for independent work.

Use resources from your library and school to expand upon the content presented in these pages.

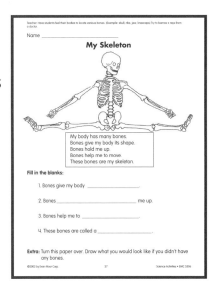

Nombre_____

Los huesos

Los peces, aves, ranas, gatos y serpientes tienen algo importante en común. Todos ellos tienen huesos. Estos huesos ayudan al pez a nadar. Ayudan a los aves a volar. Los huesos ayudan al gato a correr y a trepar. Ayudan a la rana a saltar y a la serpiente a reptar. Los huesos nos ayudan a correr, a brincar y a mantenernos de pie.

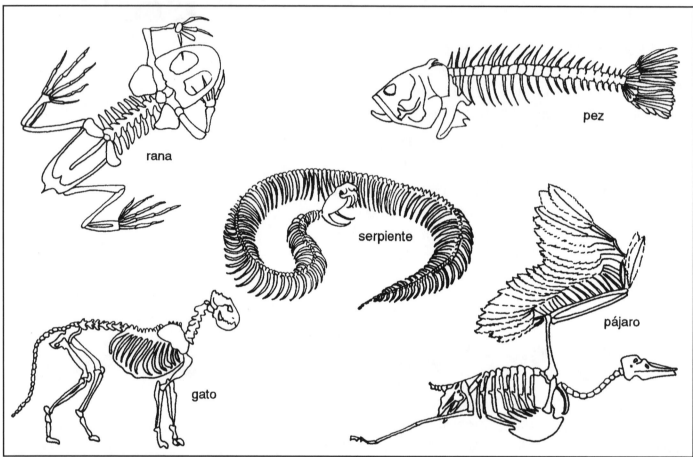

Contesta las preguntas:

1. ¿Cómo te pareces a un pez, a una rana o a una serpiente?

_____

2. ¿Cómo te ayudan los huesos?

_____

Extra: Dibuja otro animal que tenga huesos al reverso de esta página.

Name _____

Bones

Fish, birds, frogs, cats, and snakes are like you in one important way. They all have bones. These bones help the fish to swim. They help the bird to fly. Bones help the cat to run and climb. They help the frog hop and the snake to slither. Bones help you and me to run, jump, and to stand up.

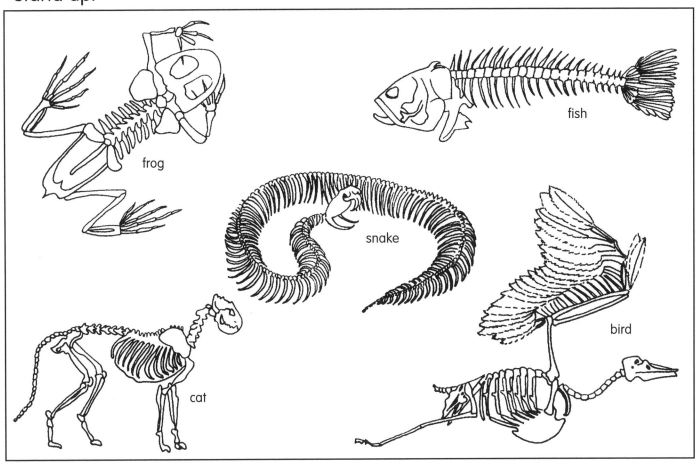

Answer the questions:

1. How are you like a fish, frog, or snake?

_____

2. How do bones help you?

_____

Extra: Draw another animal that has bones on the back of this paper.

Nombre_____

Mi esqueleto

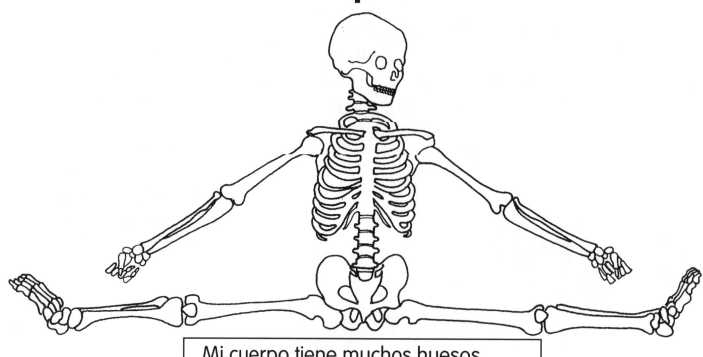

Mi cuerpo tiene muchos huesos.
Los huesos le dan forma a mi cuerpo.
Los huesos me sostienen.
Los huesos me ayudan a mover.
Estos huesos son mi esqueleto.

Completa los espacios en blanco:

1. Los huesos le dan _____ a mi cuerpo.

2. Los huesos me _____.

3. Los huesos me ayudan a _____.

4. Estos huesos se llaman el _____.

Extra: Voltea este papel. Dibuja cómo te verías si no tuvieras huesos.

Name _____

My Skeleton

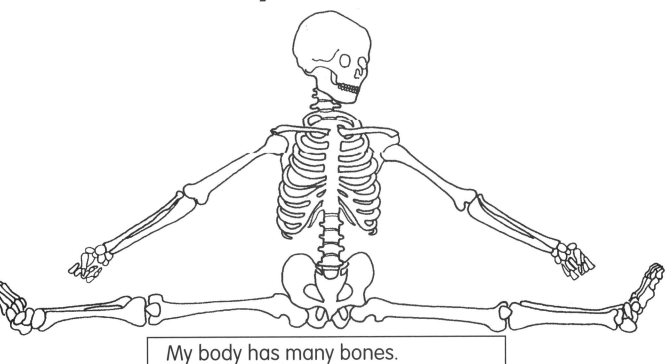

My body has many bones.
Bones give my body its shape.
Bones hold me up.
Bones help me to move.
These bones are my skeleton.

Fill in the blanks:

1. Bones give my body _____.

2. Bones _____ me up.

3. Bones help me to _____.

4. These bones are called a _____.

Extra: Turn this paper over. Draw what you would look like if you didn't have any bones.

Nombre_____

Los huesos tienen muchos usos

Algunos huesos en mi esqueleto tienen funciones especiales.
Estos huesos protegen las partes blandas de mi cuerpo.

Los huesos del cráneo
protegen a mi cerebro.

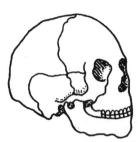

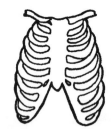

Las costillas de mi cavidad
torácica protegen a mi
corazón y a mis pulmones.

Los huesos de mi columna
vertebral protegen a los
nervios de mi espina.

Muchos de los huesos tienen médula roja adentro. La médula roja produce
nueva sangre para mi cuerpo.

Algunos huesos en mi esqueleto almacenan minerales que ayudan a mi
cuerpo a trabajar.

Busca la frase para completar cada oración:

1. Los huesos del cráneo   los nervios de la espina.

2. Las costillas protegen a   protegen a tu cerebro.

3. La columna vertebral protege a   tu corazón y tus pulmones.

4. Algunos huesos almacenan   produce nueva sangre.

5. La parte interior de algunos huesos   minerales.

Extra: Circula las palabras en esta página que nombran huesos.

Name _____

Bones Have Many Uses

Some bones in my skeleton have special jobs.
These bones protect the soft parts of my body.

The bones in the top of my
skull protect my brain.

The bones in my rib cage
protect my heart and
lungs.

The bones in my backbone
protect the nerves inside.

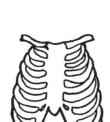

Many bones have red marrow inside. The red marrow makes new blood for
my body.

Some bones in my skeleton store minerals that help my body work.

Match:

1. Bones in the skull   the nerves inside.

2. The rib cage protects   protect your brain.

3. The backbone protects   your heart and lungs.

4. Some bones store   make new blood.

5. The inside of some bones   minerals.

Extra: Circle the words on this page that name bones.

                           Science Activities • EMC 5306

Maestro(a): Haga copias de las páginas 40, 42, y 44. Guíe a los niños en los siguientes pasos.

El esqueleto bailarín

1. Corta todas los piezas de las páginas 40, 42, y 44.
2. Pega el corazón y los pulmones a la pieza del pecho. (Pon pegadura solamente en los lugares marcados.)
3. Pega las costillas sobre los pulmones.
4. Pega la pieza del cráneo sobre el cerebro. (Pon pegadura solamente en la parte indicada.)
5. Conecta todas las piezas con pasadores.
6. Pasa una liga de goma a través de un agujero en el cráneo.

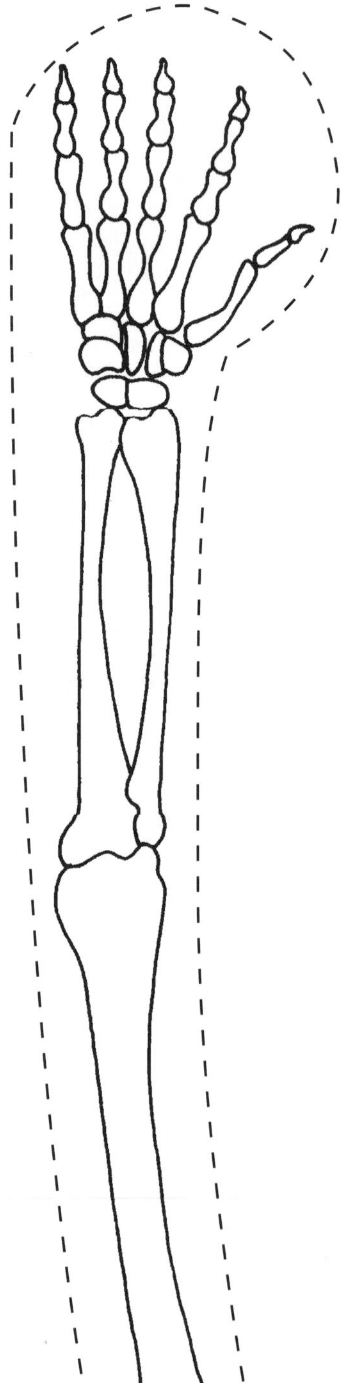

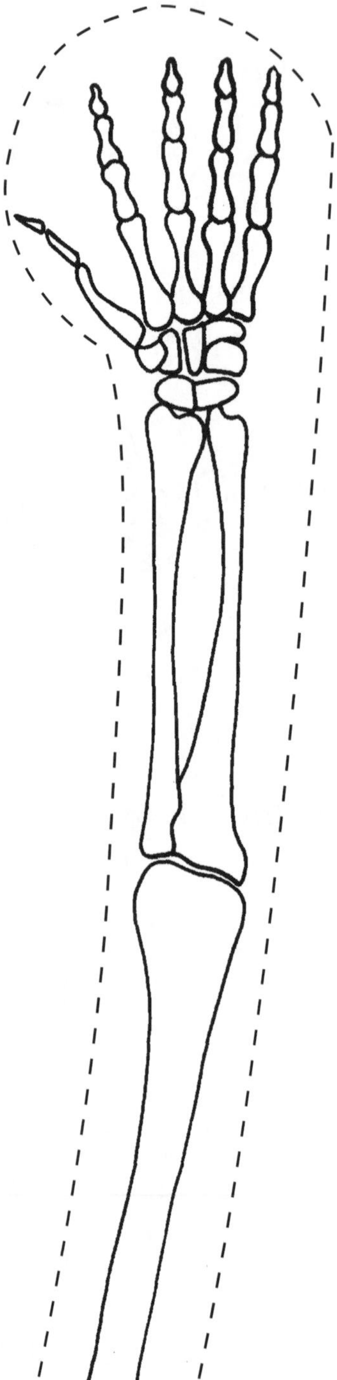

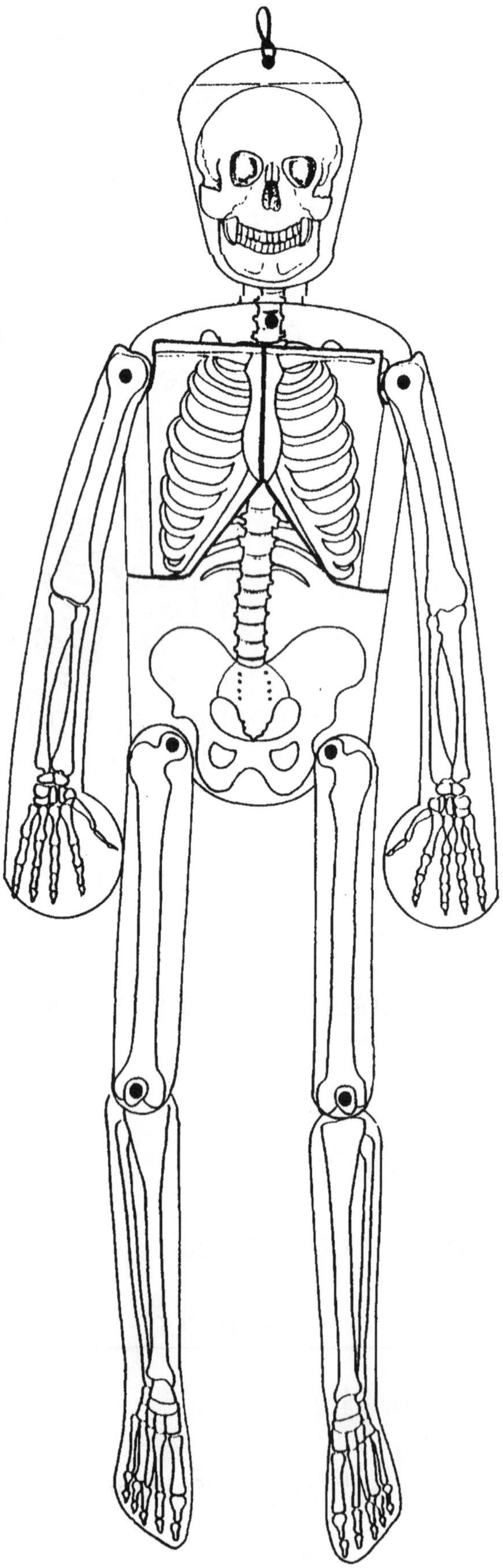

Teacher: Reproduce pages 41, 43, and 45. Guide children through the following steps.

The Dancing Skeleton

1. Cut out all the pieces on pages 41, 43, and 45.
2. Paste the heart and lungs onto the chest piece.
   (Put paste only where marked.)
3. Paste the ribs over the lungs.
4. Paste the skull piece over the brain.
   (Put paste only on the flap portion.)
5. Connect all pieces with brass paper fasteners.
6. Loop a rubber band through a hole in the skull.

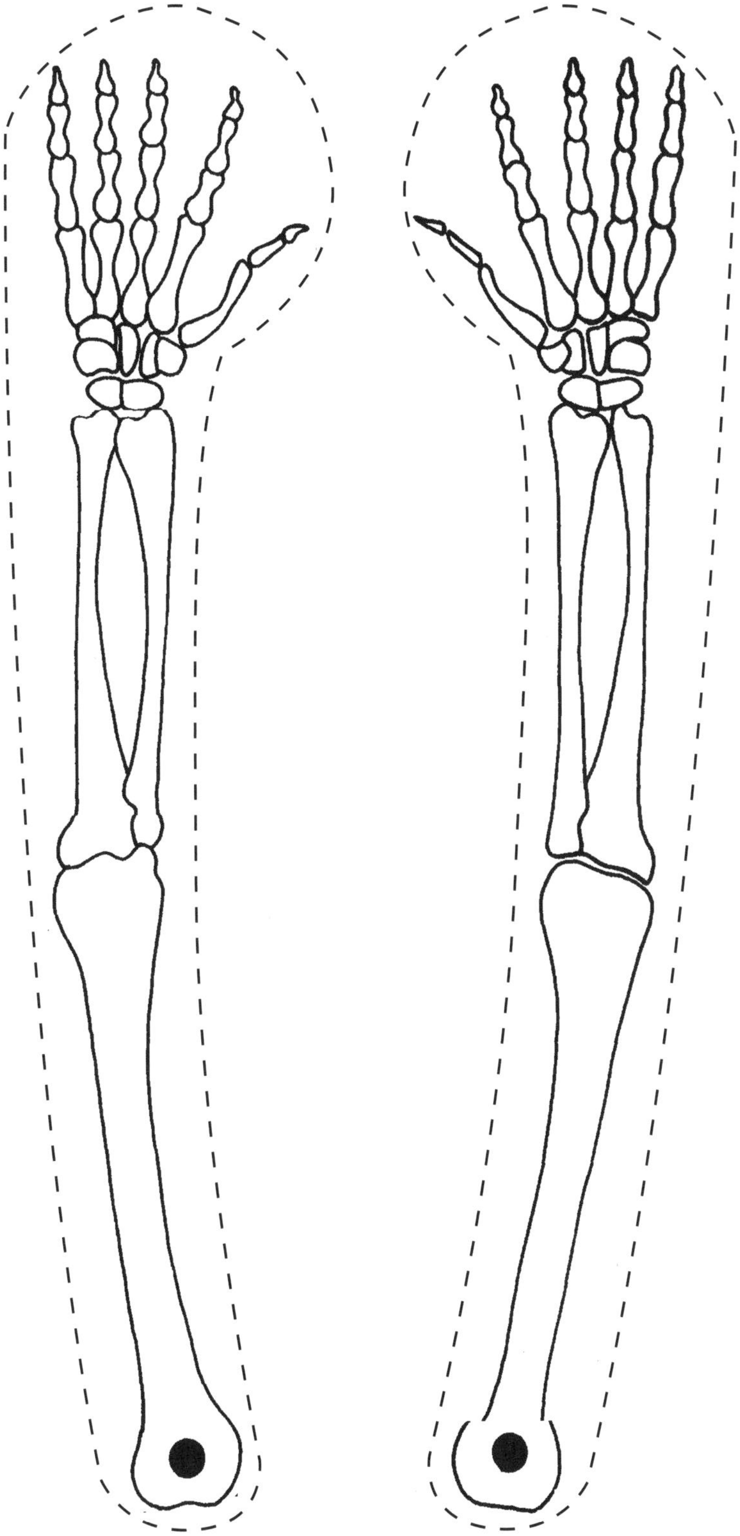

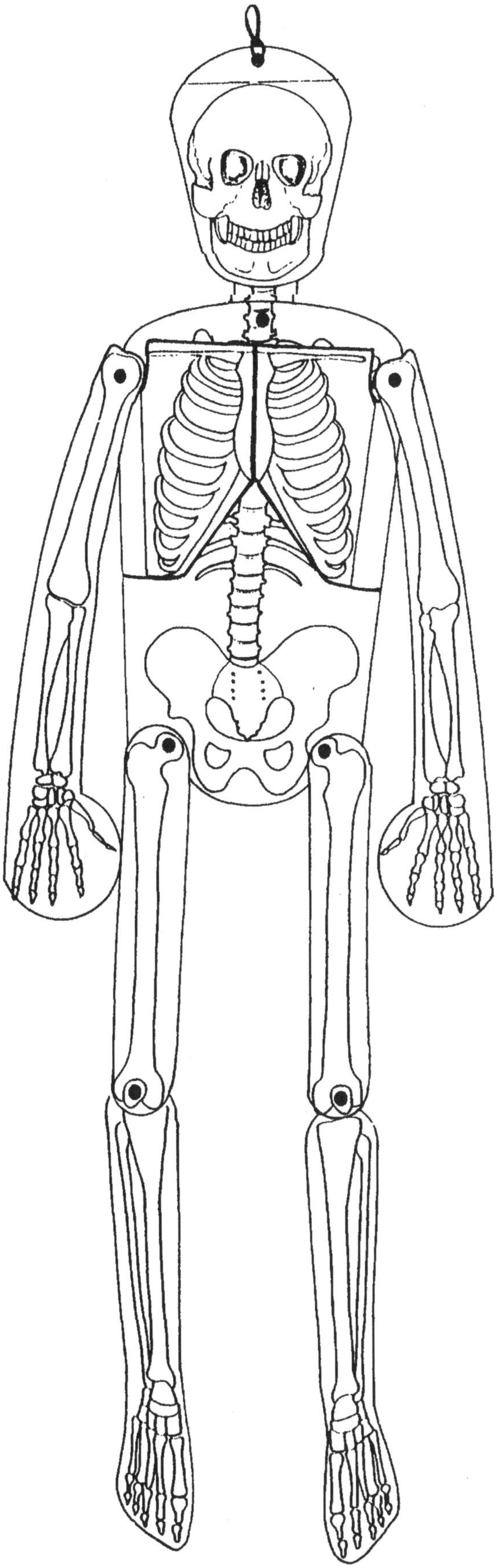

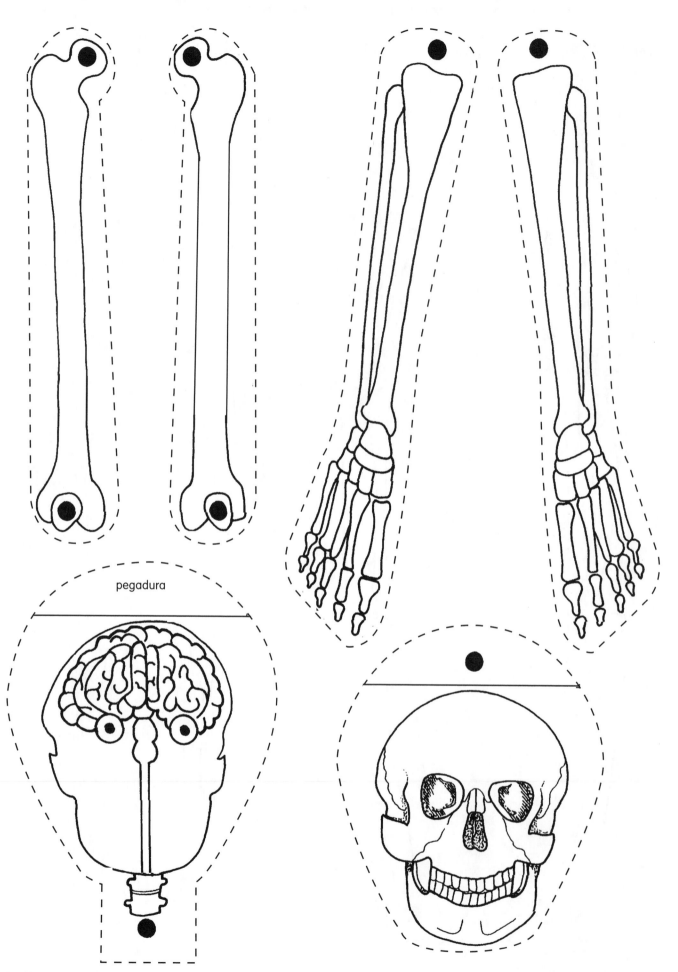

pegadura

Science Activities • EMC 5306

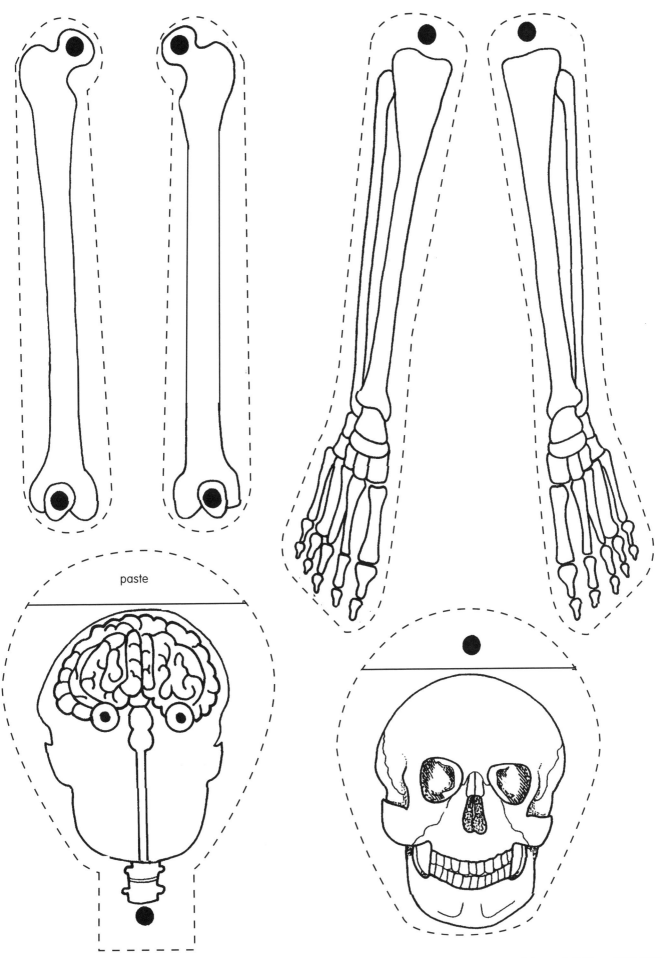

paste

Science Activities • EMC 5306

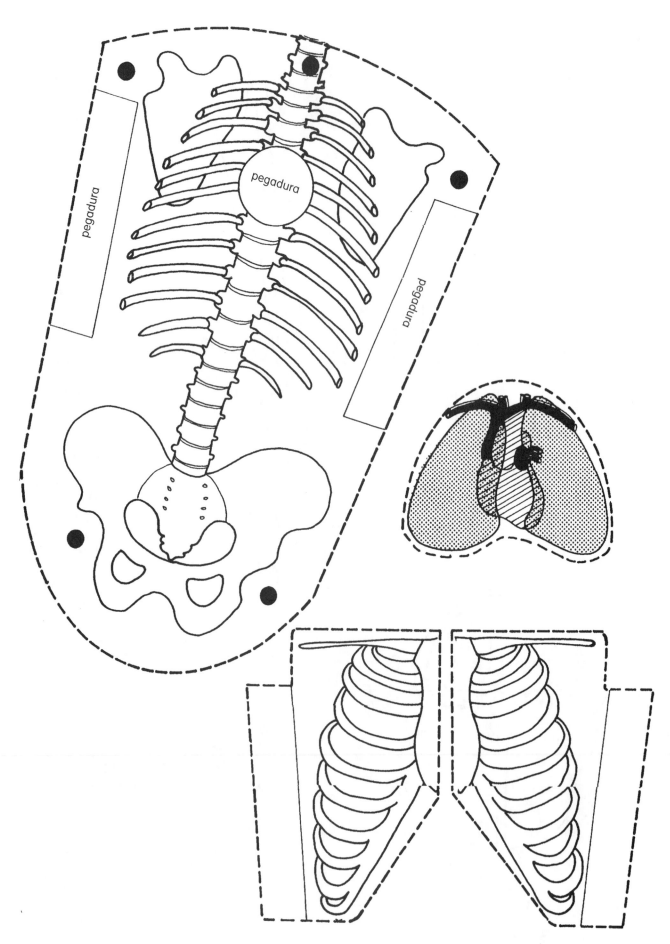

pegadura

pegadura

pegadura

pegadura

Science Activities • EMC 5306

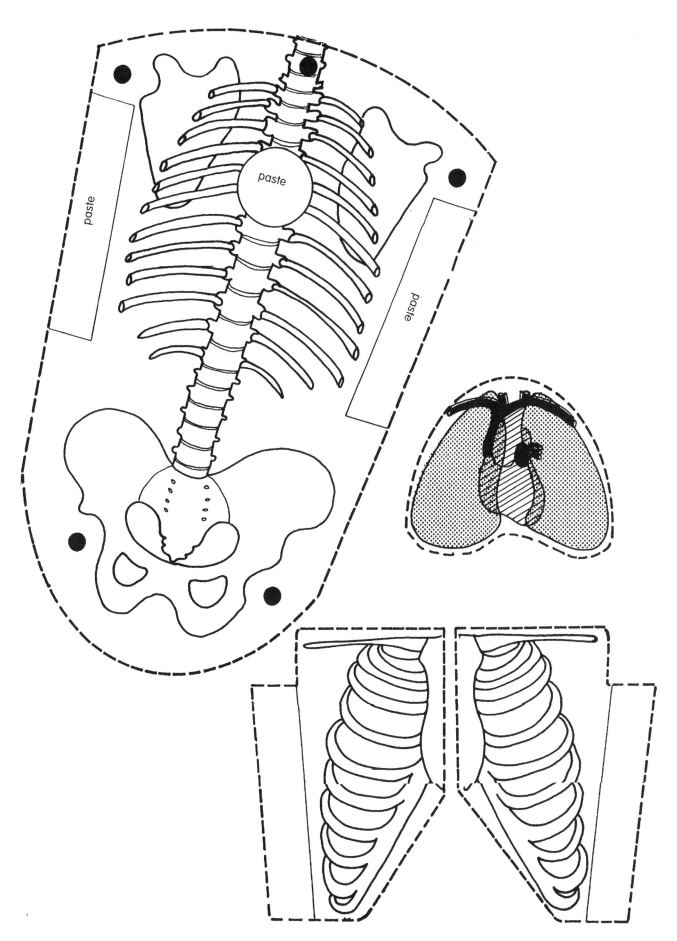

paste

paste

paste

¿Dónde encuentras estos huesos?

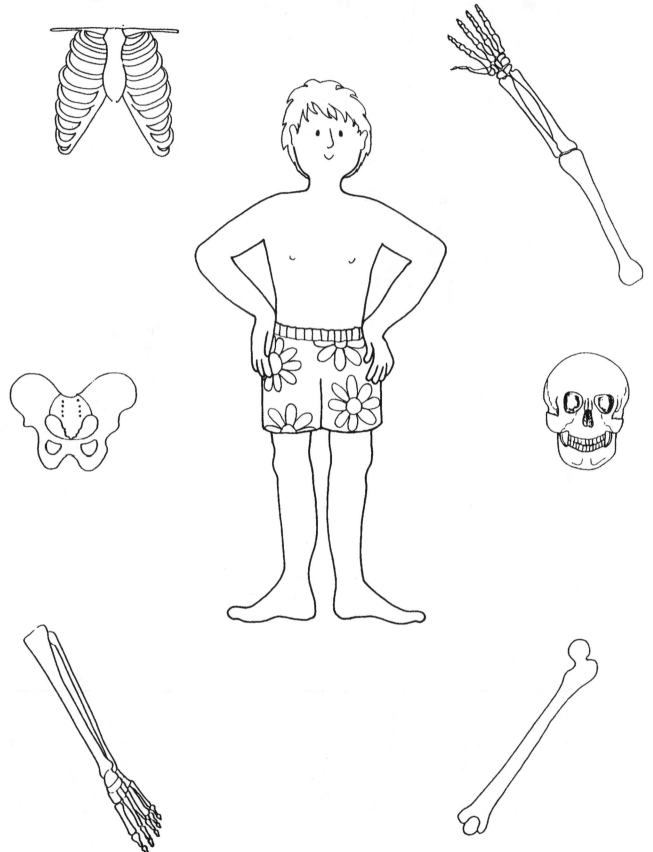

Name _____

Where Do These Bones Go?

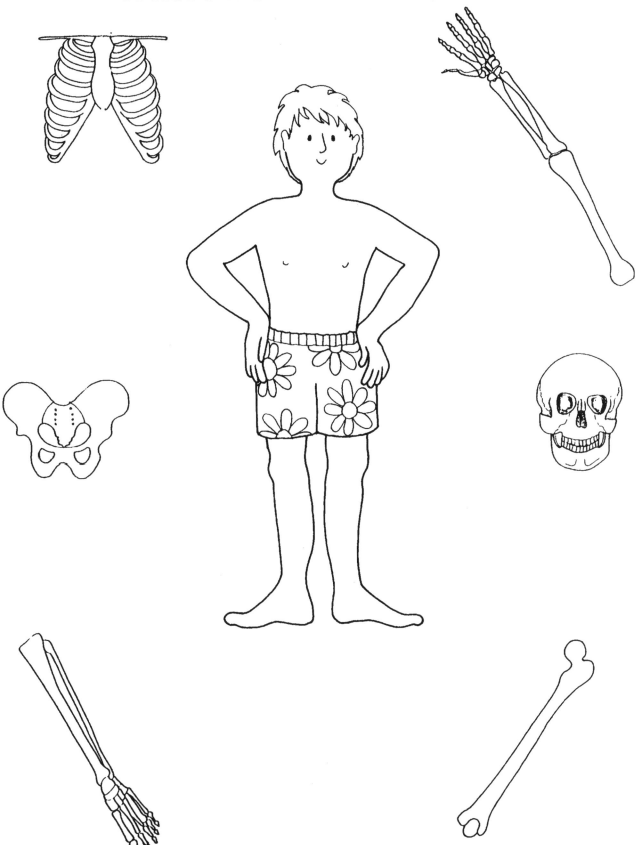

Science Activities • EMC 5306

Nombre_____

Las articulaciones

Los huesos no pueden doblarse. Las articulaciones en mi cuerpo me ayudan a doblarme, a voltearme y a girar. Hay articulaciones donde los huesos se unen. Unas bandas como fuertes ligas de goma llamadas *ligamentos* y los músculos unen a los huesos.

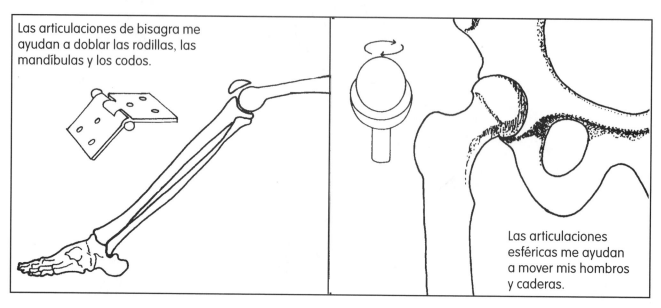

Las articulaciones de bisagra me ayudan a doblar las rodillas, las mandíbulas y los codos.

Las articulaciones esféricas me ayudan a mover mis hombros y caderas.

¿Sí o no?

1. Mis rodillas tienen articulaciones de bisagra.   _____

2. Las articulaciones esféricas mueven mis
   caderas.   _____

3. Los huesos pueden doblarse.   _____

4. Ganchos unen mis huesos.   _____

5. Las articulaciones me ayudan a moverme.   _____

Extra: Observa como funcionan tus articulaciones.
de bisagra - Siéntate. Dobla la rodilla. Mueve la parte inferior de tu pierna.
esférica - Levanta tu brazo y extiéndelo. No lo dobles. Muévelo en un círculo.

Teacher: You may want to explain that there are pads of smooth cartilage where bones come together to help protect the bones as the joints move.

Name _____

Joints

Bones can't bend. The joints in my body help me to bend, turn, and twist. There are joints where bones come together. Bands like strong rubber bands called *ligaments* and muscles hold the bones together.

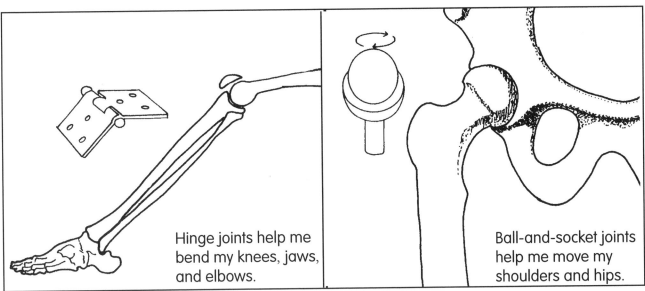

Hinge joints help me bend my knees, jaws, and elbows.

Ball-and-socket joints help me move my shoulders and hips.

Yes or No?

1. My knees have hinge joints.   _____

2. Ball-and-socket joints move my hips.   _____

3. Bone can bend.   _____

4. Paper clips hold my bones together.   _____

5. Joints help me move.   _____

Extra: See how your joints work:
Hinge - Sit down. Bend your knee. Move your lower leg up and down.
Ball-and-Socket - Hold your arm straight out at the side. Do not bend your arm. Move it in a circle.

Nombre_____

Huesos rotos

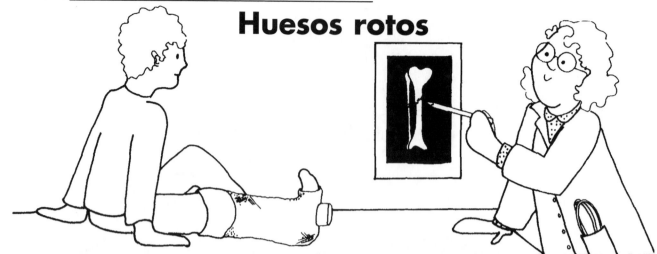

Los huesos se pueden romper si se doblan demasiado o si reciben demasiada presión. Un médico tomará una radiografía (rayo X) para localizar la fractura. El médico unirá las dos partes del hueso fracturado. Se le pone un yeso para mantener el hueso inmóvil mientras que se cure. Después de varias semanas se puede quitar el yeso y se puede correr y jugar nuevamente.

Pregunta a 20 personas, "¿Has tenido alguna vez un hueso roto?"

	Sí	No
1.		
2.		
3.		
4.		
5.		
6.		
7.		
8.		
9.		
10.		
11.		
12.		
13.		
14.		
15.		
16.		
17.		
18.		
19.		
20.		

Science Activities • EMC 5306

Broken Bones

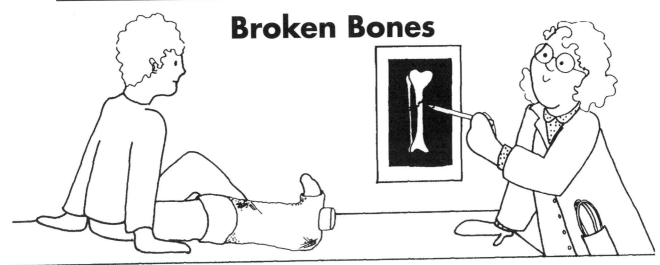

Bones can break if they are bent too far or if too much pressure is put on them. A doctor will take an x ray to see where the break is. The doctor will fit the broken bone back together. A cast is put on to keep the bone from moving while it is getting well. After many weeks the cast can come off and you can run and play again.

Ask 20 people, "Have you ever broken a bone before?"

	Yes	No
1.		
2.		
3.		
4.		
5.		
6.		
7.		
8.		
9.		
10.		
11.		
12.		
13.		
14.		
15.		
16.		
17.		
18.		
19.		
20.		

Nombre_____

Nombra los huesos

Cuando mis huesos estén completamente desarrollados, tendré un esqueleto con 206 huesos. Diferentes tipos de huesos tienen nombres diferentes.

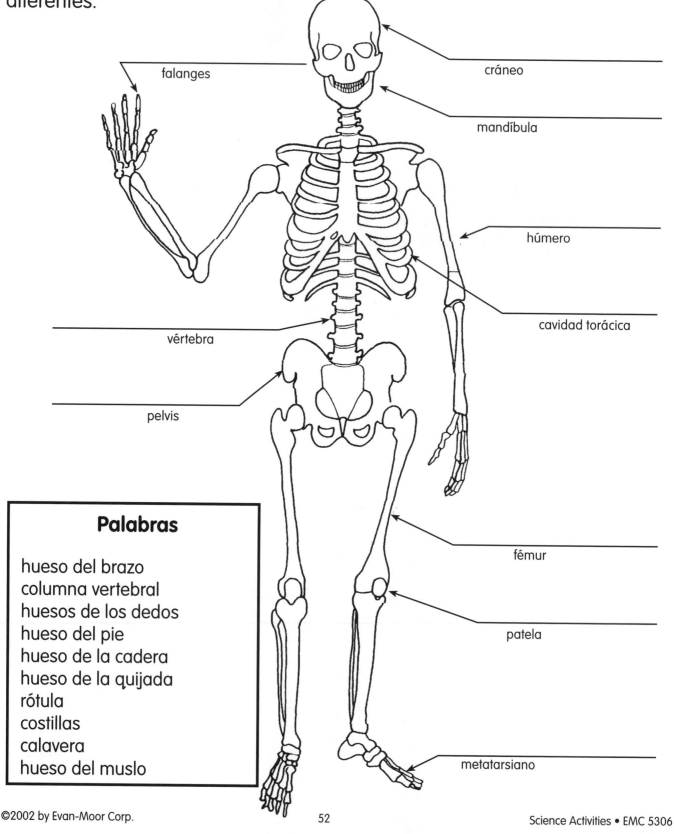

Palabras

hueso del brazo
columna vertebral
huesos de los dedos
hueso del pie
hueso de la cadera
hueso de la quijada
rótula
costillas
calavera
hueso del muslo

Science Activities • EMC 5306

Name _____

Name the Bones

After my bones have all grown, I will have a skeleton of 206 bones.
Different types of bones have different names.

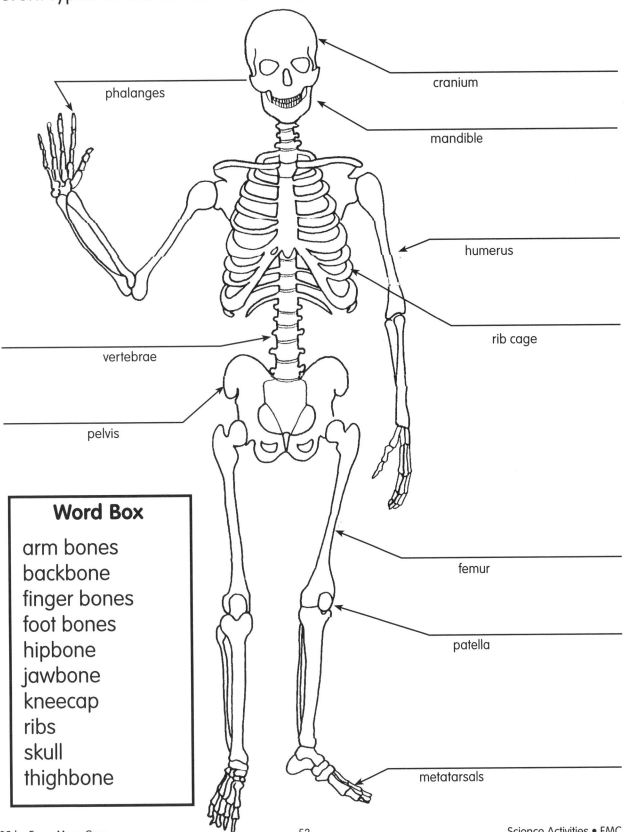

phalanges

cranium

mandible

humerus

rib cage

vertebrae

pelvis

femur

patella

metatarsals

Word Box

arm bones
backbone
finger bones
foot bones
hipbone
jawbone
kneecap
ribs
skull
thighbone

Science Activities • EMC 5306

Nombre_____

Mis músculos

Tengo más de 600 músculos.

Cada músculo tiene su función.

Sin los músculos, yo no podría correr o jugar.

Los músculos me ayudan a guiñar, a sonreír, a doblarme y a patear.

Los músculos mueven los huesos de mi esqueleto.
Los músculos mueven la comida y la sangre por mi cuerpo.
Los músculos ayudan a mis pulmones a respirar y a mi corazón a latir.
Cuando alguna parte de mi cuerpo se mueve, sé que mis músculos están funcionando.

¿Sí o no?

1. Los músculos están trabajando cuando mi cuerpo se mueve. _____

2. Los huesos mueven los alimentos y la sangre en mi cuerpo. _____

3. Necesito músculos para ayudarme a respirar. _____

4. Tengo más de 900 músculos. _____

5. Tengo músculos para ayudarme a sonreír. _____

Extra: Colorea los músculos en la imagen.

Name _____

My Muscles

I have more than 600 muscles.

Each muscle has a job to do.

Without muscles, I could not run or play.

Muscles help me wink, smile, bend,
and kick a ball.

Muscles move the bones in my skeleton.
Muscles move food and blood around my body.
Muscles help my lungs to breathe and my heart to beat.
When any part of my body moves, my muscles are working.

Yes or No?

1. Muscles are at work when my body moves. _____

2. Bones move the food and blood in my body. _____

3. I need muscles to help me breathe. _____

4. I have over 900 muscles. _____

5. I have muscles that help me smile. _____

Extra: Color the muscles in the picture.

Nombre_____

Más sobre los músculos

Unas bandas fuertes llamadas *tendones* conectan los músculos a los huesos. Los nervios en los músculos llevan mensajes al cerebro. Estos mensajes les dicen a los músculos cuándo moverse y cuándo descansar.

> Colorea los huesos de amarillo.
> Colorea los músculos de rojo.
> Colorea los tendones de azul.

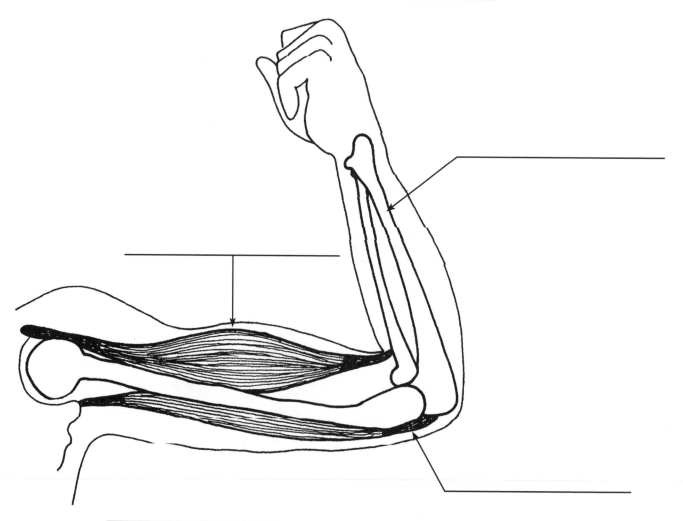

Escribe estas palabras en las líneas:

hueso   tendón   músculo

Extra: Mira la parte superior de tu mano. Mueve tus dedos y verás a los tendones moverse. Toca el tendón grande que tiene encima del talón.

More About Muscles

Strong bands called *tendons* connect my muscles to my bones. Nerves in the muscles take messages to my brain. These messages tell the muscles when to move and when to rest.

Color the bones yellow.
Color the muscles red.
Color the tendons blue.

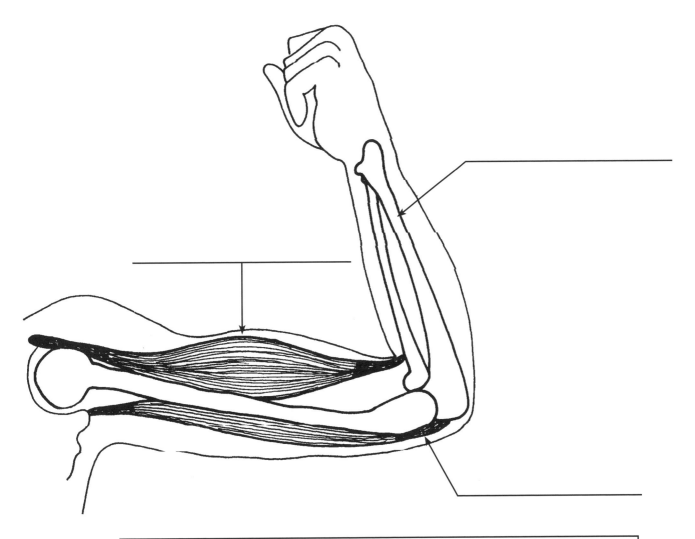

Write these words on the lines:

bone   tendon   muscle

Extra: Look at the tendons on the back of your hand. Wiggle your fingers to see them move. Feel the large tendon above your heel.

Nombre_____

Cómo funcionan los músculos

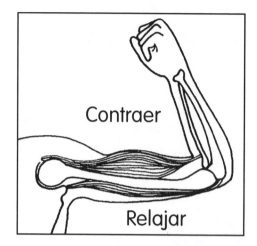

Los músculos no pueden empujar. Solamente pueden contraerse. Cuando un músculo se contrae, mueve el hueso o parte del hueso a una posición nueva. Cuando el músculo se relaja, el hueso o parte del cuerpo vuelve a la posición anterior.

Puedo mantener mis músculos fuertes al hacer ejercicio saludable.

> Pon una **X** en los músculos que están contrayéndose.
> Pon una ✓ en los músculos que están relajándose.

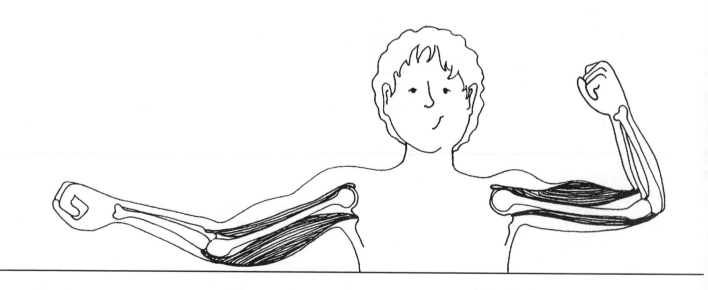

Extra: Colorea los huesos en cada imagen.

                   Science Activities • EMC 5306

Name _____

How Muscles Work

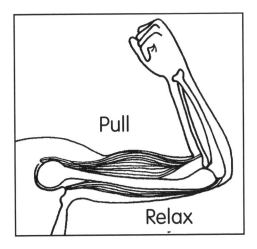

Muscles cannot push. They can only pull. When a muscle gets shorter, it pulls the bone or body part to a new position. When the muscle relaxes, the bone or body part goes back to its first position.

I can keep my muscles strong by getting healthy exercise.

> Put an **X** on the muscles that are pulling.
> Put a ✓ on the muscles that are relaxed.

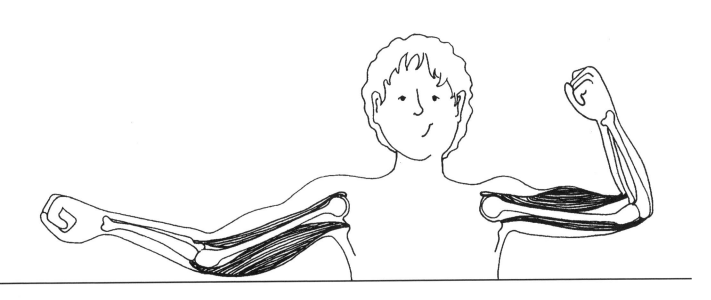

Extra: Color the bones in each picture.

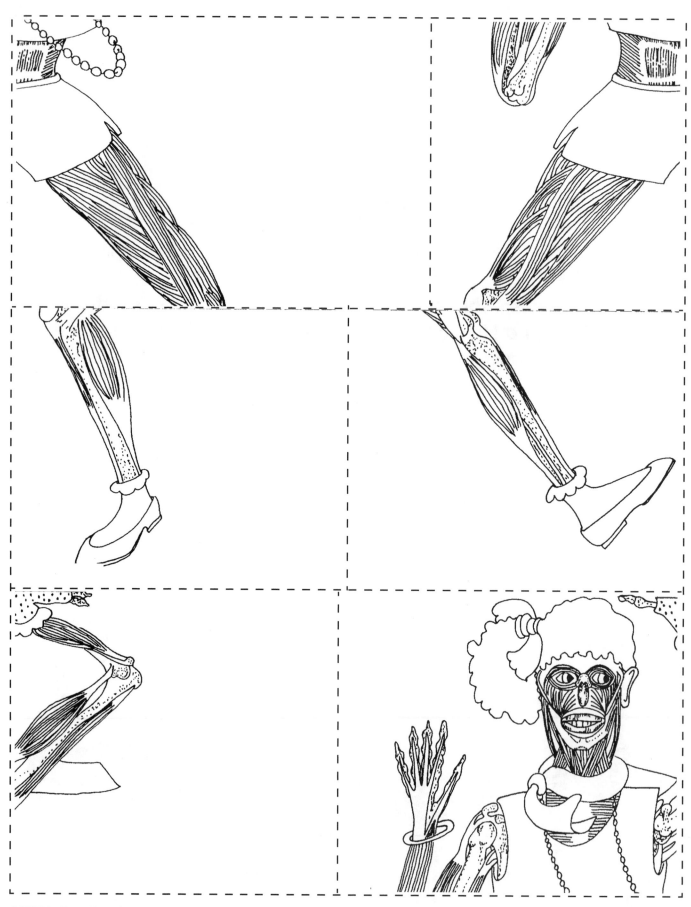

Teacher: Children cut the puzzle pieces apart and paste them together on a 9" x 12" sheet of construction paper.

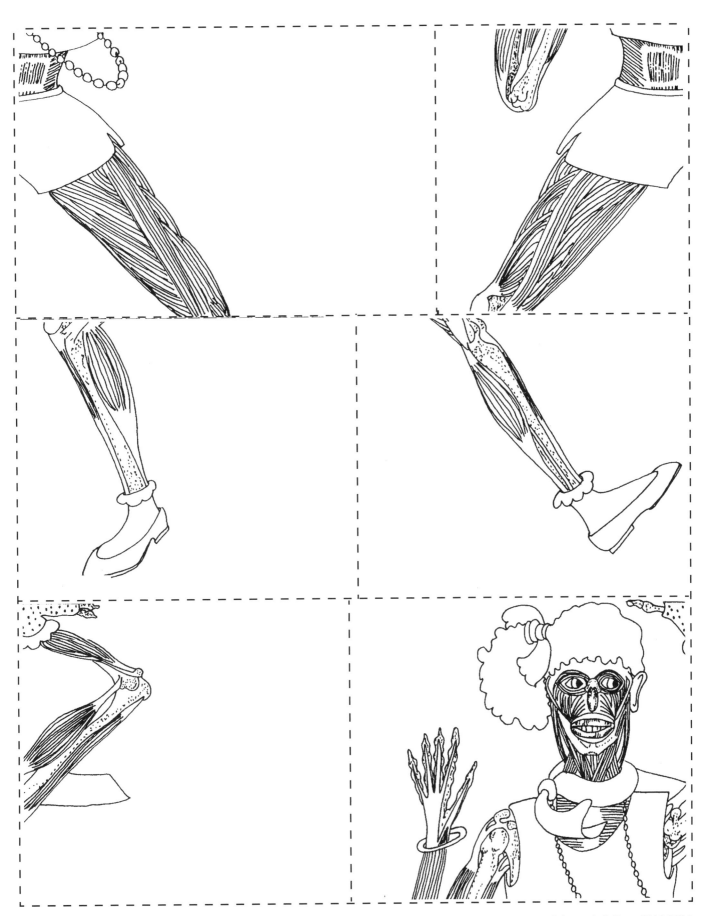

Science Activities • EMC 5306

Nombre_____

¿Qué soy?

costillas *(cavidad torácica)*	mandíbula *(hueso de la quijada)*	calavera *(cráneo)*
huesos de los dedos *(falanges)*	hueso del muslo *(fémur)*	músculos

1. Soy el hueso que ayuda a proteger tu cerebro.

_____

2. Somos los huesos que protegen tu corazón y pulmones.

_____

3. Soy el hueso que mueves cuando masticas.

_____

4. Somos los huesos que usas cuando recoges algo.

_____

5. Soy el hueso largo en tu pierna.

_____

6. Ayudamos a mover tus huesos.

_____

Búsqueda de palabras

hueso del dedo	músculo	hueso de la cadera
costillas	mandíbula	esqueleto
articulaciones	cráneo	rótula
tendón		

h u e s o d e l d e d o m ú s c u l o h r
r o t c o s t i l l a s h u e s o k l u ó
h u e s o d e l a c a d e r a a d e l e t
m a n d í b u l a c r á n e o n l l s s u
a t e n d ó n e s q u e l e t o a i o o l
t r e n d a r t i c u l a c i o n e s i a

Busca y circula la palabra **hueso** en verde.

Encontré la palabra **hueso** _____ veces en la búsqueda de palabras.

Name _____

What Am I?

ribs *(rib cage)* finger bones *(phalanges)*	jawbone *(mandible)* thighbone *(femur)*	skull *(cranium)* muscles

1. I am the bone that helps protect your brain.

_____

2. We are the bones that protect your heart and lungs.

_____

3. I am the bone that moves when you chew.

_____

4. We are the bones you use when you grab something.

_____

5. I am the long bone in your leg.

_____

6. We help your bones to move.

_____

Word Search

finger bones ribs joints tendon	muscle jawbone skull	hipbone skeleton kneecap

```
r  k  n  e  e  c  a  p  t  h  s
i  j  o  i  n  t  s  b  e  i  k
b  s  k  e  l  e  t  o  n  p  u
s  m  u  s  c  l  e  n  d  b  l
x  j  a  w  b  o  n  e  o  o  l
b  o  n  e  b  o  n  e  n  n  z
f  i  n  g  e  r  b  o  n  e  s
```

Find **bone** and circle it with green.

I found **bone** _____ times in the word search.

63

Maestro(a): Saque 8 copias de esta página en cartulina (o se puede pegar en cartulina). Emplastique las copias o cúbralas con papel adhesivo transparente y recorte las tarjetas. Los niños pueden jugar "a la pesca". Ejemplo "¿Tienes tarjeta # 1?" "No, vete a pescarla". La primera persona en completar el esqueleto gana.

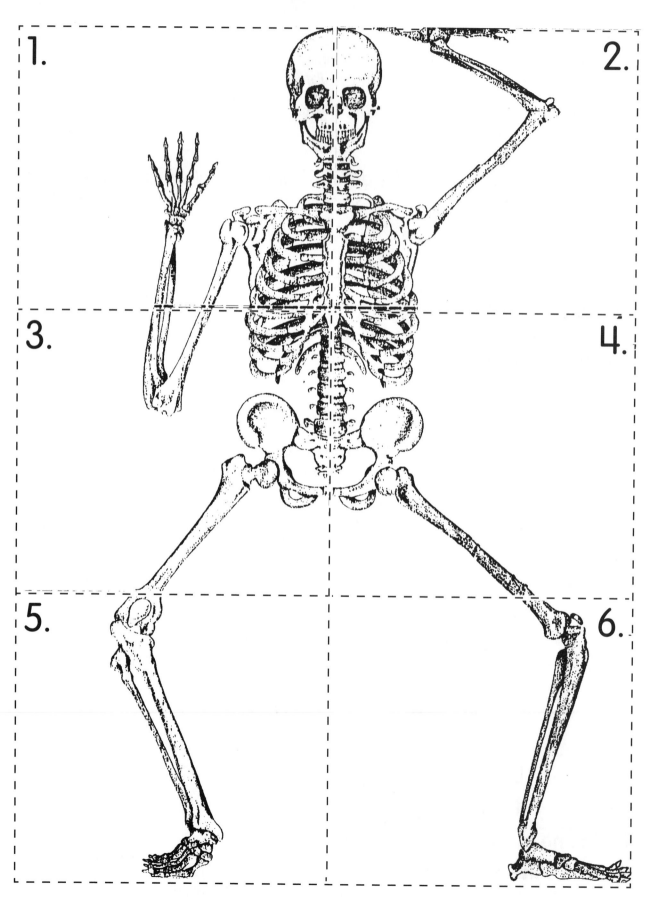

1. 2. 3. 4. 5. 6.

Science Activities • EMC 5306

Teacher: Run 8 copies of this page on tagboard (or paste on thin cardboard). Laminate or cover the pages with clear contact paper and cut the cards apart. Children play the game like "Go Fish." Example: "Do you have Skeleton #1?" "No. Go fish." The first person to complete the whole skeleton wins.

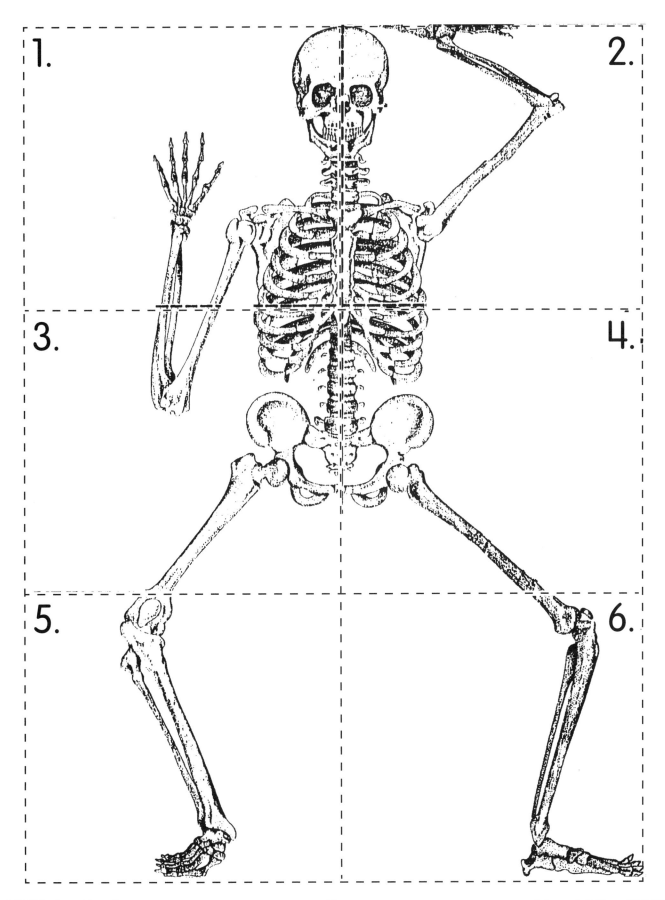

1.

2.

3.

4.

5.

6.

Science Activities • EMC 5306

Note : Copy these directions on tagboard.
Cut apart to make cards for a Science Center.

Nota : Copie estas instrucciones en cartulina.
Recórtelas para colocar en un centro de ciencias.

Why Are Bones Hard?

Materials:
• chicken leg bone
• jar with lid
• vinegar

1. Put the bone in the jar.
   Cover with vinegar.

2. Put the lid on the jar.
   Leave the bone in the vinegar for 2 weeks.

3. Wash the bone off and try to bend it.
   What happens?

Note: Vinegar dissolves the minerals from the bone. The minerals are what keeps the bone hard. The longer the bone stays in the vinegar, the softer it will get.

¿Por qué son duros los huesos?

Materiales:
• un hueso de pollo
• un frasco con tapadera
• vinagre

1. Pon el hueso en el frasco. Cúbrelo con vinagre.

2. Tapa el frasco.
   Deja el hueso en vinagre durante 2 semanas.

3. Lava el hueso y después trata de doblarlo.
   ¿Qué pasa?

Nota: El vinagre disuelve los minerales del hueso. Los minerales maintienen a los huesos duros. Cuanto más tiempo el hueso lleva en el vinagre, más suave se pone.

The Longest and the Smallest

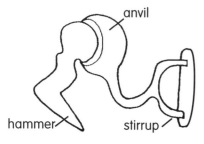

Materials:
• measuring tape
• partner

The three smallest bones in your body are inside your ear.

Work with a partner to measure the long parts of your arms and legs to find the longest bone.

El más largo y el más pequeño

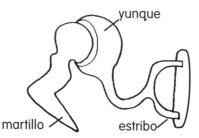

Materiales:
• cinta de medir
• un compañero

Los tres huesos más pequeños del cuerpo están en tu oído.

Con un compañero, mide las partes más largas de tus brazos y piernas para encontrar los huesos más largos.

Breathe In, Breathe Out

Materials:
• measuring tape
• partner

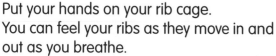

Put your hands on your rib cage.
You can feel your ribs as they move in and out as you breathe.
Muscles also help you breathe.

Work with a partner to measure your chest as you take a normal breath. How many inches is it?

Now measure your chest as you take a big breath. How big is your chest now?

Your ribs have made space for more air.

Inhalar, exhalar

Materiales:
• cinta de medir
• un compañero

Pon las manos en tu cavidad torácica.
Puedes sentir cómo se mueven las costillas cuandos respiras.

Los músculos ayudan también cuando respiras.

Trabaja con un compañero para medir tu pecho cuando respiras normalmente. ¿Cuántas pulgadas mide?

Ahora, mide tu pecho cuando respiras más profundamente. ¿Cuántas pulgadas mide tu pecho ahora?

Tus costillas han hecho más espacio para más aire.

Ciclos de la vida animal

Esta sección contiene 32 páginas en español con actividades sobre las características de los mamíferos, los reptiles, las aves, los anfibios y los insectos. Como ejemplo de cada grupo animal, se presenta el ciclo de la vida del conejo, de la tortuga, del pollo, de la rana y de la mariposa.

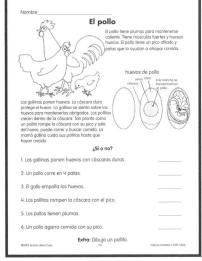

Las actividades se pueden utilizar de las siguientes maneras:

- Con niños de 1er grado, puede dirigir lecciones para grupos pequeños o para toda la clase.

- Con niños de 2º y 3er grado, puede utilizar las actividades para lecciones dirigidas con grupos pequeños o con toda la clase, para actividades independientes en centros, o como trabajo independiente.

Utilice los recursos de su biblioteca y colegio para ampliar el contenido proporcionado en estas páginas.

Animal Life Cycles

This section contains 32 pages in English with activities about the characteristics of mammals, reptiles, birds, amphibians, and insects. Examples of each animal group are presented through the life cycle of rabbits, turtles, chickens, frogs, and butterflies.

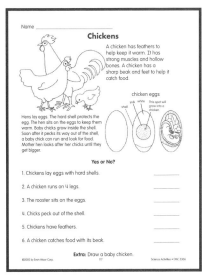

Activities may be used in the following settings:

- With children in 1st grade, use activities for guided lessons with small groups or the whole class.

- With children in 2nd and 3rd grades, use activities for guided lessons with small groups or the whole class, for independent activities in centers, or for independent work.

Use resources from your library and school to expand upon the content presented in these pages.

Nombre_____

Los mamíferos

Un conejo es un mamífero.
Los mamíferos tienen estos puntos en común:

1. Tienen pelo o pelaje. Esto los ayuda a mantenerse calientes.
2. Son de sangre caliente.
3. Nacen vivos.
4. Las crías toman leche de su madre.
5. Respiran aire con sus pulmones.

Circula los mamíferos.
Colorea el conejo de color café.

Extra: ¿Puedes nombrar otro mamífero que puede ser un animal doméstico?

Name _____

Mammals

A rabbit is a mammal.
Mammals are alike in these ways:

1. They have hair or fur. It helps keep them warm.
2. They are warm-blooded.
3. The babies are born alive.
4. The babies get milk from their mothers.
5. They breathe air with lungs.

Circle the mammals.
Color the rabbit brown.

Extra: Can you name another mammal that can be a pet?

Nombre_____

La liebre de cola blanca

La liebre de cola blanca es pequeña con pelaje de color café y una cola blanca y velluda. Vive en las matorrales entre los bosques y los campos. Sus fuertes patas traseras le ayudan a correr rápidamente. Ambas patas traseras tocan el suelo al mismo tiempo. Las orejas largas de la liebre giran para oír los ruidos. Sus dientes delanteros son afilados, y les ayudan a comer plantas.

La liebre mamá hace un nido de hierba y pedacitos de pelaje que se saca de su barriga. Los bebés—llamados "gazapos"—nacen vivos, sin defensas. No tienen pelo, sus ojos están cerrados y no pueden oír. La mamá alimenta a sus crías con la leche de su cuerpo.

¿Sí o no?

1. Una liebre tiene pelaje. _____

2. Las liebres ponen huevos. _____

3. La madre alimenta a sus crías con su leche. _____

4. Los gazapos nacen vivos. _____

5. Las liebres bebés pueden ver cuando nacen. _____

6. Las liebres atrapan insectos para comer. _____

Extra: Dibuja una planta que las liebres puedan comer.

Name _____

The Cottontail Rabbit

A cottontail rabbit is small with brown fur and a fluffy white tail. It lives in the thick brush between the woods and fields. Strong back legs help the cottontail run fast. Both hind feet hit the ground at the same time. The cottontail's long ears turn to pick up sounds. Sharp front teeth help them eat plants.

The cottontail mother makes a nest of grass and bits of fur that she pulls from her belly. Baby cottontails are born alive. They are helpless. They do not have fur, their eyes are shut, and they cannot hear. The mother feeds her babies milk from her body.

Yes or No?

1. A cottontail has fur. _____

2. Cottontails lay eggs. _____

3. The mother feeds her babies milk. _____

4. Baby cottontails are born alive. _____

5. Baby cottontails can see when they are born. _____

6. Cottontails catch bugs to eat. _____

Extra: Draw a plant for the cottontail to eat.

Nombre_____

	1	
6		2

Observa cómo crece el conejo.

5   3

4

Recorta y pega en orden.

Name _____

	1	
6	**Watch the rabbit grow.**	2
5		3
	4	

Cut and paste in order.

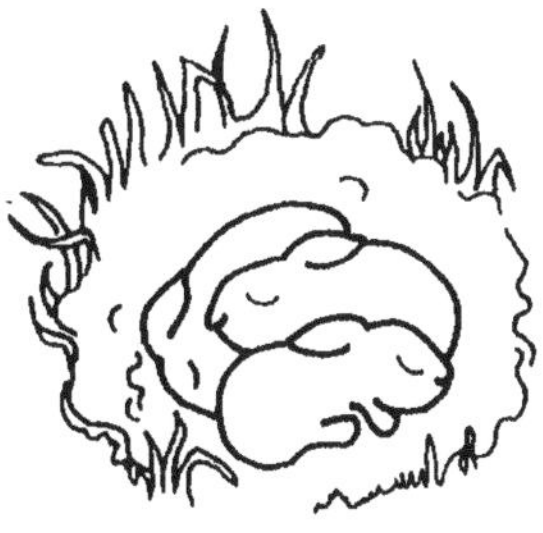

Nombre_____

¿Dónde viven?

La mayoría de los conejos vive bajo la tierra en túneles llamados *conejeras*. La mamá coneja hace su nido en la conejera. Este es un lugar seguro para esconderse del peligro.

Las liebres viven en la superficie de la tierra. Hacen pequeños huecos en la tierra llamados *encames*. La hembra hace su nido en el encame sobre la tierra.

En América del Norte tanto los conejos comunes como las liebres viven en la superficie de la tierra.

Circula la liebre descansando en su encame.
Colorea la liebre de cola blanca común en el matorral.
Pon una **X** sobre el conejo en la conejera.

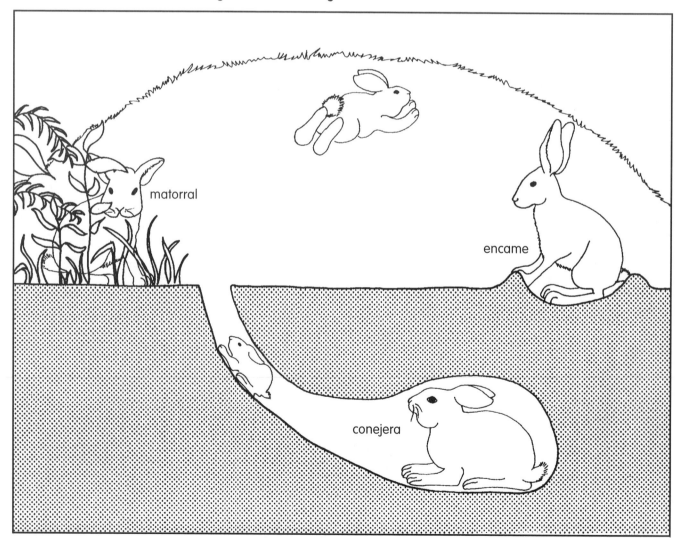

Extra: En la biblioteca de tu escuela, busca un cuento acerca de un conejo.

 Science Activities • EMC 5306

Name _____

Where Do They Live?

Most rabbits live under the ground in tunnels called *warrens*. The mother rabbit builds her nest in the warren. It is a safe place to hide from danger.

Hares live above the ground. They dig little places to rest called *forms*. The mother hares build their nests up on the ground.

In North America, the cottontail rabbit lives above the ground like the hare.

Circle the hare resting in its form.
Color the cottontail rabbit in the brush.
Put an **X** on the rabbit in the warren.

brush

form

warren

Extra: Find a story about a rabbit in your school library.

75   Science Activities • EMC 5306

Nombre_____

Los conejos y las liebres

Los conejos tienen las patas cortas y se mueven a saltitos. Las liebres tienen las patas traseras largas y fuertes y pueden dar grandes saltos.

Las crías de los conejos no tienen defensas cuando nacen. Ellas no pueden ver y no tienen pelaje. Las crías de las liebres tienen sus ojos abiertos y están cubiertas de pelaje. Poco después de nacer ya pueden saltar.

La mayoría de los conejos vive en conejeras debajo de la tierra. Las liebres viven en la superficie de la tierra. Forman lugares huecos llamados *encames* donde descansan.

liebre café

conejo común

Conecta el animal con las descripciones:

- tiene patas cortas

- tiene patas largas y fuertes para saltar

- viven en conejeras debajo de la tierra

- hacen encames para descansar

- las crías nacen sin defensas

- las crías pueden moverse a saltitos

- las crías nacen con los ojos cerrados y sin pelaje

- las crías nacen con los ojos abiertos y con pelaje

Extra: ¿Qué tipo de hogar necesitaría un conejo que vive como mascota de una familia? Dibújalo al reverso de esta página.

Rabbits and Hares

Rabbits have short legs and move in little hops. Hares have strong, long back legs and can make big jumps.

Rabbit babies are helpless when they are born. They cannot see and do not have fur. Hare babies have their eyes open and are covered with fur. They can hop soon after they are born.

Most rabbits live in warrens under the ground. Hares live above the ground. They make resting places called *forms*.

Brown Hare

Common Rabbit

Match:

- have short legs

- have long, strong legs for jumping

- dig warrens under the ground

- make forms to rest in

- new babies are born helpless

- new babies can hop around

- babies are born with eyes shut and no fur

- babies are born with eyes open and fur

Extra: What kind of home do you think a pet rabbit needs? Draw it on the back of this paper.

         Science Activities • EMC 5306

Nombre_____

¿Cómo son ellos?

Los conejos y las liebres viven por todo el mundo. Algunos son grandes. Otros son pequeños. Pueden tener el pelaje de color café, blanco, gris o negro. Algunos tienen manchas.

La mayoría de los conejos es de color café. Los conejos de color café son difíciles de divisar en los bosques y los campos. Algunos conejos tienen un pelaje que se vuelve blanco en el invierno para que puedan esconderse en la nieve.

¿Cómo me llamo?

1. Soy una liebre blanca. _____

2. Mis orejas cuelgan. _____

3. Tengo manchas en mi pelaje. _____

4. Mi cola es un esponjoso botoncillo blanco. _____

Extra: Circula el conejo o la liebre que tú piensas es el mejor saltador.

Name _____

What Do They Look Like?

Rabbits and hares live all over the world. Some are big. Some are small. They can have brown, white, gray, or black fur. Some even have spots.

Most wild rabbits are brown. Brown rabbits are harder to see in the woods and fields. Some rabbits have fur that turns white in the winter so they can hide in the snow.

What is my name?

1. I am a white hare.   _____

2. My ears hang down.   _____

3. I have spots on my fur.   _____

4. My tail is a fluffy white puff.   _____

Extra: Circle the rabbit or hare you think is the best jumper.

                           Science Activities • EMC 5306

Nombre_____

Reptiles

Una tortuga es un reptil.
Los reptiles tienen los seguientes puntos en común:

1. Están cubiertos de escamas o láminas dérmicas.
2. La piel es áspera y dura.
3. Son de sangre fría.
4. La mayoría de los reptiles pone huevos.
5. Respiran aire con los pulmones.

Circula los reptiles.
Colorea la tortuga.

Extra: Dibuja un reptil que has visto.

Teacher: Review the concept of warm-blooded and cold-blooded animals.

Name _____

Reptiles

A turtle is a reptile.
Reptiles are alike in these ways:

1. They are covered with scales or plates.
2. Their skin is rough and dry.
3. They are cold-blooded.
4. Most reptiles lay eggs.
5. They breathe air with lungs.

Circle the reptiles.
Color the box turtle.

Extra: Draw a reptile you have seen.

Nombre_____

La tortuga terrestre

La tortuga terrestre tiene un caparazón que puede cerrarse coma una caja. El caparazón es negro o de color café y tiene manchas de color amarillo o anaranjado. La tortuga terrestre tiene garras en sus patas. Las tortugas no tienen dientes, pero pueden morder duro con sus mandíbulas fuertes.

Las tortugas terrestres viven en la superificie de la tierra. A veces se meten a los estanques o lagunas para refrescarse. Comen insectos, babosas, gusanos y fruta.

La mamá tortuga escarba un hoyo en un lugar caliente para poner sus huevos blancos y redondos. Los huevos no tienen cáscara dura como los huevos de pájaro. La cáscaras es gomosa. Las pequeñas tortuguitas salen del cascarón después de tres meses. Después de cinco años, las tortugas ya son adultos.

¿Sí o no?

1. Una tortuga terrestre puede esconderse en su caparazón.   _____

2. A las tortugas terrestres les gusta la fruta.   _____

3. Todas las tortugas viven en el agua.   _____

4. Los huevos de las tortugas tienen cáscaras duras.   _____

5. Las tortugas terrestres ponen huevos.   _____

6. Las tortugas terrestres tienen manchas rojas.   _____

Name _____

The Box Turtle

A box turtle has a high, round shell that can close up like a box. The shell is black or brown and has yellow or orange markings. The box turtle has claws on its toes. Turtles do not have teeth, but they can bite hard with their strong jaws.

Box turtles live on the land. Sometimes they go in pools or puddles to cool off. They eat insects, slugs, worms, and fruit.

The mother box turtle digs a pit in a warm spot and lays her round, white eggs. The eggs do not have hard shells like bird eggs. The shells are rubbery. The eggs hatch in about three months. Baby turtles are grown-up when they are about five years old. Turtles can live a long time.

Yes or No?

1. A box turtle can hide in its shell. _____

2. Box turtles like fruit. _____

3. All turtles live in water. _____

4. Turtle eggs have hard shells. _____

5. Turtles lay eggs. _____

6. Box turtles have red spots. _____

               Science Activities • EMC 5306

Nombre_____

	1	
6	**Observa cómo crece la tortuga.**	2
5		3
	4	

Recorta y pega en orden.

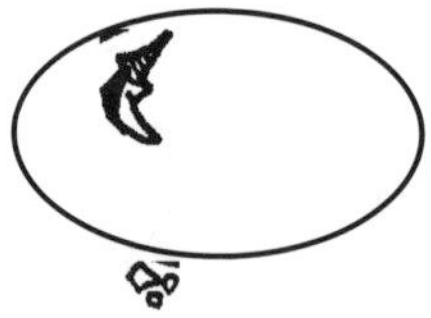

Name _____

	1	
6		2
5	**Watch the turtle grow.**	3
	4	

Cut and paste in order.

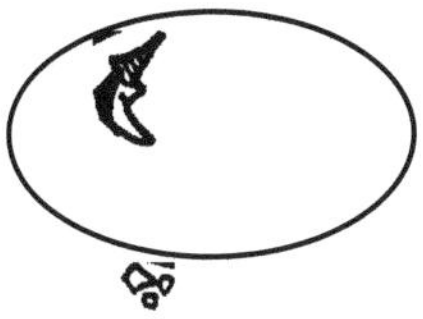

Nombre_____

¿Dónde viven las tortugas?

Las tortugas terrestres viven en la superficie de la tierra. Hay varios tipos de tortugas terrestres. Algunas viven en lugares húmedos, como pantanos. Otras viven en lugares secos y calientes. Hace mucho calor en el desierto, así que la tortuga del desierto escarba un lugar para descansar debajo de la tierra.

Muchos tipos de tortugas viven dentro o cerca de lagunas de agua dulce y ríos. Ellas salen a la tierra para descansar. Ponen sus huevos en la tierra. Nadan bien y buscan su alimento en el agua. Algunas tienen las patas palmeadas para nadar. La gran tortuga voraz, la tortuga pintada y la tortuga de caparazón blando son tortugas de agua dulce.

Hay tortugas que viven en el agua salada de los océanos. Ellas tienen patas delanteras fuertes que parecen aletas. Buscan comida en el océano pero salen a la superficie de la tierra para poner sus huevos. Las tortugas verdes y las tortugas marinas son dos tortugas de océano.

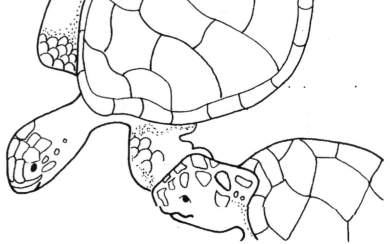

Colorea de color café la tortuga terrestre.
Pon una **X** sobre las tortugas que viven en el océano.
Circula las tortugas que viven dentro o cerca de un río o laguna.

Science Activities • EMC 5306

Name _____

Where Do They Live?

Box turtles live on land. There are other land turtles. Some live in damp places like swamps. Some live in dry, warm places. It is very hot in the desert, so the desert tortoise digs a place to rest under the ground.

Many kinds of turtles live in or by freshwater ponds and rivers. They rest on land. They lay their eggs on land. They swim well and find their food in the water. Some have webbed feet for swimming. Snapping turtles, painted turtles, and softshell turtles are all freshwater turtles.

There are turtles that live in the salty oceans. They have strong front legs that look like flippers. They find food in the ocean but come up on land to lay their eggs. Green turtles and loggerheads are two ocean turtles.

Color the land turtle brown.
X the turtles that live in the ocean.
Circle the turtles that live in or by a pond or river.

 Science Activities • EMC 5306

Nombre_____

Las tortugas gigantes

Yo soy la tortuga terrestre más grande. Puedo ser de cinco pies de largo y pesar 400 libras. Tengo un caparazón muy alto. Mis patas son gruesas y cubiertas con escamas duras. Me alimento de plantas. Hago un hoyo en la tierra para hacer un nido para mis huevos.

galápago

Soy la tortuga de mar más grande. Puedo ser de nueve pies de largo y pesar 1000 libras. Tengo un caparazón de hueso cubierto de piel parecido al cuero. Puedo nadar rápidamente con mis aletas fuertes y largas. Como medusas. Salgo a la tierra para poner mis huevos en la arena seca.

tortuga laúd

Conecta la tortuga con sus descripción:

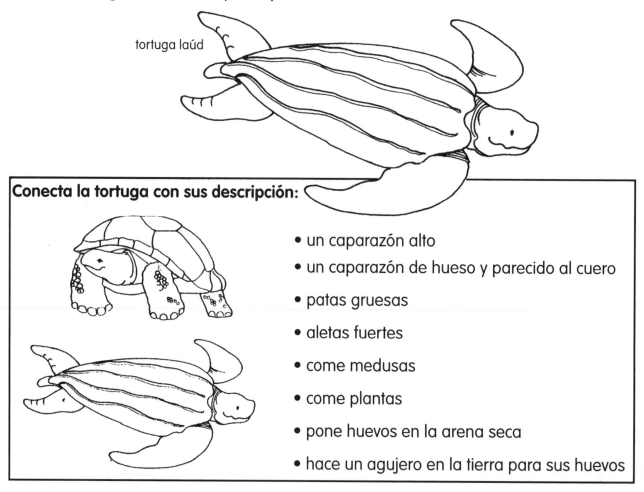

- un caparazón alto
- un caparazón de hueso y parecido al cuero
- patas gruesas
- aletas fuertes
- come medusas
- come plantas
- pone huevos en la arena seca
- hace un agujero en la tierra para sus huevos

 Science Activities • EMC 5306

Name _____

Giant Turtles

I am the biggest land turtle. I can be five feet long and weigh 400 pounds.
I have a high shell. My thick legs are covered with hard scales. I eat plants.
I dig a hole in the dirt to make a nest for my eggs.

Galápagos

I am the biggest sea turtle. I can be nine feet long and weigh 1000 pounds.
I have a shell of bone covered with skin like leather. I am a fast swimmer
with my strong, long flippers. I eat jellyfish. I go on land to lay my eggs in
dry sand.

Leatherback

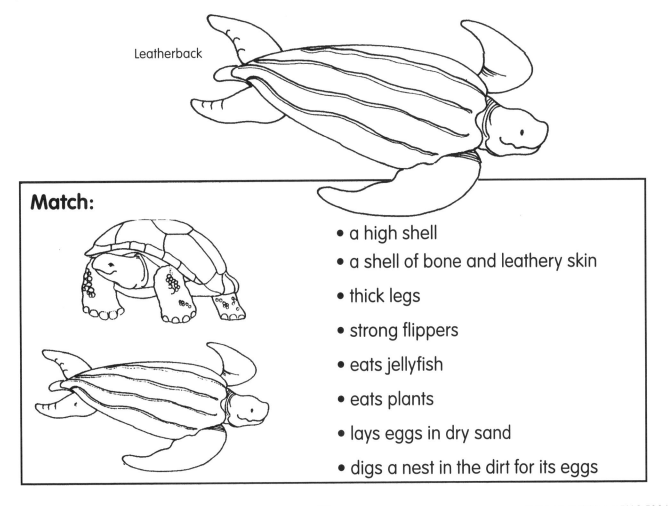

Match:

- a high shell

- a shell of bone and leathery skin

- thick legs

- strong flippers

- eats jellyfish

- eats plants

- lays eggs in dry sand

- digs a nest in the dirt for its eggs

¿Te acuerdas?

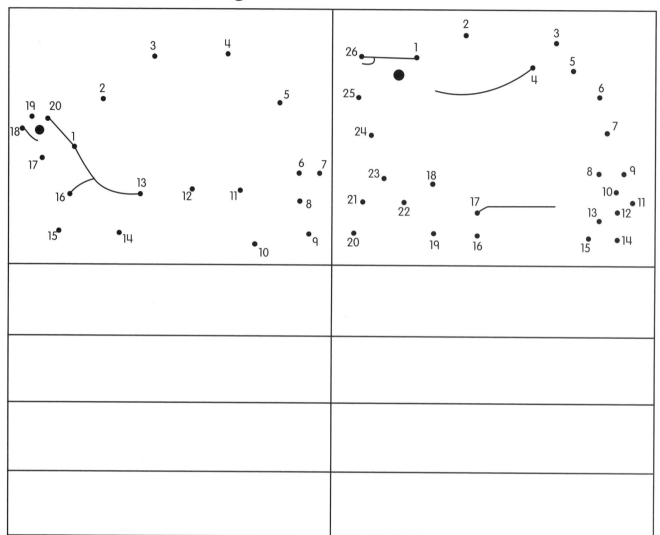

Recorta y pega:

sangre fría	la cría sale de un huevo
pelaje	toma leche de la madre
sangre caliente	la cría nace viva
escamas	pone huevos de cáscara gomosa

Science Activities • EMC 5306

Name _____

Do You Remember?

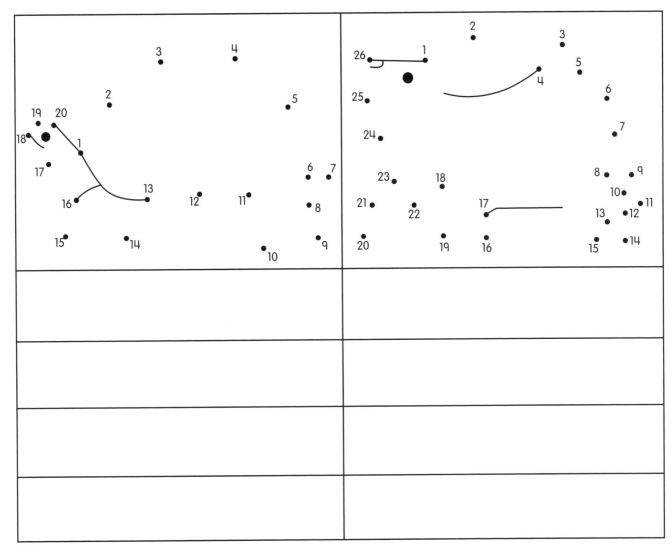

Cut and paste:

cold-blooded	baby hatches from an egg
fur	drinks milk from mother
warm-blooded	baby is born alive
scales	lays eggs with a rubbery shell

Science Activities • EMC 5306

Nombre_____

¿Mamífero o reptil?

Circula los mamíferos.
Pon una **X** sobre los reptiles.
Dibuja un mamífero y un reptil al reverso de esta página.

Mammal or Reptile?

Circle the mammals.
X the reptiles.
Draw a mammal and a reptile on the back of this paper.

Nombre_____

Crucigrama

Palabras

cocodrilo
conejo
lagarto
liebre
mono
murciélago
perro
serpiente
tortuga
vaca

Horizontal ⟶

1.
5.
7.
9.
10.

Vertical ↓

2.
3.
4.
6.
8.

Science Activities • EMC 5306

Name _____

Crossword Puzzle

Across

2. 
9. 
5. 
10. 
8.

Down

1. 
6. 
3. 
7. 
4.

Word Box

bat   lizard
cow   monkey
crocodile   rabbit
dog   snake
hare   turtle

95

Nombre_____

Encuentra los animales

Mamíferos:

ardilla	conejo	mapache	tigre
ballena	gato	nutria	vaca
caballo	león	oveja	zorrillo
ciervo	liebre	ratón	zorro

```
e c i e r v o f z o g e t
o a t o l e ó n o v a c i
n v a c a d r s r e t v g
n u t r i a z o r j o l r
z o r r i l l o o a i o e
c o n e j o b a l l e n a
a m a p a c h e r a t ó n
l i e b r e a r d i l l a
b a c a c a b a l l o r e
```

Reptiles:

caimán	estinco	salamanquesa
cocodrilo	galápago	serpiente
culebra	iguana	tortuga
	lagarto	

```
c a i m á n l a g a r t o g i e
l a g a r c o c o d r i l o g s
c u l e b r a t o r t o a r u u
b a c a v i l l t o r t u g a é
s a l a m a n q u e s a i n n i
g a l á p a g o c u l e b r a s
s e r p i e n t e e s t i n c o
```

Name _____

Find the Animals

Mammals:

```
r a b b i t d e e r r
s w s q u i r r e l a
h h a r e b a m b s c
e a c h f o c o w k c
e l g k o b a u i u o
p e d i x c t s e n o
o t t e r a f e j k n
h o r s e t i g e r m
```

bobcat   otter
cat   rabbit
cow   raccoon
deer   sheep
fox   skunk
hare   squirrel
horse   tiger
mouse   whale

Reptiles:

```
t u r t l e d o g s i t
k p c r o c o d i l e o
i g u a n a b o x i n r
n u t s l i z a r d o t
g i l a m o n s t e r o
s a s s y s u g a r g i
n e w k i n s a a t e s
a l l i g a t o r i c e
k i t n o k i s s p k t
e g g k u e a g l e o o
```

alligator   lizard
crocodile   skink
gecko   slider
gila monster   snake
iguana   tortoise
king snake   turtle

Science Activities • EMC 5306

Nombre_____

Los anfibios

La rana es un anfibio.

Los anfibios tienen los siguientes puntos en común:

1. Ponen huevos en el agua.
2. Las crías viven en el agua.
3. Cuando crecen, viven en la tierra.
4. Tienen cuatro patas.
5. La mayoría tiene la piel húmeda y lisa.

Circula los anfibios.

Colorea la rana.

Extra: Dibuja una laguna para la rana.

Name _____

Amphibians

A frog is an amphibian.
Amphibians are alike in these ways:

1. They lay eggs in water.
2. The babies live in water.
3. When they grow up, they live on land.
4. They have four legs.
5. Most have wet, smooth skin.

Circle the amphibians.
Color the frog.

Extra: Make a pond for the frog.

99   Science Activities • EMC 5306

Maestro(a): Si desea, puede enseñar el término *metamórfosis*.

Nombre_____

Las ranas

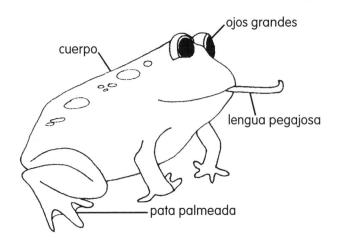

A la rana, le gustan los lugares húmedos. Tiene piernas fuertes. Puede saltar grandes distancias. Tiene patas palmeadas. Puede nadar rápidamente. La rana tiene una lengua larga y pegajosa. Puede atrapar los insectos.

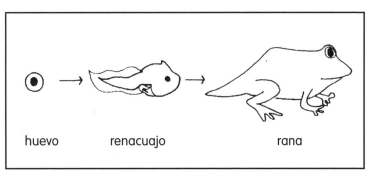

Los renacuajos nacen de huevos gelatinosos. Sus patas traseras crecen primero. Luego crecen las patas delanteras. La cola se hace más corta a medida que crecen las patas y los pulmones. Cuando la rana termina de crecer, salta del agua a la tierra.

¿Sí o no?

1. Las ranas ponen huevos en el agua. _____

2. Las ranas comen flores. _____

3. Las ranas brincan grandes distancias. _____

4. Los renacuajos se arrastran en la tierra. _____

5. Las ranas tienen una lengua pegajosa. _____

6. Una rana tiene ojos grandes. _____

Extra: Dibuja un renacuajo.

 Science Activities • EMC 5306

Teacher: You may want to introduce the term *metamorphosis*.

Name ___________________________

Frogs

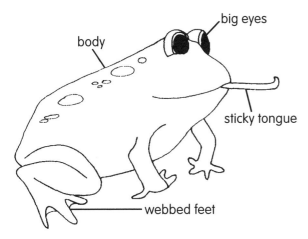

A frog likes wet places. It has strong legs. It can hop far. It has webbed feet. It can swim fast. A frog has a long, sticky tongue. It can catch insects.

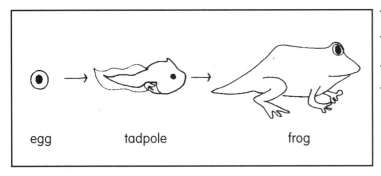

Tadpoles hatch from jelly-like eggs. The tadpole grows its back legs first. Then it grows its front legs. The tail gets shorter as the legs and lungs grow. When a frog grows up, it jumps up on the land.

Yes or No?

1. Frogs lay eggs in water. ____________
2. Frogs eat flowers. ____________
3. Frogs can hop a long way. ____________
4. Tadpoles crawl on land. ____________
5. Frogs have sticky tongues. ____________
6. A frog has big eyes. ____________

Extra: Draw a tadpole.

Nombre_____

	1	
6	**Observa cómo crece la rana.**	**2**
5		**3**
	4	

Recorta y pega en orden.

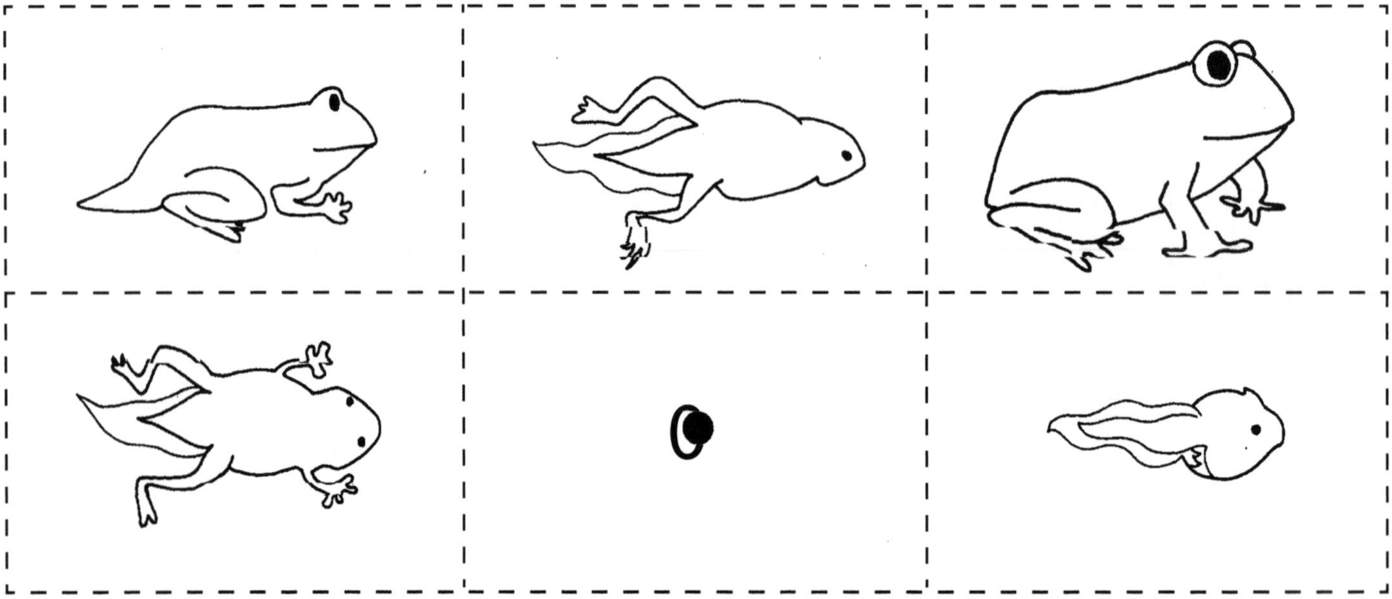

Name _____

	1	
6	**Watch the frog grow.**	2
5		3
	4	

Cut and paste in order.

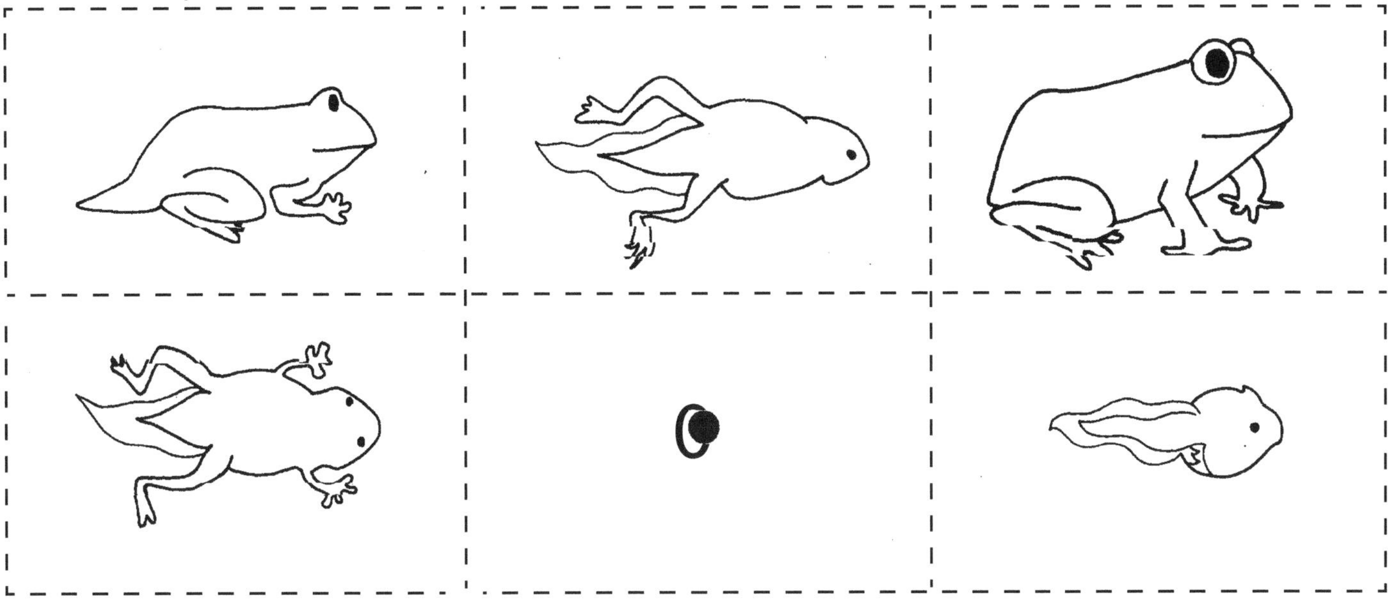

Nombre_____

La rana y el sapo

Las ranas tienen una piel lisa y húmeda. Viven en el agua o cerca de ella. Se mueven rápidamente.

El sapo tiene una piel rugosa y abollada. Los sapos viven en la tierra. Ellos van al agua para poner sus huevos. Un sapo no es tan rápido como una rana.

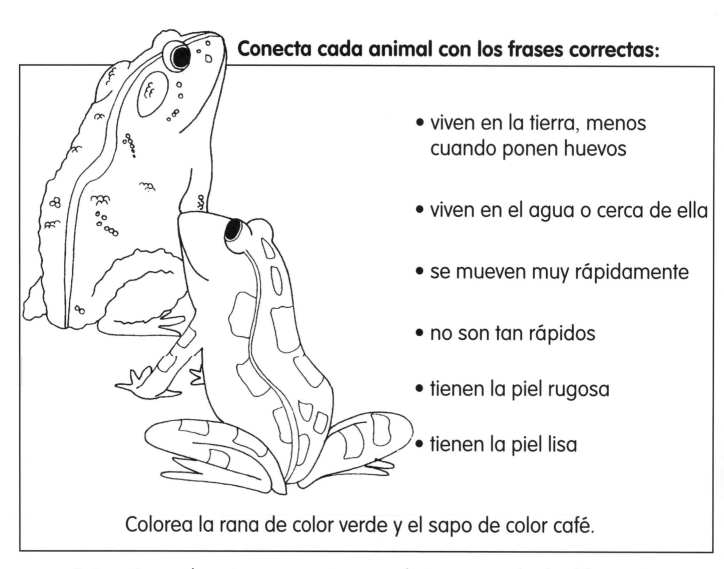

Conecta cada animal con los frases correctas:

- viven en la tierra, menos cuando ponen huevos

- viven en el agua o cerca de ella

- se mueven muy rápidamente

- no son tan rápidos

- tienen la piel rugosa

- tienen la piel lisa

Colorea la rana de color verde y el sapo de color café.

Extra: Aprende este poema para ayudarte a recordar la diferencia:

Ranas brincan al agua con su piel tan lisa.
Sapos por tierra saltan, más no tan de prisa.

 Science Activities • EMC 5306

Name _____

Frog and Toad

A frog has smooth, wet skin. Frogs live in or near water.
They move quickly.

A toad has rough, bumpy skin. Toads live on land. They go
to the water to lay eggs. A toad is not as quick as a frog.

Match:

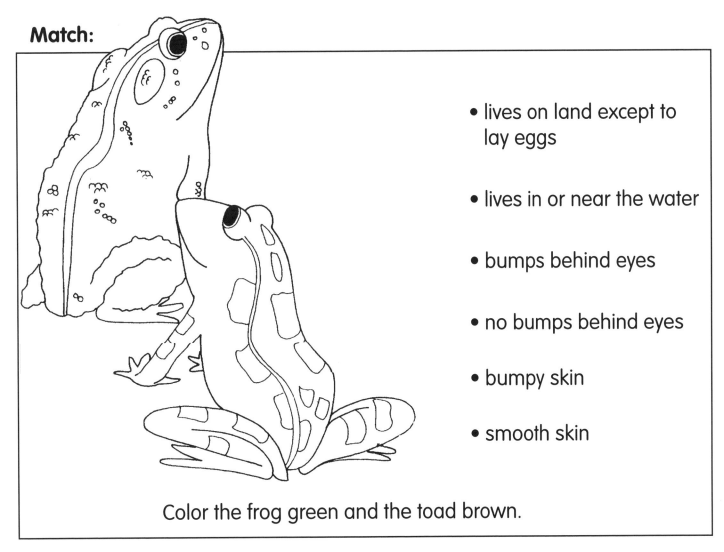

- lives on land except to
  lay eggs

- lives in or near the water

- bumps behind eyes

- no bumps behind eyes

- bumpy skin

- smooth skin

Color the frog green and the toad brown.

Extra: Learn this poem to help you remember the difference:

Frogs leap far with their smooth, shiny skin.
Hopping along, toads are frogs' "bumpy" kin.

　　　　　　　　　　　　　　Science Activities • EMC 5306

Nombre_____

Los insectos

La mariposa es un insecto.

Los insectos tienen los siguientes puntos en común:

1. Los insectos tienen un esqueleto externo duro.
2. Tienen el cuerpo dividido en 3 partes.
3. Tienen 6 patas.
4. Los insectos tienen antenas en su cabeza.
5. La mayoría tiene 2 pares de alas. No todos los insectos vuelan.

(Circula) los insectos.

Colorea la mariposa.

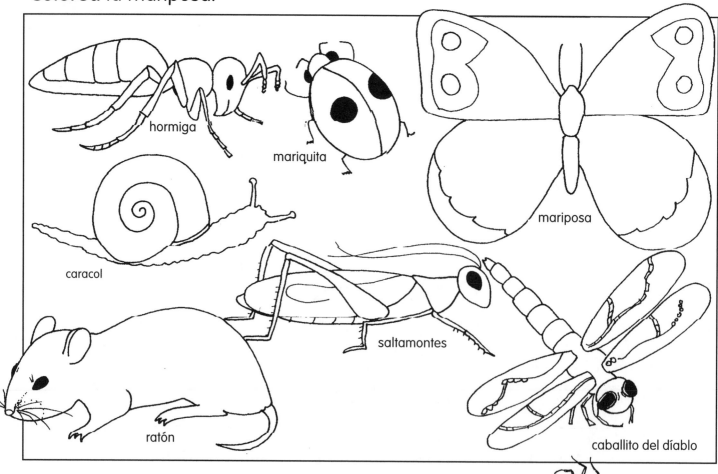

¿Soy un insecto? _____

Extra: Pon una **X** debajo de los insectos que nos ayudan.

Name _____

Insects

A butterfly is an insect.
Insects are alike in these ways:

1. Insects have a hard outer skeleton.
2. Insects have a 3-part body.
3. Insects have 6 legs.
4. An insect has antennae on its head.
5. Most have 2 pairs of wings. Not all insects fly.

Circle the insects.

Color the butterfly.

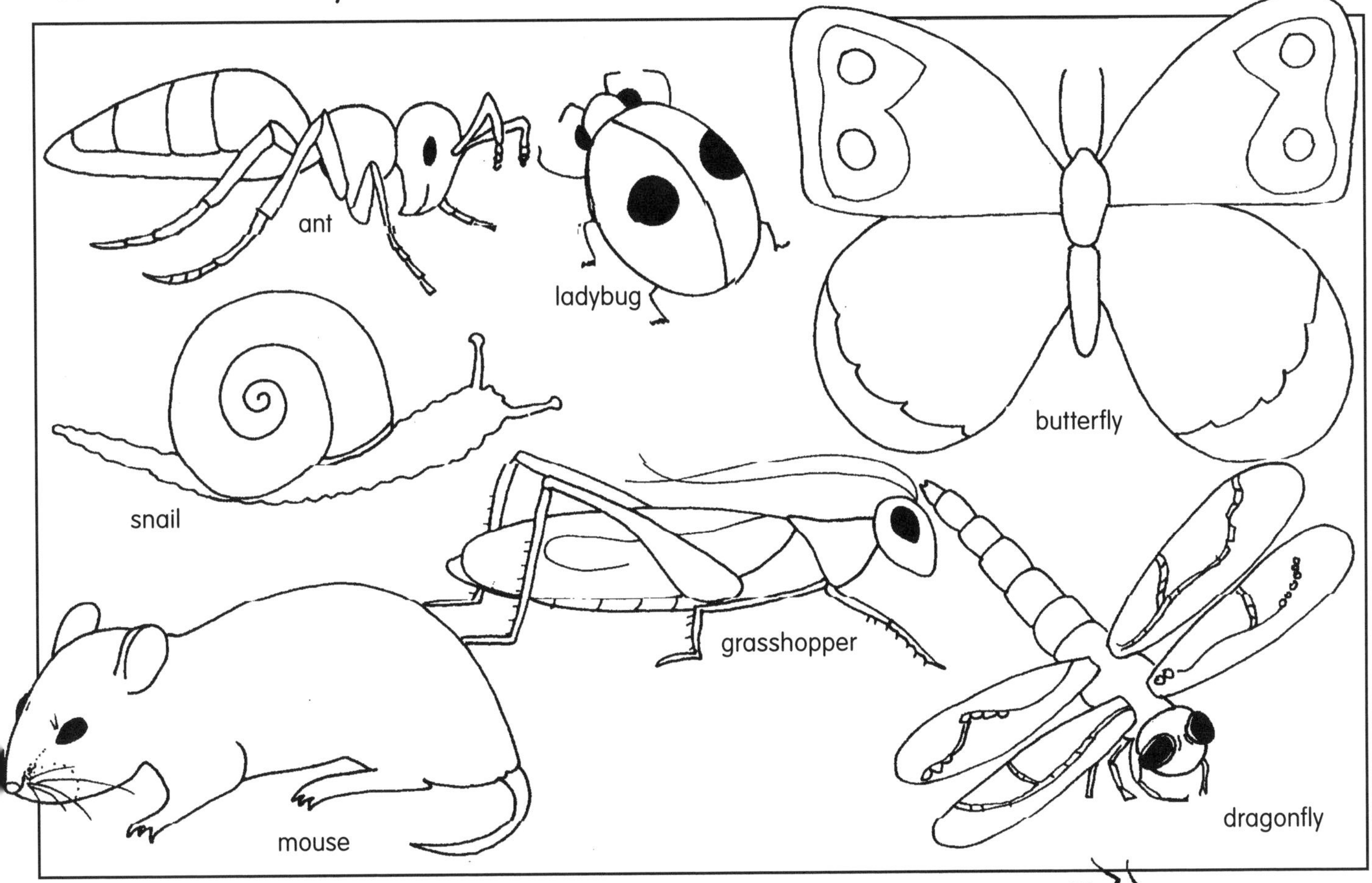

ant

ladybug

butterfly

snail

grasshopper

mouse

dragonfly

Am I an insect? _____

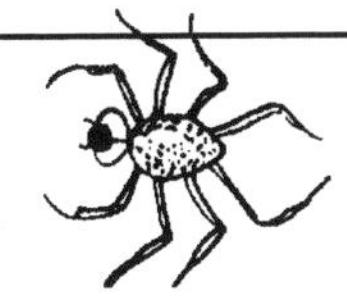

Extra: Put an **X** under the insects that help us.

Science Activities • EMC 5306

Maestro(a): En este momento, usted puede hablar sobre insectos con tres etapas de vida (huevo, ninfa y adulto) y cuatro etapas de vida (huevo, larva, crisálida y adulto).

Nombre_____

La mariposa

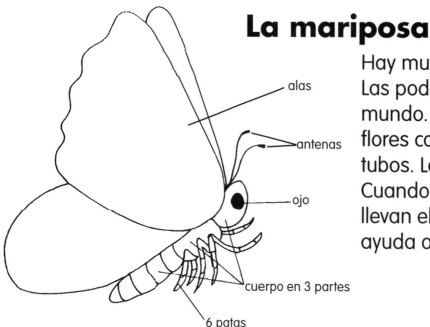

alas

antenas

ojo

cuerpo en 3 partes

6 patas

Hay muchos tipos de mariposas. Las podemos encontrar por todo el mundo. Chupan el néctar de las flores con largas lenguas como tubos. Las mariposas son útiles. Cuando comen, las mariposas llevan el polen de flor en flor. Esto ayuda a que crezcan nuevas flores.

Las mariposas ponen huevos en las plantas. Pequeñas orugas nacen de los huevos.
Las orugas comen plantas. Comen y comen. Crecen y crecen. Al crecer, la oruga cambia de piel muchas veces. Cuando la oruga termina de crecer, forma una cáscara dura alrededor de su cuerpo. Dentro de esta cáscara—o crisálida— la oruga se transforma en mariposa. Cuando nace, sus alas se secan y la mariposa se va volando.

huevos de mariposa

crisálida

oruga

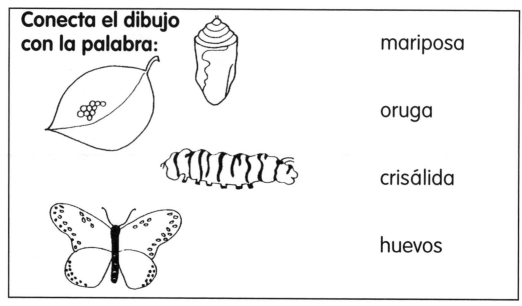

Conecta el dibujo con la palabra:

mariposa

oruga

crisálida

huevos

Extra: Dibuja una oruga vellosa y una mariposa hermosa.

Science Activities • EMC 5306

Name _____

Butterflies

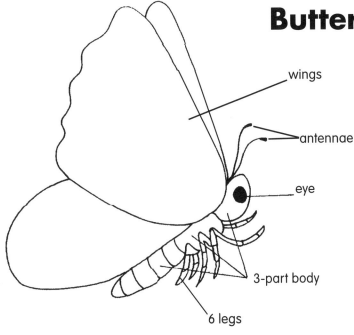

There are many kinds of butterflies. You can find them all over the world. They sip nectar from flowers with long, hollow tongues. Butterflies are helpful. As they eat, butterflies take pollen from flower to flower. This helps new flowers grow.

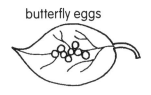

Butterflies lay eggs on plants. Little caterpillars hatch from the eggs. The caterpillar eats plants. It eats and eats. It grows and grows. The caterpillar sheds its snug, old skin many times. When it is big, the caterpillar makes a hard cover over its body. Inside this cover—or chrysalis—the caterpillar changes into a butterfly. When it hatches, its wings dry and the butterfly flies away.

Match:

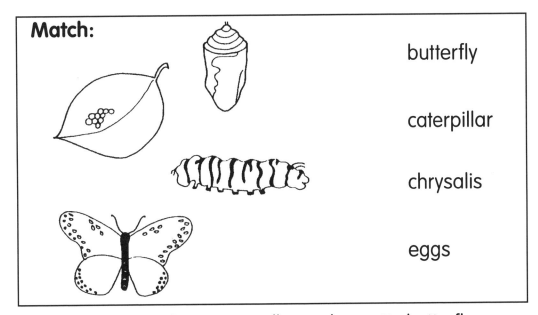

butterfly

caterpillar

chrysalis

eggs

Extra: Draw a fuzzy caterpillar and a pretty butterfly.

         Science Activities • EMC 5306

Nombre_____

1

6   **2**

Observa
cómo crece
la mariposa.

5   **3**

4

Recorta y pega en orden.

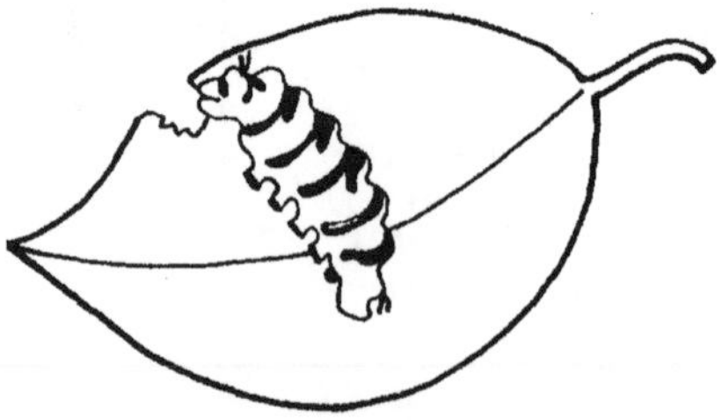

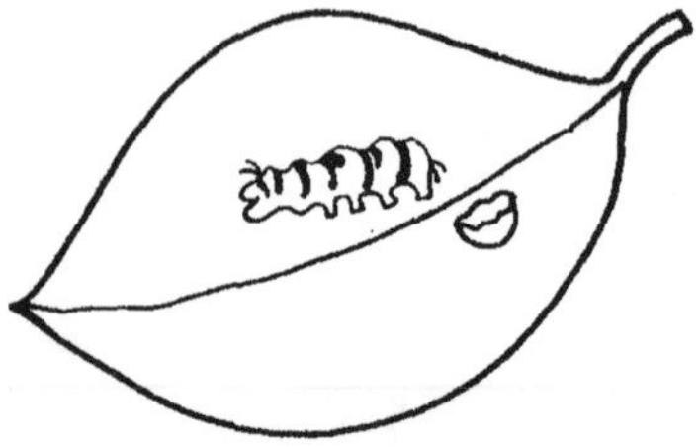

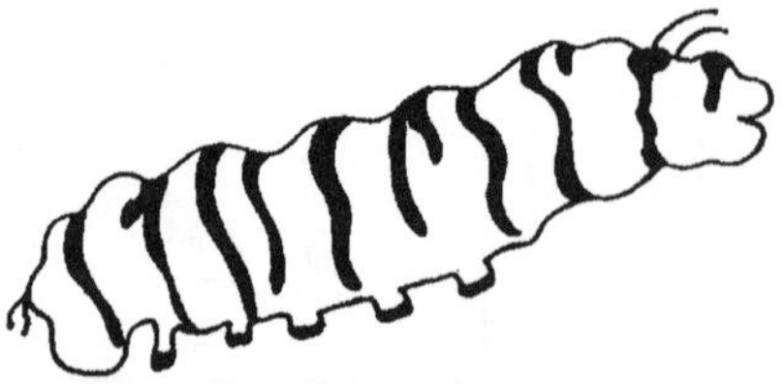

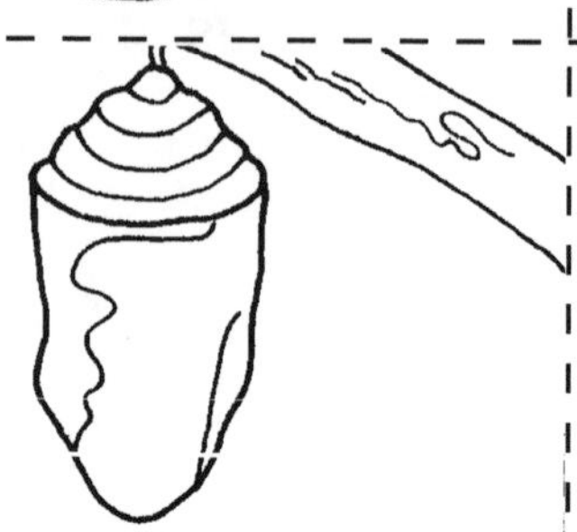

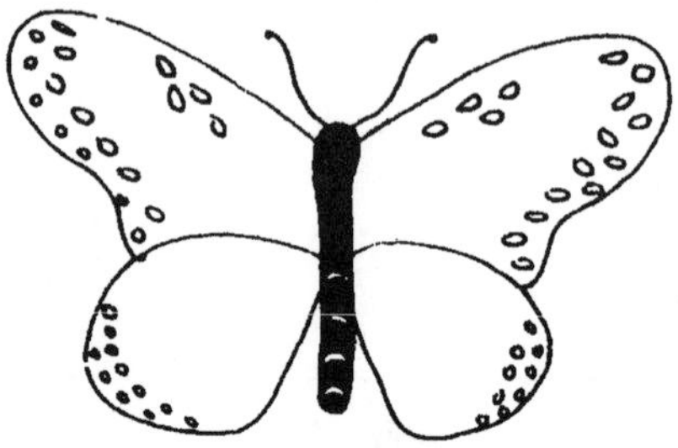

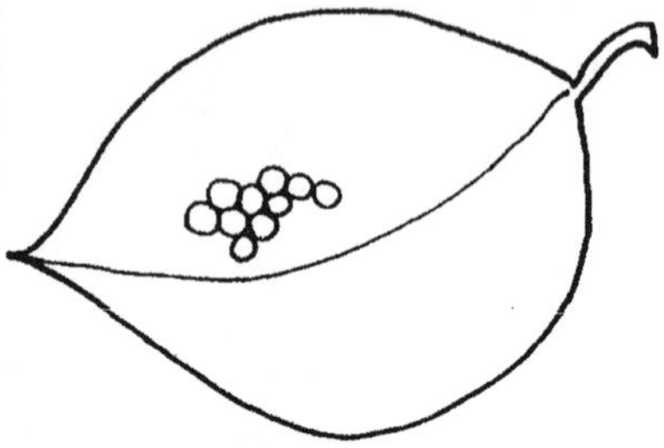

Name _____

	1	
6	**Watch the butterfly grow.**	2
5		3
	4	

Cut and paste in order.

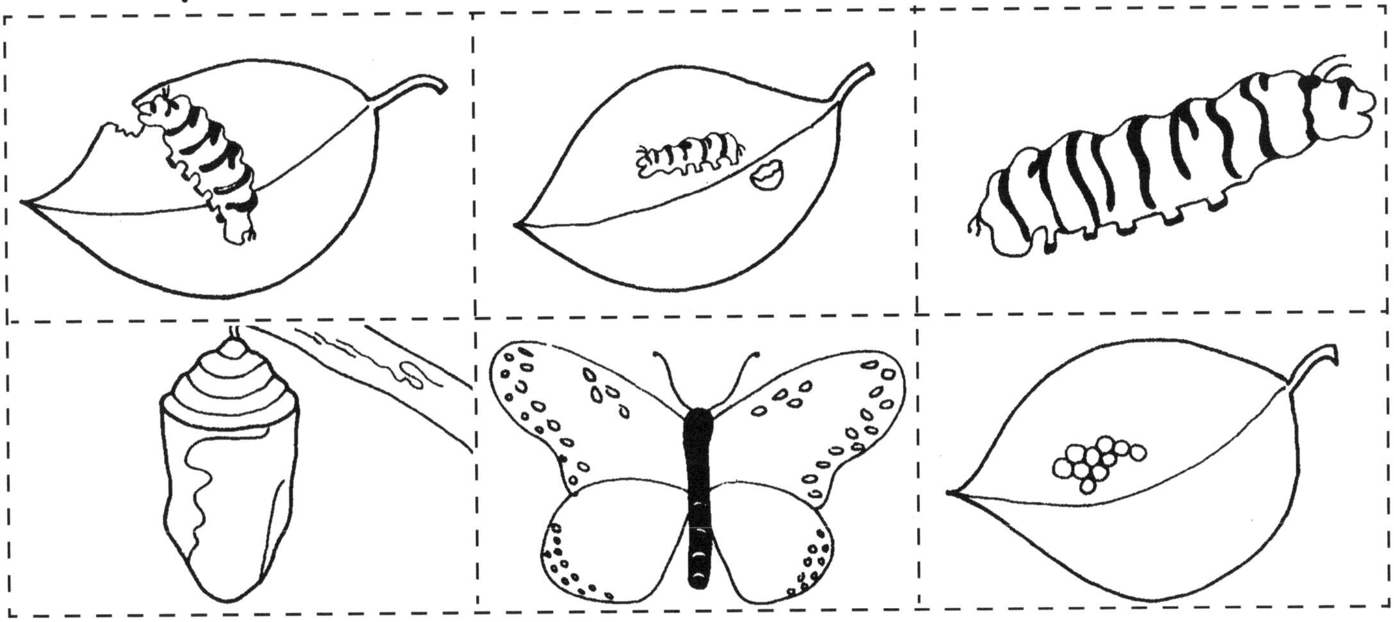

Nombre_____

La mariposa y la polilla

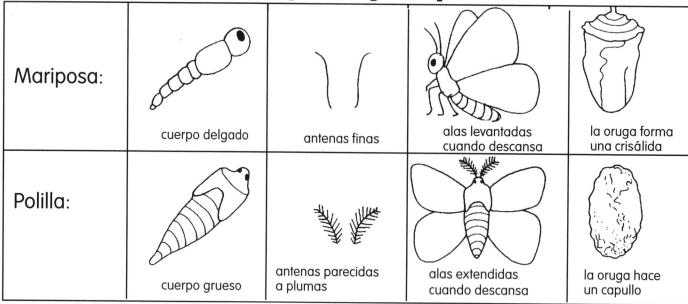

| Mariposa: | cuerpo delgado | antenas finas | alas levantadas cuando descansa | la oruga forma una crisálida |
| Polilla: | cuerpo grueso | antenas parecidas a plumas | alas extendidas cuando descansa | la oruga hace un capullo |

Circula las mariposas.

Pon una línea debajo de las polillas.

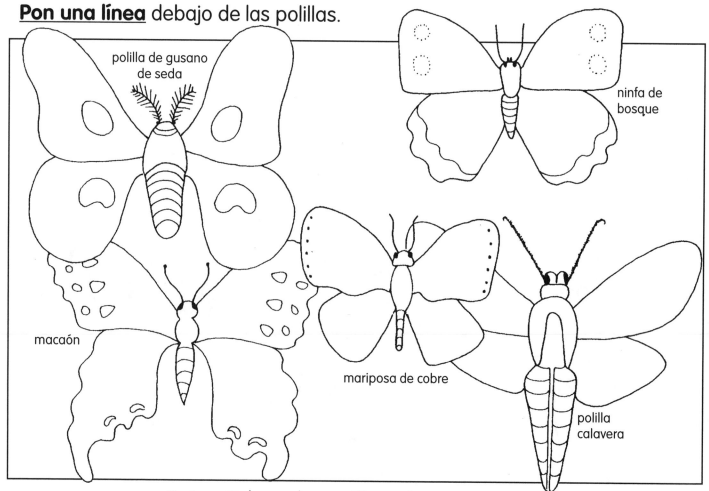

polilla de gusano de seda

ninfa de bosque

macaón

mariposa de cobre

polilla calavera

Extra: Colorea las polillas y las mariposas.

Butterflies and Moths

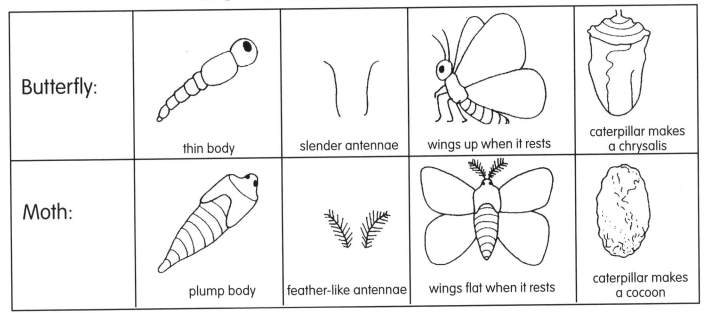

Butterfly:	thin body	slender antennae	wings up when it rests	caterpillar makes a chrysalis
Moth:	plump body	feather-like antennae	wings flat when it rests	caterpillar makes a cocoon

Circle the butterflies.

Put a line under moths.

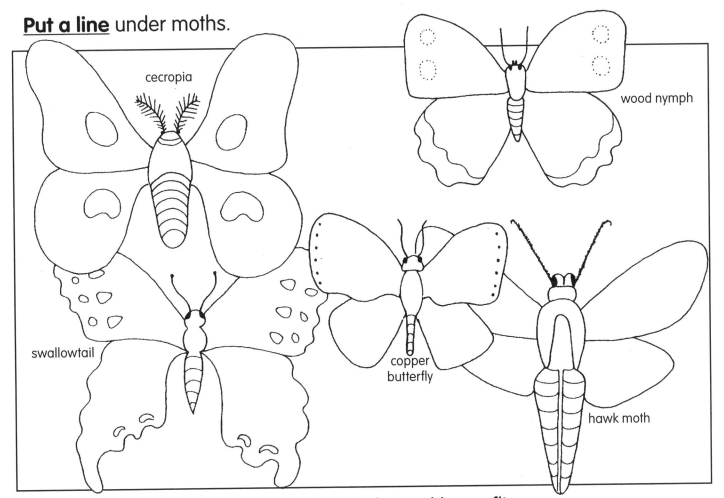

cecropia

wood nymph

swallowtail

copper butterfly

hawk moth

Extra: Color the moths and butterflies.

Nombre_____

Las aves

El pollo es un ave.

Las aves tienen los siguientes puntos en común:

1. Tienen plumas.
2. Ponen huevos con cáscaras duras.
3. Tienen dos patas.
4. Tienen dos alas. La mayoría de las aves puede volar.
5. Las aves tienen un pico.

Circula las aves.

Colorea el pollo.

Extra: Dibuja un sitio donde puedes encontrar el huevo de un ave.

Name _____

Birds

A chicken is a bird.
Birds are alike in these ways:

1. Birds have feathers.
2. They lay eggs with hard shells.
3. They have two legs.
4. They have two wings. Most birds can fly.
5. Birds have a beak.

Circle the birds.

Color the chicken.

Extra: Draw a place you can find a bird's egg.

Nombre_____

El pollo

El pollo tiene plumas para mantenerse caliente. Tiene músculos fuertes y huesos huecos. El pollo tiene un pico afilado y patas que lo ayudan a atrapar comida.

huevos de pollo

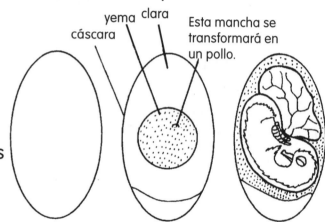

yema clara
cáscara

Esta mancha se transformará en un pollo.

Las gallinas ponen huevos. La cáscara dura protege el huevo. La gallina se sienta sobre los huevos para mantenerlos abrigados. Los pollitos crecen dentro de la cáscara. Tan pronto como un pollito rompe la cáscara con su pico y sale del huevo, puede correr y buscar comida. La mamá gallina cuida sus pollitos hasta que hayan crecido.

¿Sí o no?

1. Las gallinas ponen huevos con cáscaras duras.   _____

2. Un pollo corre en 4 patas.   _____

3. El gallo empolla los huevos.   _____

4. Los pollitos rompen la cáscara con el pico.   _____

5. Los pollos tienen plumas.   _____

6. Un pollo agarra comida con su pico.   _____

Extra: Dibuja un pollito.

 Science Activities • EMC 5306

Name _____

Chickens

A chicken has feathers to help keep it warm. It has strong muscles and hollow bones. A chicken has a sharp beak and feet to help it catch food.

chicken eggs

yolk   white   This spot will grow into a chicken.

shell

Hens lay eggs. The hard shell protects the egg. The hen sits on the eggs to keep them warm. Baby chicks grow inside the shell. Soon after it pecks its way out of the shell, a baby chick can run and look for food. Mother hen looks after her chicks until they get bigger.

Yes or No?

1. Chickens lay eggs with hard shells.   _____

2. A chicken runs on 4 legs.   _____

3. The rooster sits on the eggs.   _____

4. Chicks peck out of the shell.   _____

5. Chickens have feathers.   _____

6. A chicken catches food with its beak.   _____

Extra: Draw a baby chicken.

Nombre_____

	1	
6	**Observa cómo crece un pollo.**	2
5		3
	4	

Recorta y pega en orden.

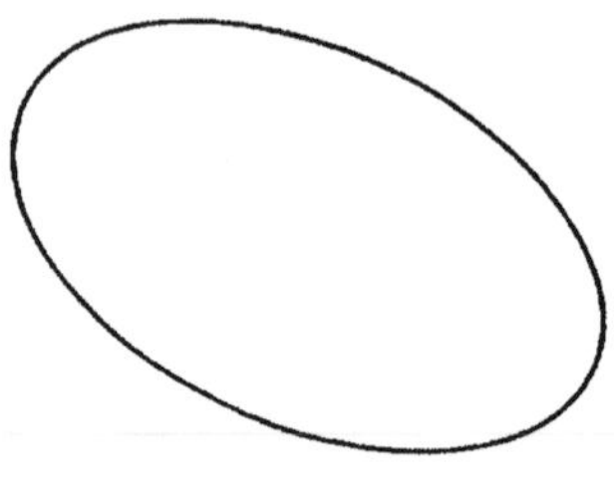

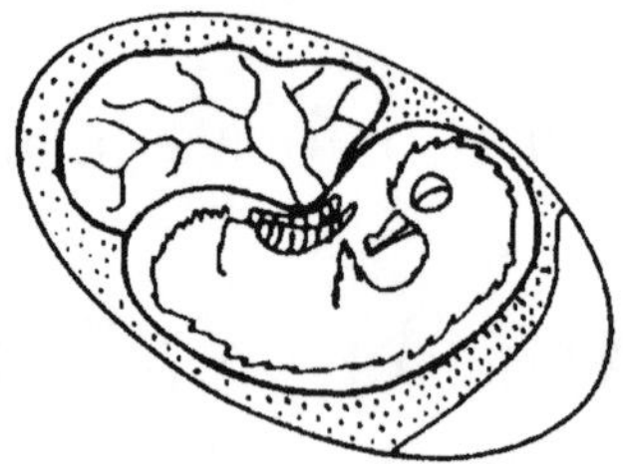

Name _____

	1	
6	**Watch a chicken grow.**	2
5		3
	4	

Cut and paste in order.

Nombre_____

Picos y patas de aves

Nombra las partes.

pico
plumas
ala
patas

Conecta el dibujo con la palabra:

Las aves tienen patas adaptadas a su estilo de vida:	Las aves tienen picos adaptados para su dieta:
la cigüeña — para posarse	el pato — para abrir semillas
el gorrión — para nadar	el cardenal — para martillar en los arboles
el pato — para chapotear	el pájaro carpintero — para chupar el néctar de las flores
el aguila — agarrar comida	el aguila — para comer del fondo del lago
	el colibrí — para atrapar animales pequeños

Extra: Dibuja el pico y las patas de un pollo al otro lado de esta hoja.

Science Activities • EMC 5306

Name _____

Bird Beaks, Bird Feet

Name the parts.

beak
feathers
wing
feet

Match:

| A bird has legs to fit its life. | A bird has a beak for the food it needs. |

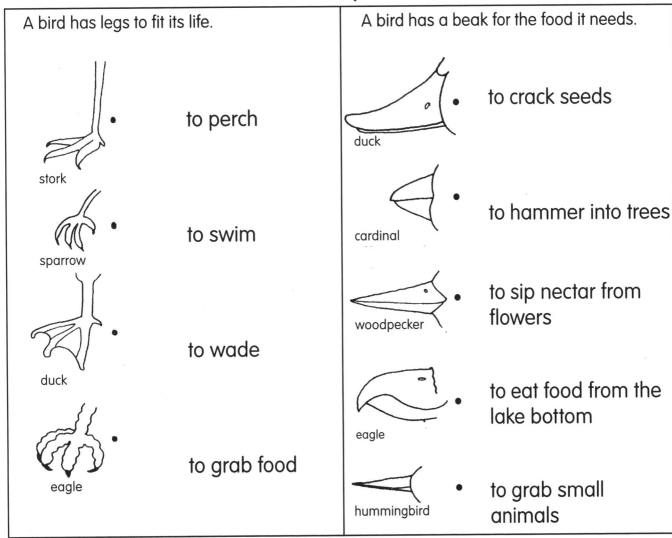

Extra: Draw a chicken beak and chicken feet on the back of this page.

Nombre_____

Termina los animales

Colores: ● rojo ○ azul ★ anaranjado 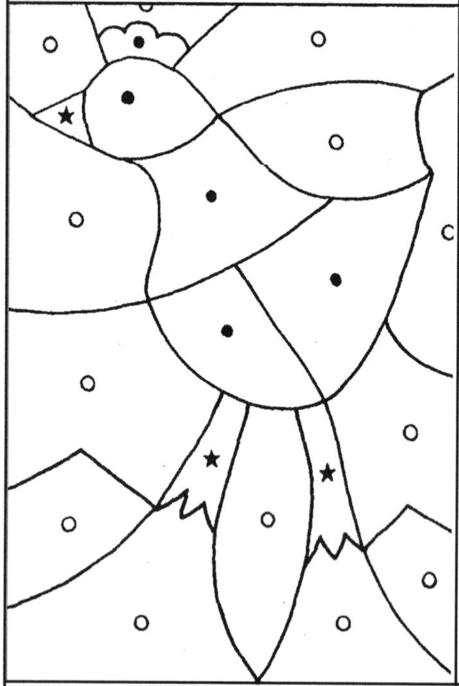	Dibuja una rana en la hoja. Píntala de verde. 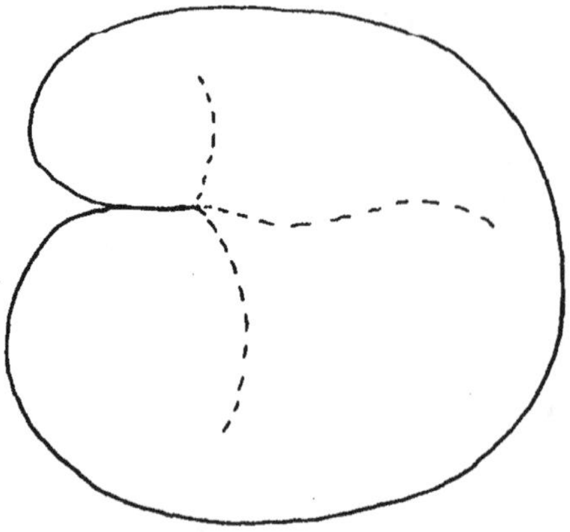	Conecta los puntos. Píntalo de azul. 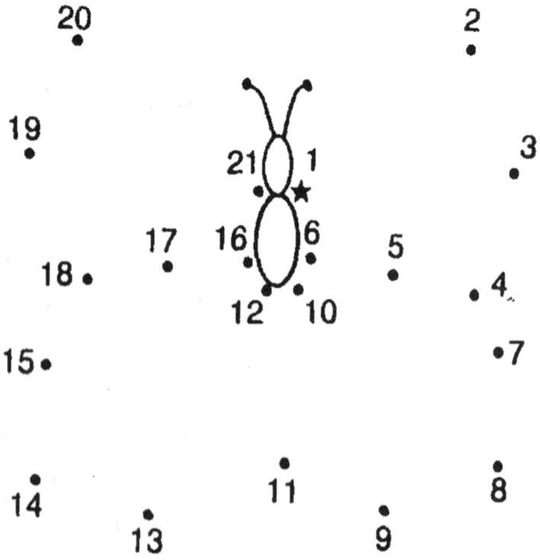

Recorta y pega:

 ⊙⊙⊙⊙⊙	anfibio	ave
6 patas	piel suave y húmeda	
insecto	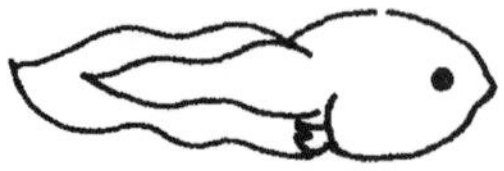	
plumas	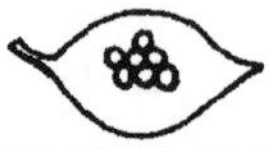	2 patas

Science Activities • EMC 5306

Name _____

Finish the Animals

Color: ● red ○ blue ★ orange	Draw a frog on the leaf. Make it green.	Connect the dots. Color it blue.

Cut and paste:

	amphibian	bird
6 legs	smooth, wet skin	
insect		
feathers		2 legs

Nombre_____

¿Qué soy?

1. Tengo la piel suave y húmeda. Puedo saltar. Vivo cerca del agua.

_____

2. Como plantas para crecer. Soy una mariposa bebé.

_____

3. ¡Kikirikí! Soy el papá del pollo.

_____

4. Soy un insectp muy bonito. Voy de flor en flor para chupar el néctar.

_____

5. Tengo una cáscara dura. Un pollito puede crecer dentro de mí.

_____

6. Nado en el agua mientras mis patas crecen. Soy una rana bebé.

_____

7. Cubro la oruga hasta que se convierta en mariposa.

_____

8. Soy una mamá ave. Pongo huevos. Los pollitos nacen de mis huevos.

_____

9. Somos gelatinosos. Los renacuajos nacen de nosotros.

_____

Palabras

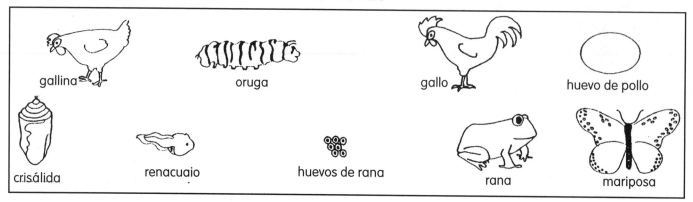

gallina   oruga   gallo   huevo de pollo

crisálida   renacuajo   huevos de rana   rana   mariposa

Extra: Pinta las aves. Circula los anfibios. Pon una **X** sobre los insectos.

               Science Activities • EMC 5306

Name _____

What Am I?

1. I have smooth, wet skin. I can hop. I live by the water.

_____

2. I eat plants to grow bigger. I am a baby butterfly.

_____

3. Cock-a-doodle-doo! I am a father chicken.

_____

4. I am a pretty insect. I go from flower to flower to sip nectar.

_____

5. I have a hard shell. A baby chick can grow inside me.

_____

6. I swim in the water as my legs grow. I am a baby frog.

_____

7. I cover the caterpillar until it becomes a butterfly.

_____

8. I am a mother bird. I lay eggs. Chicks hatch from my eggs.

_____

9. We are jelly-like. Tadpoles hatch from us.

_____

Word Box

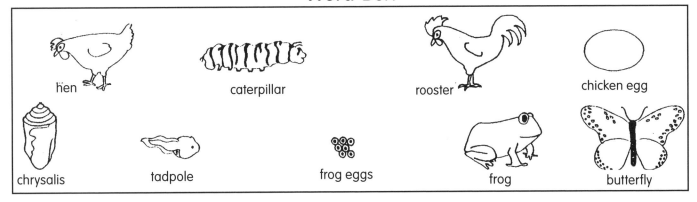

hen   caterpillar   rooster   chicken egg

chrysalis   tadpole   frog eggs   frog   butterfly

Extra: Color the birds. Circle the amphibians. **X** the insects.

Nombre_____

Busca los animales

Las aves

```
e g p a j a s o h a l c ó p a b e p
l a c o d o r n i z l k j a s p c e
m l c o r r e c a m i n o t p a l t
i l g a l l i n a b u h o o a t i o
a o p á j a r o p a r r e n d a j o
l ú h a l c ó n r e y e z u e l o s
g h l l ã p e t i r r o j o m o s a
g a v i o t a b ú h s g a v i t a o
```

_____ arrendajo
_____ buho
_____ codorniz
_____ correcamino
_____ gallina
_____ gallo
_____ gaviota
_____ halcón
_____ pato
_____ pájaro
_____ petirrojo
_____ reyezuelo

_____ abeja
_____ avispa
_____ bicho
_____ escarabajo
_____ grillo
_____ hormiga
_____ insecto
_____ mariposa
_____ mosca
_____ polilla
_____ pulga
_____ saltamontes

Los insectos

```
c s a l a m a n d r a o p u l g a s
u s a l t a m o n t e s b v i o g a
l m a r i p o s a p o l i l l a r n
g a v i s p a m o s c a c a b e j a
a i n s e c t o l c k j h r a n a o
v e s c a r a b a j o l o g r a l i
h o r m i g a g r i l l o s a p o r
```

Extra: ¿Puedes encontrar estos animales?

_____ rana

_____ sapo

_____ salamandra

Todos estos animals son _____.

pájaros   anfibios   insectos

Science Activities • EMC 5306

Name _____

Find the Animals

Birds

r	o	o	s	t	e	r	d	o	g
a	n	h	e	n	q	d	u	c	k
r	o	a	d	r	u	n	n	e	r
o	o	w	l	a	a	b	i	r	d
b	c	k	t	g	i	f	r	o	g
i	a	g	u	l	l	w	r	e	n
n	t	o	a	d	j	a	y	g	o

_____ bird
_____ duck
_____ gull
_____ hawk
_____ hen
_____ jay
_____ owl
_____ quail
_____ roadrunner
_____ robin
_____ rooster
_____ wren

Insects

_____ ant
_____ bee
_____ beetle
_____ bug
_____ butterfly
_____ cricket
_____ flea
_____ fly
_____ grasshopper
_____ insect
_____ moth
_____ wasp

m	i	n	s	e	c	t	m	o	t	h
b	f	l	y	r	f	l	e	a	n	t
u	b	e	e	t	l	e	x	b	e	e
g	r	a	s	s	h	o	p	p	e	r
w	a	s	p	c	r	i	c	k	e	t
e	s	a	l	a	m	a	n	d	e	r
b	u	t	t	e	r	f	l	y	a	n

Extra: Can you find these animals?   _____ frog (in Birds puzzle)

_____ toad (in Birds puzzle)

_____ salamander (in Insects puzzle)

These are all _____.
birds   amphibians   insects

127   Science Activities • EMC 5306

Note : Copy these directions on tagboard.
Cut apart to make cards for a Science Center.

Nota : Copie estas instrucciones en cartulina.
Recórtelas para colocar en un centro de ciencias.

Picture Puzzles

Materials:
- magazines (or paper and crayons)
- glue
- waxed paper
- thin cardboard
- scissors

1. Find a large picture of an animal you like, or draw your own picture.

2. Cover the cardboard with glue. Press the picture onto the cardboard.

3. Put a sheet of waxed paper over your picture. Lay a heavy book on top of it. This will help it to stay flat. Let it dry.

3. Cut the picture into 8 or 10 pieces. See if someone in your class can put it back together again. Keep the pieces in an envelope.

Rompecabezas

Materiales:
- revistas (o papel y crayolas)
- goma de pegar
- papel encerado
- cartulina fina
- tijeras

1. Busca una fotografía de un animal que te guste, o haz tu propio dibujo

2. Cubre la cartulina con pegadura y después coloca la fotografía en la cartulina.

3. Pon una hoja de papel encerado sobre la foto. Pon un libro pesado encima. Esto ayudará a mantenerlo plano. Déjalo secar.

4. Corta la figura en 8 ó 10 pedazos. Los niños de tu clase pueden tratar de armar tu rompecabezas. Guarda las piezas en un sobre.

Animal Walk

Materials:
- pencil and notebook
- comfortable shoes
- sharp eyes

1. Walk around your neighborhood.

2. Look and listen for different kinds of animals. You must be quiet so you do not scare the animals away.

3. List all the mammals you see in one column, the birds in a second column, and the reptiles in a third. (Write their names or draw them.)

Búsqueda de animales

Materiales:
- lápiz y cuaderno
- zapatos cómodos
- mirada alerta

1. Da un paseo alrededor de tu vecindario.

2. Usa la vista y los oídos para encontrar animales. No hagas mucho ruido para no asustar los animales.

3. Anota los mamíferos que veas en una columna, los pájaros en una segunda columna y los reptiles en otra (escribe los nombres o dibújalos.)

Caterpillar to Butterfly

Materials:
- pencil and notebook
- plant leaves
- glass jar or terrarium

1. Find butterfly eggs or caterpillars on plants in your neighborhood. (Pay attention to the leaves they are on. You will need these for food.)

2. Place in a covered jar or terrarium.

3. Feed the caterpillars and watch them grow, make a chrysalis, and become butterflies.

4. Let the butterflies go.

De oruga a mariposa

Materiales:
- lápiz y cuaderno
- hojas de plantas
- frascos de vidrio o acuario

1. Busca huevos de mariposa u orugas en las plantas de tu vecindad (observa las hojas en las que se encuentren, ya que las necesitarás para su comida).

2. Pon los huevos u orugas en un frasco cubierto o acuario.

3. Dales comida a las orugas y observa cómo ellas crecen, cómo se forma la crisálida y cómo se convierten en mariposas.

4. Deja libre a las mariposas.

Science Activities • EMC 5306

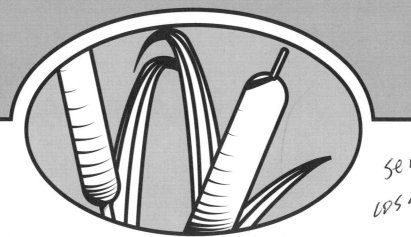

Ecosistema

seres vivos
cosas no vivientes

Los hábitat: El mar y las lagunas

Esta sección contiene 16 páginas en español con actividades sobre las características de la mar y las lagunas, y de los animales y plantas que viven allí. Las actividades se pueden utilizar de las siguientes maneras:

- Con niños de 1er grado, puede dirigir lecciones para grupos pequeños o para toda la clase.

- Con niños de 2º y 3er grado, puede utilizar las actividades para lecciones dirigidas con grupos pequeños o con toda la clase, para actividades independientes en centros, o como trabajo independiente.

Utilice los recursos de su biblioteca y colegio para ampliar el contenido proporcionado en estas páginas.

Habitats: Oceans & Ponds

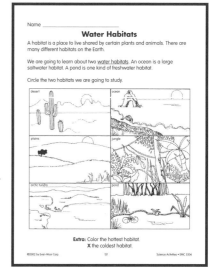

This section contains 16 pages in English with activities about the characteristics of oceans and ponds, and of the animals and plants that live there. Activities may be used in the following settings:

- With children in 1st grade, use activities for guided lessons with small groups or the whole class.

- With children in 2nd and 3rd grades, use activities for guided lessons with small groups or the whole class, for independent activities in centers, or for independent work.

Use resources from your library and school to expand upon the content presented in these pages.

Nombre_____

El hábitat acuático

Un hábitat es un lugar donde conviven ciertos tipos de animales y plantas. Hay diferentes clases de hábitat sobre la Tierra.

Vamos a aprender sobre dos clases de <u>hábitat</u> <u>acuáticos</u>. El océano es un gran hábitat de agua salada. La laguna es un tipo de hábitat de agua dulce.

Circula los dos hábitats que vamos a estudíar.

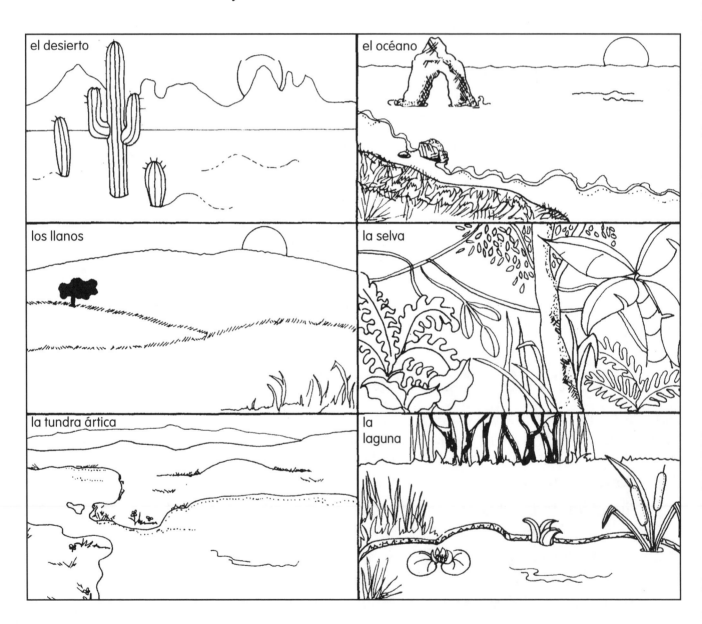

Extra: Colorea el hábitat donde hace más calor.
Pon una **X** donde hace más frio.

         Science Activities • EMC 5306

Name _____

Water Habitats

A habitat is a place to live shared by certain plants and animals. There are many different habitats on the Earth.

We are going to learn about two <u>water habitats</u>. An ocean is a large saltwater habitat. A pond is one kind of freshwater habitat.

Circle the two habitats we are going to study.

Extra: Color the hottest habitat.
X the coldest habitat.

Nombre_____

La vida en el océano

Muchos animales y plantas maravillosos viven en el océano. Algunos viven cerca de la tierra. Otros viven en las aguas profundas del mar.

Estos animales y plantas deben adaptarse al lugar donde viven. Necesitan vivir en agua salada. Algunos han aprendido a vivir en lugares donde la marea sube y baja. Algunos viven en la profundidad del agua.

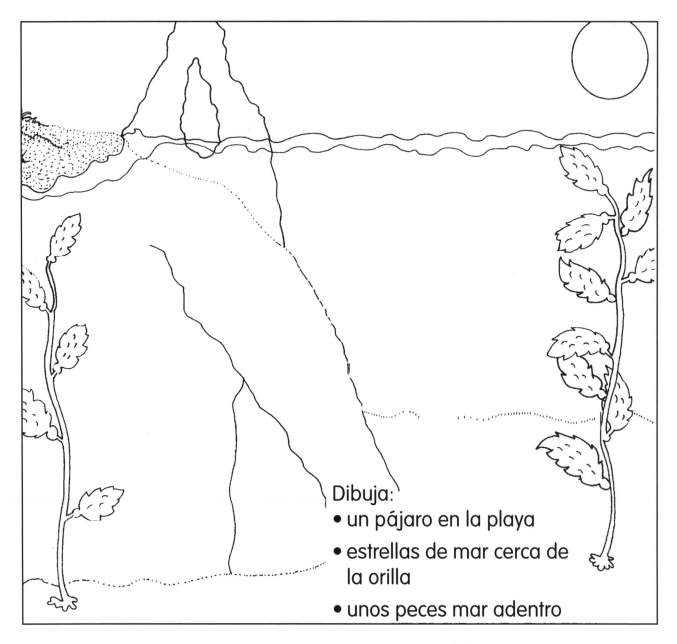

Dibuja:
- un pájaro en la playa
- estrellas de mar cerca de la orilla
- unos peces mar adentro

Extra: Dibuja el animal marino que te guste más.

Name _____

Living in an Ocean

Many wonderful plants and animals live in the ocean. Some live near the land. Some live far out in the deep ocean.

These plants and animals must adapt to the place they live. They have to live in salty water. Some have learned to live in places where the tides move in and out. Some live deep under the water.

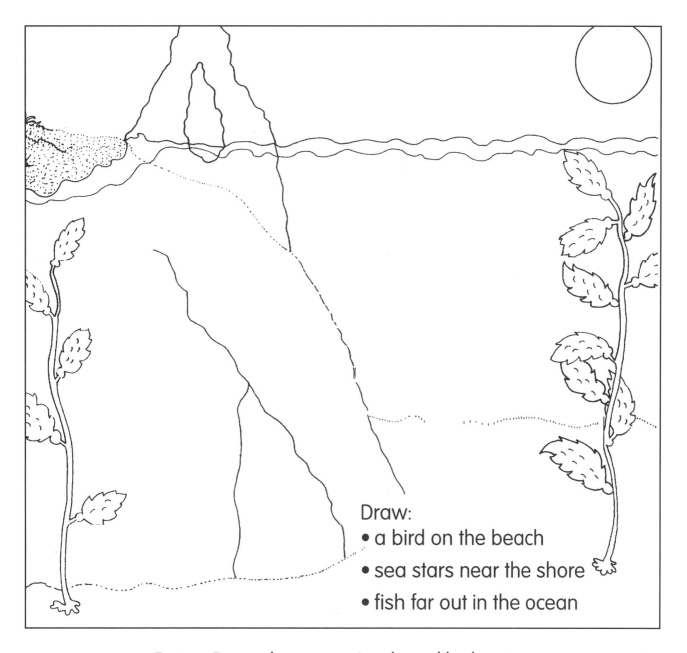

Draw:
* a bird on the beach
* sea stars near the shore
* fish far out in the ocean

Extra: Draw the sea animal you like best.

Nombre_____

Animales sin columna vertebral

Muchos de los animales que viven en el océano no tienen columna vertebral. Algunos tienen una dura concha exterior, como las almejas y los caracoles de mar. Algunos tienen la piel áspera y espinosa, como la estrella de mar. Un erizo de mar tiene espinas largas. Algunos animales, como los cangrejos, tienen una cubierta exterior dura. Los cangrejos tienen muchas patas largas y pinzas fuertes. El cangrejito ermitaño ocupa las conchas vacías de otros caracoles para su casa. El pulpo tiene un cuerpo blando. No tiene concha. Para protegerse, se esconde. También puede cambiar de color o producir una nube de tinta negra para esconderse.

Muchos de estos animales ponen huevos. Ellos comen pequeñas plantas y animales del agua. Algunas plantas y animales del océano son demasiado pequeños para distinguirlos con nuestros ojos.

Circula los animales que tienen una concha dura.
Colorea el animal que tienen un cuerpo blando.

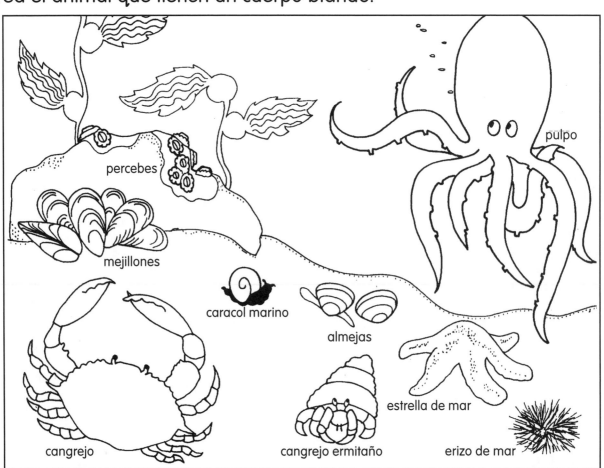

Name _____

Animals Without a Backbone

Many of the animals that live in the ocean do not have a backbone. Some have a hard outside shell, like clams and sea snails. Some have rough, spiny skin, like sea stars. An urchin has long spines. Some animals have a hard outside covering, like crabs. Crabs also have many legs and strong claws. The little hermit crab uses empty snail shells for its home. An octopus has a soft body and no shell. It hides for protection. It can also change color or make a dark ink-like cloud for protection.

Most of these animals lay eggs. They eat small plants and animals in the water. Some ocean plants and animals are too small to see with just your eyes.

Circle the animals with the hard shell.
Color the animal with a soft body.

Nombre_____

Los peces

Miles de diferentes tipos de peces viven en el mar. Los peces pueden ser de muchos colores, formas y tamaños. Algunos nadan en grupos que nosotros llamamos <u>cardúmenes</u>. Algunos nadan solos. Algunos viven cerca de la superficie del agua, donde llega la luz del sol. Otros descansan en el fondo del mar.

Los peces respirar con sus <u>agallas</u>. Tiener <u>escamas</u> sobre el cuerpo y <u>aletas</u> para ayudarlos a nadar.

Completa estas oraciones.

1. El pez respira con _____.

2. Los peces tienen _____ para ayudarles a nadar.

3. El cuerpo del pez está cubierto por _____.

4. Algunos peces nadan en grupos llamados _____.

Hay dos grandes grupos de peces.

A. Peces con un esqueleto de huesos.

cabrillo   pejeperro   lenguado

B. Peces con un esqueleto de cartílago. Cartílago es más suave que hueso.

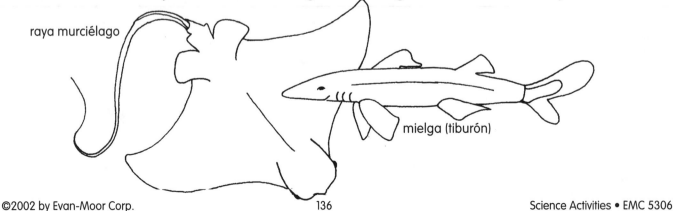

raya murciélago

mielga (tiburón)

 Science Activities • EMC 5306

Name _____

Fish

Thousands of different kinds of fish live in the sea. Fish come in many colors, shapes, and sizes. Some swim in groups we call <u>schools</u>. Some swim alone. Some live up in the open, sunny water. Some rest on the bottom of the sea.

A fish breathes with <u>gills</u>. It has <u>scales</u> on its body and has <u>fins</u> to help it swim.

Fill in the blanks:

1. Fish breathe with _____.

2. A fish has _____ to help it swim.

3. A fish's body is covered with _____.

4. Some fish swim in groups called _____.

There are two big groups of fish.

A. Fish with a skeleton of bone.

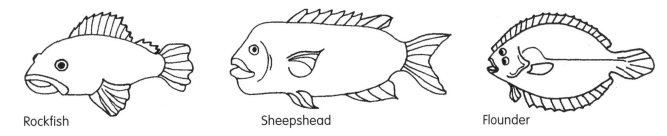

Rockfish   Sheepshead   Flounder

B. Fish with a skeleton of cartilage. Cartilage is softer than bone.

Bat Ray

Spiny Dogfish (Shark)

                   Science Activities • EMC 5306

Nombre_____

Los mamíferos

Los mamíferos que viven en la tierra respiran con pulmones. Los mamíferos que viven en el océano también respiran con pulmones. Ellos pueden estar bajo el agua por un tiempo largo, pero necesitan subir a la superficie para respirar.

El océano puede ser un lugar frío para vivir. Las nutrias tienen una piel gruesa que las mantiene abrigadas. Otros mamíferos marinos tienen una gruesa capa de grasa para mantenerlos abrigados.

Algunos mamíferos marinos viven cerca de la tierra. Pueden pasar una parte del día fuera del agua.

elefante marino
morsa
nutria marina
lobo marino

Algunos mamíferos nadan grandes distancias en el océano.

delfín
ballena gris

Marca los mamíferos de piel gruesa con ☐ .

Marca el mamífero más grande con **X** .

Colorea los otros mamíferos.

Extra: ¿Cuáles mamíferos has visto?

Name _____

Mammals

Mammals on land breathe with lungs. Mammals in the ocean breathe with lungs, too. They can stay under water for a long time, but they must still come to the surface to breathe.

The ocean can be a cold place to live. Otters have thick fur to keep them warm. Other ocean mammals have thick fat to keep them warm.

Some ocean mammals live near land. They may crawl out of the water for part of the day.

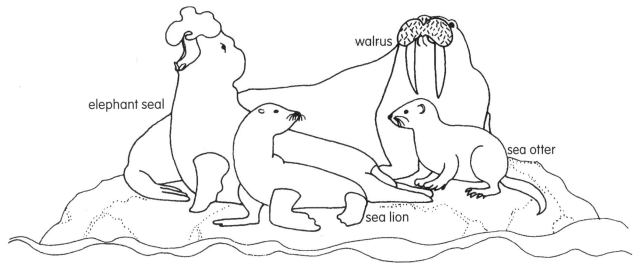

Some swim far out in the ocean.

Put a ☐ around the mammal with a thick fur coat.

Put an **X** on the largest mammal.

Color the other mammals.

Extra: Which mammals have you seen?

Nombre_____

Las aves marinas

¿Has pasado un día en la playa observando las aves? Ellas vuelan sobre el agua. Algunas se zambullan para pescar su comida. Algunas descansan sobre las rocas. Otras corren para arriba y para abajo por la playa.

La forma de las patas, el cuerpo y las alas de las aves que nadan es diferente a la de las aves que vuelan. Algunas aves marinas pueden beber agua salada. Estas aves tienen glándulas de sal para quitar la sal del agua. La mayoría de las aves tiene plumas aceitosas y una capa de grasa que las mantiene abrigadas y secas.

Une:

1. Las glándulas de sal quitan

2. Las plumas aceitosas

3. Algunas aves vuelan

4. Un pelícano es

5. Los andarrios

y otras nadan.

un ave que pesca.

la sal del agua salada.

corren por la playa.

mantienen secas a las aves.

Extra: Colorea el pelícano de color café.
Colorea el cormorán de color negro.

Name _____

Sea Birds

Have you ever spent the day at the beach watching the birds? They fly out over the water. Some dive down to catch a fish dinner. Some rest on the rocks. Others run up and down the sandy beach.

The body, wing, and leg shape of birds that swim a lot are different from those of a bird that flies most of the time. Some sea birds can drink salt water. These birds have <u>salt glands</u> to take the salt out of the water. Most water birds have oily feathers and a layer of fat to keep them warm and dry.

Match:

1. Salt glands help remove   and others swim.

2. Oily feathers help   a fish-eating bird.

3. Some birds fly   salt from seawater.

4. A pelican is   run on the beach.

5. Sandpipers   keep a bird dry.

Extra: Color the pelican brown
Color the cormorant black.

 Science Activities • EMC 5306

Nombre_____

Las plantas del océano

Las algas producen alimento y oxígeno para los animales del océano. Algunos animales usan las algas como vivienda y para esconderse.

Las algas no tienen raíces como las plantas que crecen en la tierra. Sus <u>discos de fijación</u> evitan que las algas floten mar adentro. Las algas son resistentes y elásticas. Se doblan cuando las olas las mueven. Los <u>flotadores</u> son bolitas llenas de gas que ayudan a las algas a flotar cerca de la superficie, a la luz del sol.

Los algas se reproducen rápidamente. Se usan para hacer helado, pasta de dientes y muchas otras cosas que usamos diariamente.

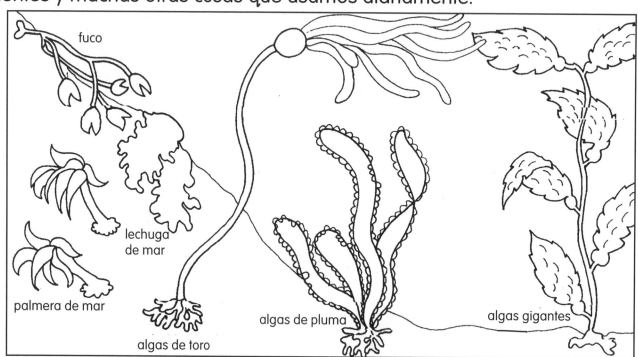

fuco

lechuga de mar

palmera de mar

algas de toro

algas de pluma

algas gigantes

Completa estas oraciones:

1. Las algas tienen _____ , no tienen raíces.

2. _____ ayudan a las algas a flotar a la luz del sol.

3. Las algas se doblan porque son _____

4. Las algas se usan para hacer _____ y _____ .

Extra: Marca los discos de fijación con una **X**.

Science Activities • EMC 5306

Name _____

Ocean Plants

Algae make food and oxygen for ocean animals. Some animals use the algae for homes and for hiding places. Some algae are called kelp or seaweed.

Algae do not have roots like land plants. <u>Holdfasts</u> keep them from floating away. Algae are tough and elastic, so they bend when waves move them. <u>Floats</u> are gas-filled balls that hold algae up to the sunlight.

Fast-growing kelps are used in ice cream, toothpaste, and many other things we use every day.

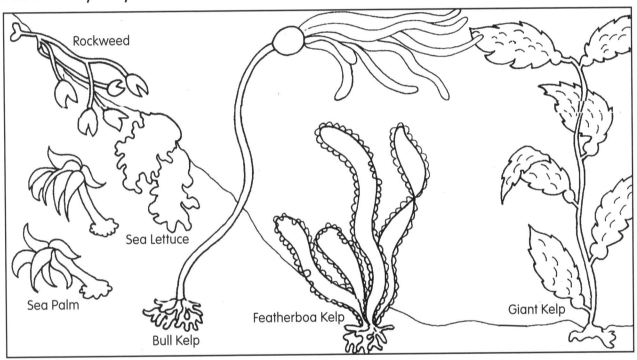

Fill in the blanks:

1. Algae have _____ , not roots.

2. _____ hold the algae up to the sunlight.

3. Algae are tough and elastic, so they _____.

4. Kelp is used to make _____ and _____.

Extra: X the holdfasts.

Nombre_____

Las lagunas

Las lagunas son charcas de agua quieta. Las lagunas se pueden formar cuando las personas o las castores detienen el agua de un arroyo con una represa. Éstas lagunas se llaman <u>estanques</u>. Cuando el agua se detiene naturalmente en un lugar bajo y no puede drenarse, se le llama <u>charca</u>. Algunas charcas se llenan de agua de manantiales subterráneos.

Una laguna es un <u>hábitat de agua dulce</u>. Muchos tipos de plantas y animales viven en las lagunas y sus alrededores. Hay animales que siempre viven en las lagunas. Otros animales ponen sus huevos en las lagunas o cerca de ellas. Algunos animales encuentran comida y agua para beber en las lagunas.

Colorea los animales y plantas de la lagunas.

Extra: Pon una **X** en los animales del estanque que has visto.

Name _____

Ponds

A pond is a small, still pool of water. Ponds can be made when people or beavers dam up a stream. Ponds can be made when water is trapped in a low place and cannot drain away. Some ponds get water from underground springs.

A pond is a <u>freshwater habitat</u>. Many kinds of plants and animals live in or near a pond. Some animals live in the pond all the time. Some animals lay their eggs in or near the pond. Some animals find food and water to drink in the pond.

Color the pond plants and animals.

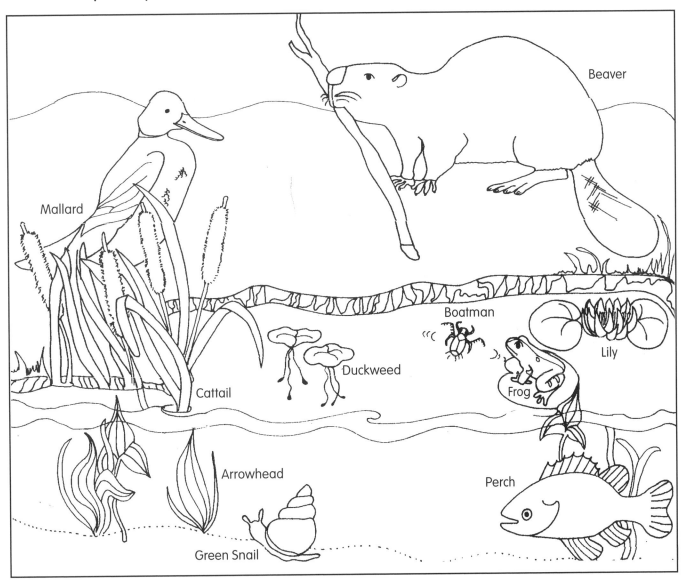

Extra: Put an **X** on the pond animals you have seen.

   Science Activities • EMC 5306

Nombre_____

La vida en una laguna

Muchos animales diferentes viven en una laguna. Hay <u>peces</u> de muchos tamaños y colores. Los <u>renacuajos</u> nadan en el agua y comen pequeñas plantas hasta que ellos se conviertan en <u>ranas</u> o <u>sapos</u>. El <u>camarón de río</u> camina por el fondo de la laguna en busca de animales pequeños para comer. Las <u>salamandras</u> se alimentan de insectos y pequeñas plantas acuáticas. Los caracoles caminan por el fondo y sobre los tallos de las plantas, comiendo plantas y animalitos a medida que avanzan.

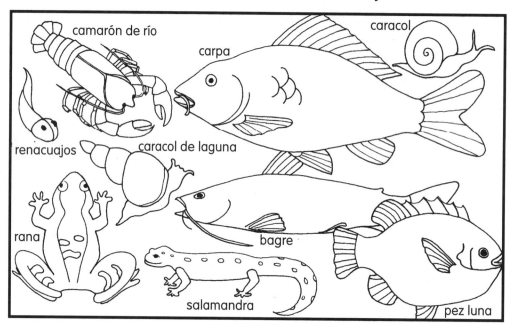

¿Qué puedes ver en una laguna?

1. _____

2. _____

3. _____

4. _____

5. _____

Extra: Colorea el pez. Pon una **X** sobre la rana.

Haz un ☐ alrededor de los caracoles.

Science Activities • EMC 5306

Name _____

Life in a Pond

Many different animals live in a pond. There are <u>fish</u> of many sizes and colors. <u>Tadpoles</u> swim in the water and eat little plants until they grow up to be <u>frogs</u> or <u>toads</u>. <u>Crayfish</u> crawl on the bottom of the pond looking for small animals to eat. <u>Salamanders</u> feed on insects and little water plants. Snails crawl on the bottom and on plant stems, eating plants and little animals as they go.

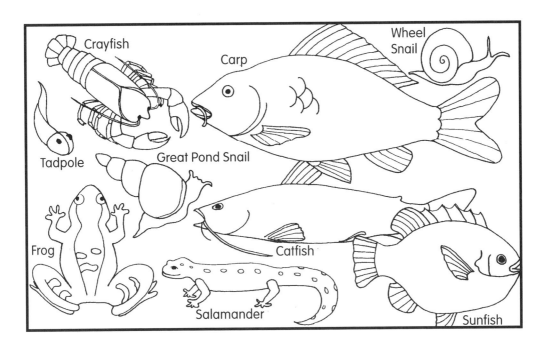

What can you see if you look into a pond?

1. _____

2. _____

3. _____

4. _____

5. _____

Extra: Color the fish. **X** the frog. Put a ☐ around the snails.

Más animales de laguna

Muchos <u>insectos</u> ponen sus huevos en las lagunas, luego se van volando. Otros insectos viven en la laguna todo el tiempo. Ranas, <u>tortugas de laguna</u>, peces y algunas aves comen insectos y sus huevos. Hay <u>culebras</u> que viven en las lagunas y sus alrededores. Ellas comen las ranas y los pececitos. La mayoría de las <u>aves</u> se detiene en las lagunas de paso a otros lugares. Allí descansan y comen. Algunas hacen nidos y ponen sus huevos cerca de la laguna.

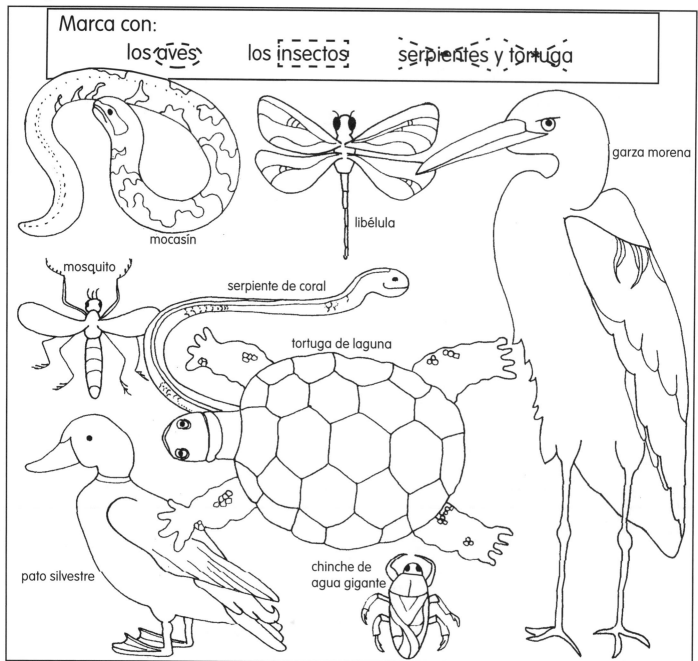

Marca con:

los aves   los insectos   serpientes y tortuga

garza morena

libélula

mocasín

mosquito

serpiente de coral

tortuga de laguna

pato silvestre

chinche de agua gigante

Extra: Colorea los animales de laguna.

       Science Activities • EMC 5306

More Pond Animals

Many <u>insects</u> lay their eggs in pond water, then fly away. Some insects live in the pond all the time. Frogs, <u>pond turtles</u>, fish, and some birds eat insects and their eggs. There are <u>snakes</u> that live in or by a pond. They eat the frogs and small fish. Most <u>birds</u> stop at a pond on the way to other places. They rest and eat there. Some build nests and lay their eggs near the pond.

Mark with:

the birds   the insects   snakes and turtles

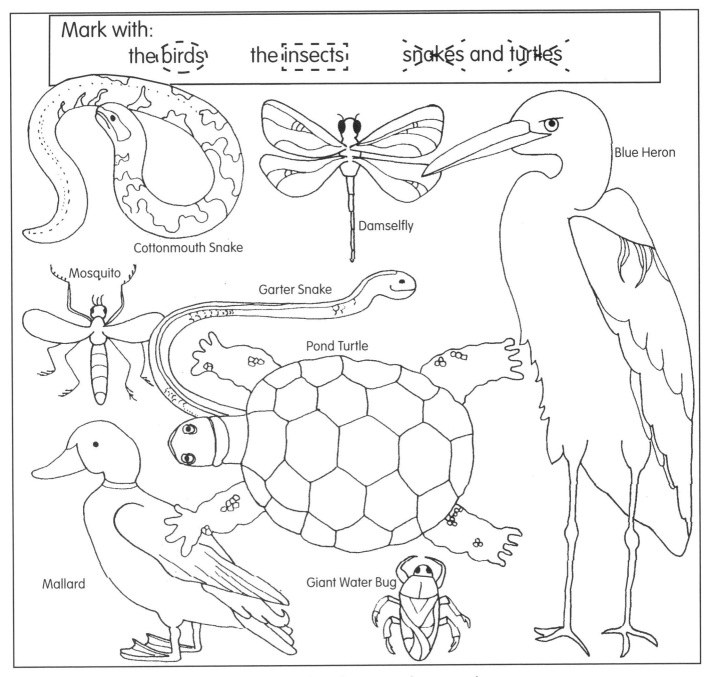

Cottonmouth Snake

Damselfly

Blue Heron

Mosquito

Garter Snake

Pond Turtle

Mallard

Giant Water Bug

Extra: Color the pond animals.

Nombre_____

Las plantas de la laguna

Las plantas son importantes para las lagunas. Producen alimento y oxígeno para los animales. Pueden servir de viviendas o escondites. Algunos animales ponen sus huevos en las plantas.

Algas diminutas crecen en las lagunas. Se parecen a espuma verde. Las lentejas de agua flotan sobre la superficie del agua. Los nenúfares también flotan en la superficie, pero sus tallos alcanzan hasta el fondo de la laguna. La raíz mantiene fija a la planta. Las espadañas y flechas de agua crecen por la orilla. La zostera marina y las yerbas acuáticas crecen en el fondo del agua. Muchas otras plantas pueden crecer en una laguna.

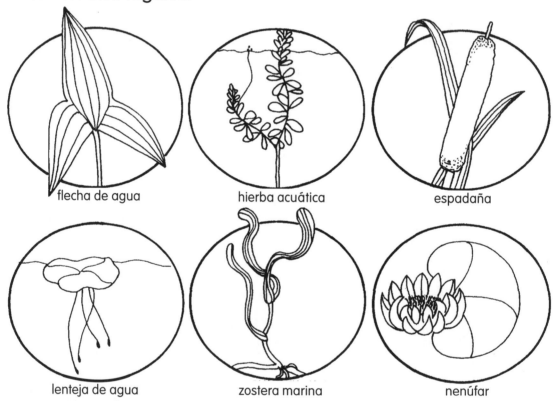

flecha de agua   hierba acuática   espadaña

lenteja de agua   zostera marina   nenúfar

Completa estas oraciones:

1. Plantas parecidas a espuma verde son _____diminutas.

2. El _____ flota en la superficie, pero su tallo llega al fondo.

3. _____ y _____ crecen por las riberas.

4. La _____ es una planta que crece en la profundidad del agua.

Extra: Colorea las plantas.

 Science Activities • EMC 5306

Name _____

Pond Plants

Plants in a pond are important. They make food and oxygen for animals. They can be a home or a place to hide. Some animals lay eggs on the plants.

Tiny <u>algae</u> grow on a pond. They look like green scum. Little <u>duckweed</u> plants live on top of the water. A <u>pond lily</u> floats on top, but its stem reaches the bottom of the pond where roots keep it in place. <u>Cattails</u> and <u>arrowheads</u> grow by the shore. <u>Eelgrass</u> and <u>waterweed</u> grow in the deep water. Many more plants may grow in a pond.

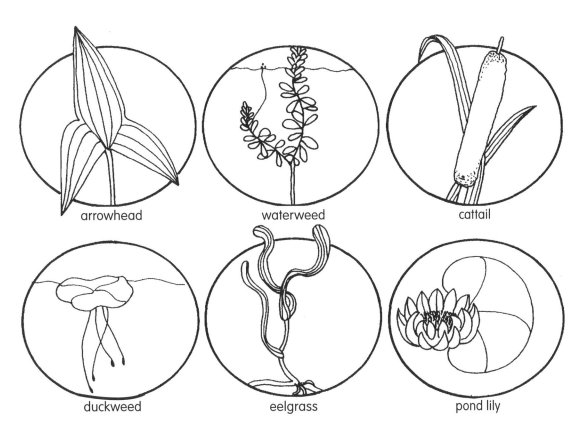

arrowhead   waterweed   cattail

duckweed   eelgrass   pond lily

Fill in the blanks:

1. Plants that look like green scum are actually tiny _____.

2. A _____ floats on top, but its stem reaches the bottom.

3. _____ and _____ grow by the shore.

4. _____ is a plant that grows in deep water.

Extra: Color the plants.

 Science Activities • EMC 5306

Nombre_____

¿Qué es una cadena alimenticia?

Las cosas vivas necesitan otras cosas vivas para obtener alimento y energía. Cuando los animales comen plantas y otros animales, obtienen energía. Nosotros comemos plantas y animales para obtener nuestra energía. Cuando las plantas y animales se mueren, vuelven a formar parte de la tierra. Se necesita buena tierra para que crezcan nuevas plantas.

Cadena alimenticia de la laguna   **Cadena alimenticia del océano**

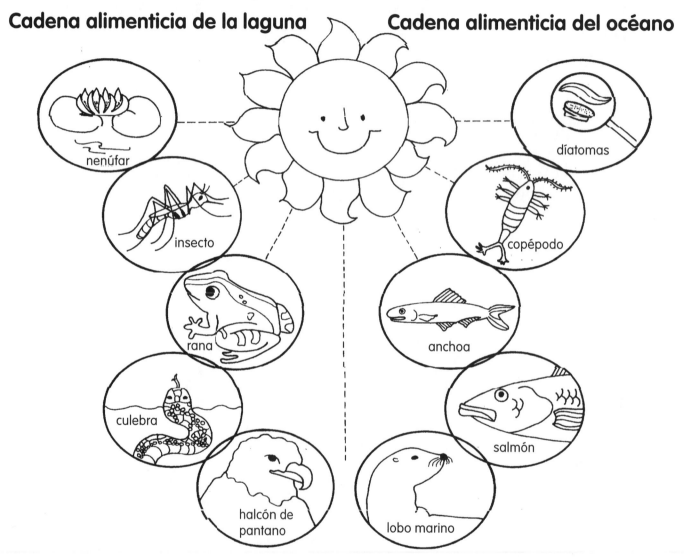

Piensa en una rica pierna de pollo. Inclúyela en una cadena alimenticia.

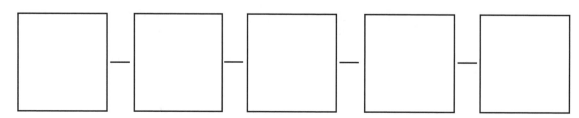

Name _____

What Is a Food Chain?

Living things depend on each other for food and energy. As animals eat plants and other animals, they get energy. We eat plants and animals to get our energy. When plants and animals die, they become part of the soil. Good soil is needed for new plants to grow.

Food Web in a Pond   **Food Web in the Ocean**

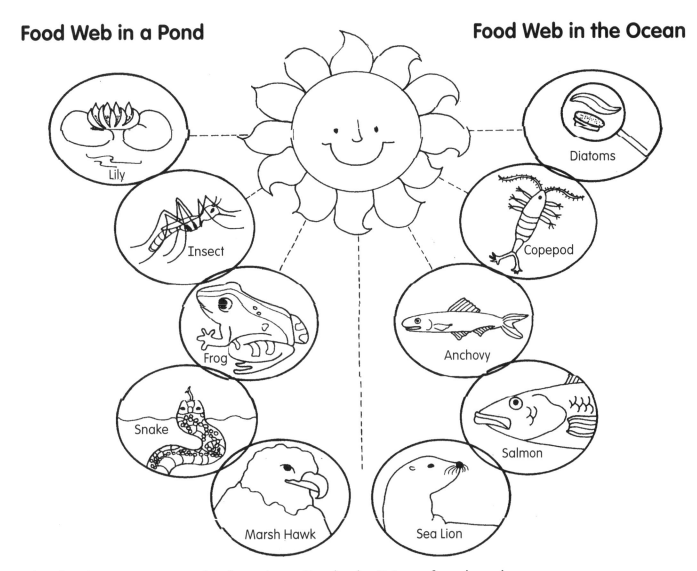

Think about a tasty chicken leg. Include it in a food web.

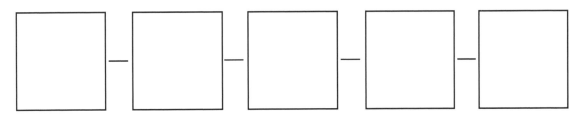

Nombre_____

¿Dónde vivimos?

Marca con un ◯ las plantas y los animales que viven en el océano.

Marca con una **X** las plantas y animales que viven en una laguna de agua dulc[e]

Extra: Voltea esta página. Dibuja otros animales que viven en el océano o en una laguna.

Science Activities • EMC 5306

Name _____

Where Do I Live?

(Circle) plants and animals that live in the salty ocean.

X plants and animals that live in a freshwater pond.

Extra: Turn this paper over. Draw other animals that live in the ocean or in a pond.

155 Science Activities • EMC 5306

Nombre_____

Adivinanzas

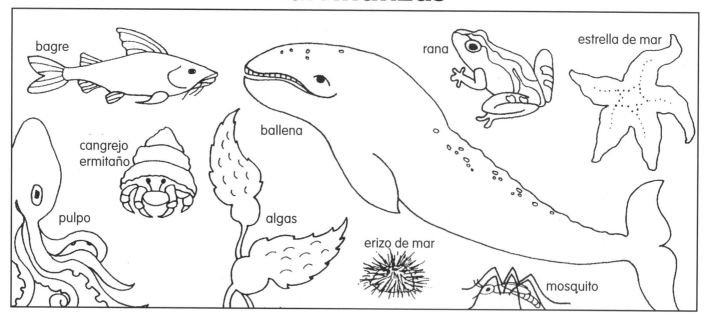

1. Tengo 8 brazos y un cuerpo blando. Soy un _____.

2. Yo vivo en una laguna. Tengo escamas y bigotes. Soy un _____.

3. Yo usa una concha vacía para mi casa. Soy un _____.

4. Salto por la laguna buscando insectos. Soy una _____.

5. Yo vivo en el océano, no en el cielo. Soy una _____.

6. Yo soy el animal más grande del océano. Soy una _____.

7. Soy redondo como una pelota. Estoy cubierto por espinas afiladas.

   Soy un _____.

8. Soy una planta marina. Crezco rapidamente. Me usan para hacer helado

   y pasta de dientes. Soy _____.

9. Soy un insecto. La sangre es mi alimento favorito. Soy un _____.

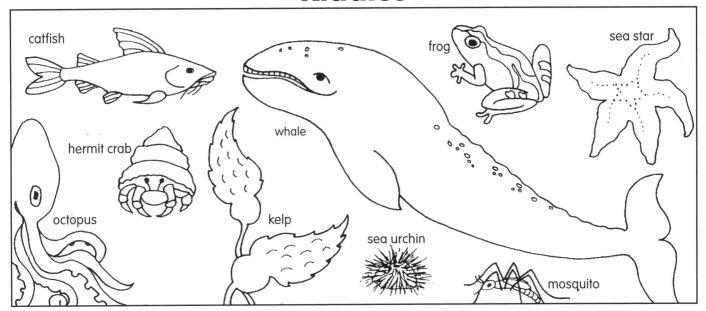

Name _____

Riddles

1. I have 8 arms and a soft body. I am an _____.

2. I live in a pond. I have scales and whiskers. I am a _____.

3. I move into an empty shell to find a home. I am a _____.

4. I hop around the pond looking for insects. I am a _____.

5. I live in the ocean, not the sky. I am a _____.

6. I am the biggest animal in the ocean. I am a _____.

7. I am round like a ball. Sharp spines cover me. I am a _____.

8. I am a saltwater plant. I grow fast. I am put into ice cream and

   toothpaste. I am _____.

9. I am an insect. Blood is my favorite food. I am a _____.

Nombre_____

¿Recuerdas?

1. Una ballena es un pez.   Sí   No
2. Un océano tiene agua salada.   Sí   No
3. Se usan algas para fabricar pasta de dientes.   Sí   No
4. El pulpo tiene una concha dura.   Sí   No
5. Los tiburones son peces.   Sí   No
6. Las estrellas de mar nadan en cardúmenes.   Sí   No
7. Un renacuajo se convierte en una rana.   Sí   No
8. Los cangrejos ermitaños ocupan conchas vacías.   Sí   No
9. Un elefante marino es un mamífero.   Sí   No
10. Una laguna tiene agua dulce.   Sí   No
11. Las espadañas crecen en el océano.   Sí   No
12. Los peces respiran con sus agallas.   Sí   No

¿Puedes encontrar los animales?

```
c a c a r a c o l p e r c a d e b a g r e
p u l p o s a l a m a n d r a h a t ú n d
t o r t u g a m n t i b u r ó n l o p a e
u p a t o n u t r i a f o c a e r i z o l
n b a l l e n a p e l í c a n o r a y a f
a c a n g r e j o e r m i t a ñ o f s e í
g a r z a m o r s a p a m o s q u i t o n
```

_____ atún   _____ delfín   _____ mosquito   _____ pulpo
_____ bagre   _____ erizo   _____ nutria   _____ raya
_____ ballena   _____ foca   _____ pato   _____ salamandra
_____ cangrejo   _____ garza   _____ pelícano   _____ tiburón
       ermitaño   _____ morsa   _____ perca   _____ tortuga
_____ caraco

                                       Science Activities • EMC 5306

Name _____

Do You Remember?

1. A whale is a fish.	Yes	No
2. An ocean has salt water.	Yes	No
3. Kelp is used to help make toothpaste.	Yes	No
4. An octopus has a hard shell.	Yes	No
5. Sharks are fish.	Yes	No
6. Sea stars swim in schools.	Yes	No
7. A tadpole grows into a frog.	Yes	No
8. Hermit crabs live in empty shells.	Yes	No
9. An elephant seal is a mammal.	Yes	No
10. A pond has fresh water.	Yes	No
11. Cattails grow in the ocean.	Yes	No
12. Fish breathe with gills.	Yes	No

Can you find the animals?

```
m  s  h  a  r  k  o  n  b  o  p  q  r  d
h  e  r  m  i  t  c  r  a  b  e  s  c  o
w  a  l  r  u  s  t  o  t  t  l  t  a  l
u  l  t  u  n  a  o  t  r  w  i  u  t  p
r  u  d  u  c  k  p  t  a  h  c  r  f  h
c  p  e  r  c  h  u  e  y  a  a  t  i  i
h  s  n  a  i  l  s  r  v  l  n  l  s  n
i  s  a  l  a  m  a  n  d  e  r  e  h  e
n  m  o  s  q  u  i  t  o  h  e  r  o  n
```

_____ bat ray   _____ heron   _____ perch   _____ tuna
_____ catfish   _____ mosquito   _____ salamander   _____ turtle
_____ dolphin   _____ octopus   _____ seal   _____ urchin
_____ duck   _____ otter   _____ shark   _____ walrus
_____ hermit crab   _____ pelican   _____ snail   _____ whale

                   Science Activities • EMC 5306

Note : Copy these directions on tagboard.
Cut apart to make cards for a Science Center.

Nota : Copie estas instrucciones en cartulina.
Recórtelas para colocar en un centro de ciencias.

What Do You See?

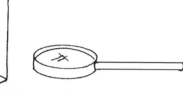

Materials:
- jar of pond water
- hand lens
- glass

1. Put some of the pond water in the glass.
2. Look at the water with the hand lens.
   Can you see small plants?
   Can you see any small animals?
   What else do you see?

¿Qué ves?

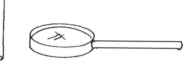

Materiales:
- frasco con agua de laguna
- vaso
- lupa

1. Pon algo del agua de la laguna en el vaso.
2. Mira el agua con la lupa.
   ¿Puedes ver plantas pequeñas?
   ¿Puedes ver algunos animales pequeños?
   ¿Qué más puedes ver?

Salt Water—Fresh Water

Materials:
- ocean water
- pond water
- 2 flat pans
- measuring cup
- masking tape
- crayon

1. Put tape on each pan. Write *fresh water* on one, and *salt water* on the other.
2. Put the same amount of pond and fresh water in the pans.
3. Set the pans in a sunny place for a few days. What do you see?

Note : If you do not have access to pond and ocean water, use fresh tap water and a mixture of tap water and salt.

Agua salada—agua dulce

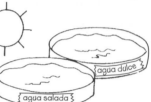

Materiales:
- agua del océano
- agua de laguna
- dos platos poco profundos
- taza de medir
- cinta adhesiva de papel
- una crayola

1. Pon cinta adhesiva en cada plato. Escribe "agua dulce" en uno y "agua salada" en el otro.
2. Pon la misma cantidad de agua de laguna y agua dulce en los platos.
3. Coloca los platos en un lugar soleado por unos pocos días. ¿Que ves en cada plato?

Nota : Si no tienes acceso a una laguna o al océano, usa agua del grifo y una mezcla de agua del grifo y sal.

Tadpole to Frog

Materials:
- aquarium or large jar
- pond water, mud, and small plants
- algae-covered rocks
- frog eggs or tadpoles

1. Place rocks, mud, and plants in the aquarium.
2. Add the pond water and frog eggs or tadpoles. Do not change the water!
3. The young tadpoles will eat the algae and small green plants. Older ones can be fed ground beef and chopped worms
4. Watch as they grow and change. When they get 4 legs, watch out!

De renacuajo a rana

Materiales:
- acuario o frasco grande
- agua de laguna, barro y plantas pequeñas
- rocas cubiertas de algas
- huevos de rana o renacuajos

1. Coloca las rocas, el barro y las plantas en el acuario.
2. Agrega el agua de laguna y los huevos de rana o renacuajos.
3. Los renacuajos comerán las algas y las pequeñas plantas verdes. Los mayores pueden ser alimentados con carne molida y gusanos picados.
4. Observa cómo crecen y cambian. ¡Ten cuidado cuando ellos ya tengan sus cuatro patas!

Science Activities • EMC 5306

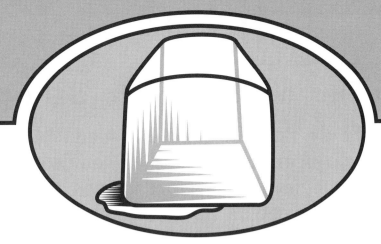

El agua

Esta sección contiene 16 páginas en español con actividades e información sobre las tres formas que tiene el agua (sólido, líquido y vapor), el ciclo del agua y cómo usamos el agua. Las actividades se pueden utilizar de las siguientes maneras:

- Con niños de 1er grado, puede dirigir lecciones para grupos pequeños o para toda la clase.

- Con niños de 2º y 3er grado, puede utilizar las actividades para lecciones dirigidas con grupos pequeños o con toda la clase, para actividades independientes en centros, o como trabajo independiente.

Utilice los recursos de su biblioteca y colegio para ampliar el contenido proporcionado en estas páginas.

Water

This section contains 16 pages in English with activities and information about the three forms in which water occurs (solid, liquid, and gas), the water cycle, and how we use water. Activities may be used in the following settings:

- With children in 1st grade, use activities for guided lessons with small groups or the whole class.

- With children in 2nd and 3rd grades, use activities for guided lessons with small groups or the whole class, for independent activities in centers, or for independent work.

Use resources from your library and school to expand upon the content presented in these pages.

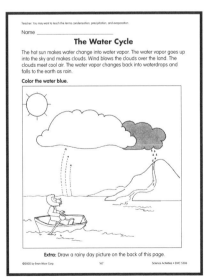

Nombre_____

La Tierra—El planeta del agua

¿Por qué se le llama a la Tierra "el planeta del agua"? El agua está en los océanos. El agua está en la Tierra, en los ríos y en los lagos. El agua está en las nubes que están encima de la Tierra. Podemos encontrar agua en casi todas partes de nuestro planeta.

Océano Atlántico

Océano Pacífico

Hemisferio Occidental

Colorea los océanos de color azul.
Colorea la tierra de color verde.

Extra: Al reverso de esta página, dibuja un lugar donde puedes encontrar agua.

 Science Activities • EMC 5306

Name _____

Earth—The Water Planet

Why is Earth called "the water planet?" Water is in the oceans. Water is on the land, in the rivers, and in lakes. Water is in the clouds above the Earth. We can find water almost everywhere on our planet.

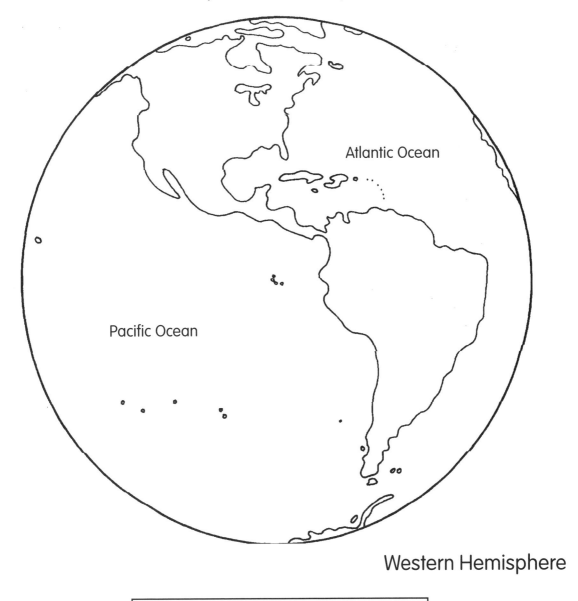

Atlantic Ocean

Pacific Ocean

Western Hemisphere

Color the oceans blue.
Color the land green.

Extra: On the back of this paper, draw a place you can find water.

163   Science Activities • EMC 5306

¿Por qué es importante el agua?

Todas las plantas, los animales y las personas necesitan agua para vivir. Las plantas usan el agua para crecer y producir alimentos. Los animales y las personas beben agua para crecer y tener buena salud.

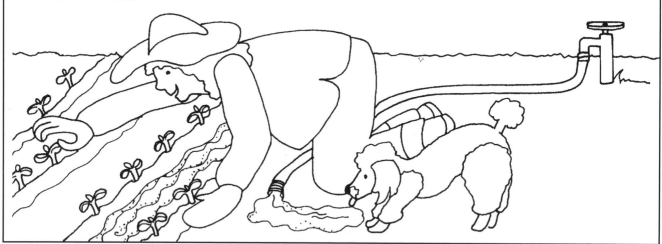

Las plantas y los animales necesitan diferentes cantidades de agua.

Pon una **X** sobre las cosas que necesitan mucha agua.
Encuadra las cosas que necesitan poca agua.

Las personas necesitan agua todos los días.
No podemos vivir mucho tiempo sin agua.

Extra: ¿Ya tomaste agua hoy?

Why Is Water Important?

Plants, animals, and people all need water to live. Plants use water to grow and to make food. Animals and people drink water to grow and to be healthy.

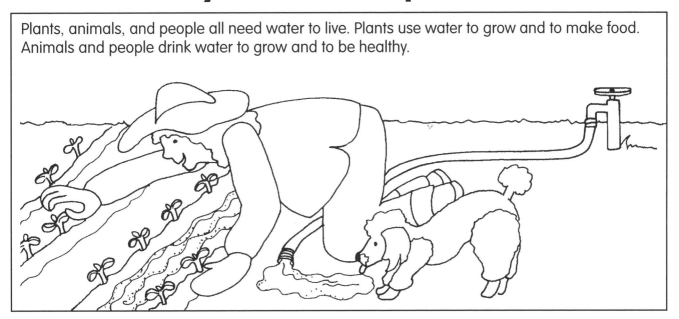

Plants and animals need different amounts of water.

X things that need a lot of water.

☐ things that need a little water.

People need water every day. We cannot live very long without water.

Extra: Have you had any water to drink today?

Nombre_____

El ciclo del agua

El calor del sol transforma el agua en vapor. El vapor sube al cielo y forma las nubes. El viento sopla las nubes hasta la tierra. Las nubes encuentran aire frío. El vapor del agua se transforma en gotas de agua y éstas caen al suelo como lluvia.

Colorea el agua de color azul.

Extra: Dibuja un día lluvioso al reverso de esta página.

Name _____

The Water Cycle

The hot sun makes water change into water vapor. The water vapor goes up into the sky and makes clouds. Wind blows the clouds over the land. The clouds meet cool air. The water vapor changes back into waterdrops and falls to the earth as rain.

Color the water blue.

Extra: Draw a rainy day picture on the back of this page.

Nombre_____

El agua en el aire

El sol calienta la Tierra. El calor convierte el agua en vapor. El aire caliente pesa menos que el aire frío. El aire caliente sube al cielo. El vapor sube con el aire caliente.

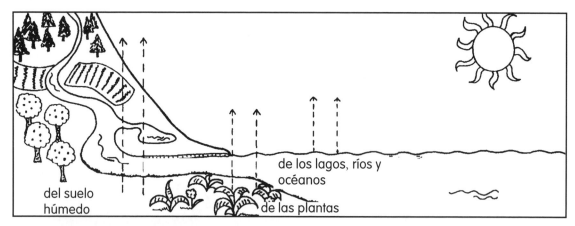

de los lagos, ríos y océanos

del suelo húmedo

de las plantas

Siempre hay vapor en el aire, pero es invisible. Puedes ver el vapor cuando exhalas aire en un día frío. Cuando respiras, forma una pequeña nube.

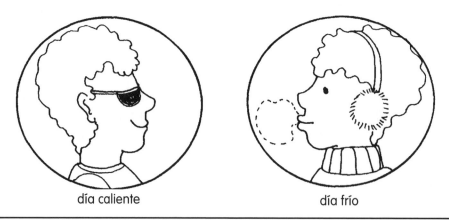

día caliente   día frío

¿Sí o No?

1. El aire caliente sube al cielo.   _____

2. A veces puedes ver vapor cuando respiras.   _____

3. El frío convierte el agua en vapor.   _____

Extra: ¿Puedes pensar en otro sitio donde puedas ver vapor?

Name _____

Water in the Air

The hot sun warms the Earth. The heat changes water into water vapor. Warm air is lighter than cold air. It rises up into the sky. The water vapor goes up with the warm air.

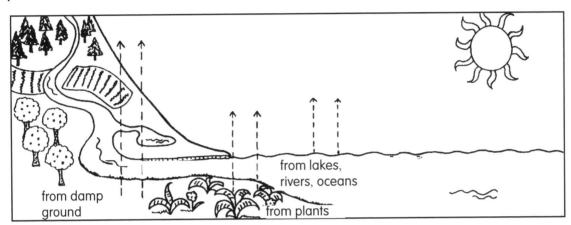

from damp ground

from lakes, rivers, oceans

from plants

Water vapor is always in the air, but it is invisible. You can see water vapor when you breathe out on a cold day. It looks like a little cloud when you breathe.

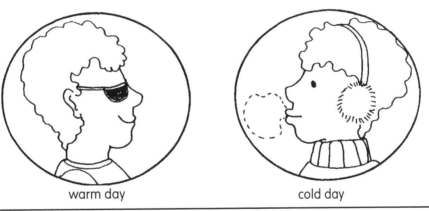

warm day

cold day

Yes or No?

1. Warm air goes up into the sky. _____

2. Sometimes you can see water vapor when you breathe. _____

3. The cold makes water change into water vapor. _____

Extra: Can you think of another place you can see water vapor?

 Science Activities • EMC 5306

Nombre_____

Las nubes

Las nubes pueden contener diferentes cantidades de gotas de agua. Las pequeñas nubes blancas contienen poca agua. Las grandes nubes negras contienen mucha agua. La niebla es una fina nubecilla de minúsculas gotitas de agua que baja hasta el suelo.

Aquí están algunas nubes.

Pon una **X** bajo la nube que contiene más agua.

nube de tempestad

cirro

cúmulo

estrato

Algunas de las nubes se parecen a un animal o una persona.
Dibuja una nube en forma de una figura al reverso de esta hoja.

Extra: Mira por la ventana. Marca la nube en esta página que más se parece a las nubes que ves.

 Science Activities • EMC 5306

Name _____

Clouds

Clouds can have different amounts of water in them. White, thin clouds have a little water. Dark, heavy clouds have a lot of water. Fog is a thin cloud of little waterdrops that comes down to the ground.

Here are some clouds.

X the cloud that has the most water.

Sometimes clouds look like an animal or a person. Make a cloud picture on the back of this paper.

Extra: Look out a window. Circle the cloud on this page that looks the most like the clouds you see.

 Science Activities • EMC 5306

Nombre_____

Cómo se forma una nube

Cuando el aire <u>caliente</u> y húmedo encuentra aire <u>frío</u>, el vapor se transforma en pequeñas <u>gotas</u> de agua. Cuando millones de estas pequeñas gotas de agua se juntan, forman una nube.

Llena los espacios en blanco:

1. Una nube está formada por millones de _____.

2. El vapor se transforma en pequeñas gotas de agua cuando

   el aire _____ encuentra aire.

Puedes ver el vapor transformarse en gotas de agua:

| 1. | 2. | 3. |

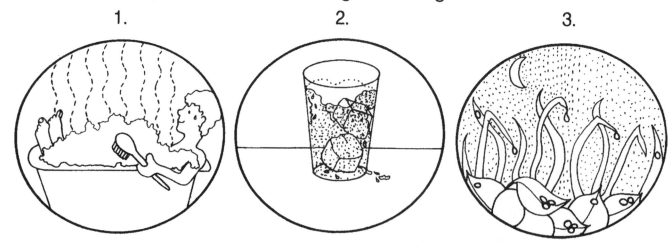

cuando tomas un baño caliente y el aire caliente choca con el espejo frío.

cuando pones cubos de hielo en un vaso seco y el aire caliente choca contra el vaso frío.

cuando el aire frío de la noche toca el suelo caliente. Estas gotas de agua sobre el pasto se llaman "rocío."

Extra: Colorea los dibujos.

 Science Activities • EMC 5306

Teacher: You may want to introduce the term *condensation*.

Name _____

Making a Cloud

When <u>warm</u>, damp air meets <u>cold</u> air, the water vapor turns into little <u>drops</u> of water. When millions of the little drops come together, they make a cloud.

Fill in the blanks:

1. A cloud is made up of millions of _____ .

2. Water vapor turns into drops of water when _____ air

   meets _____ air.

You can see water vapor turn into waterdrops:

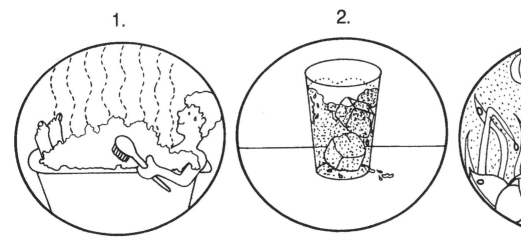

1.	2.	3.

when you take a hot bath and the warm air meets the cold mirror.

when you put cold ice cubes in a dry glass and the warm air meets the cold glass.

when the cool night air meets the warm ground. The water droplets on the grass are called "dew."

Extra: Color the pictures.

Nombre_____

La lluvia

La lluvia viene de las nubes. Cuando las gotitas de agua se juntan, forman gotas más grandes. Cuando las gotas se hacen demasiado grandes y pesadas, caen al suelo en forma de lluvia.

Dibújate a ti mismo paseando bajo la lluvia.

¡No olvides el paraguas!

Extra: Agrégale charcos y relámpagos al dibujo.

Name _____

Rain

Rain comes from clouds. When little water droplets get together, they make bigger drops. When the drops get too big and too heavy, they fall down to the earth as rain.

Draw yourself walking in the rain.
Don't forget an umbrella!

Extra: Add puddles and lightning to the picture.

Nombre_____

El arco iris

La luz del sol está formada de muchos colores. No podemos ver los colores la mayor parte del tiempo. Cuando la luz del sol encuentra las gotas de lluvia, la luz del sol se separa en los diferentes colores. Cuando esto ocurre, nosotros vemos un arco iris en el cielo.

Colorea el arco iris.

rojo
anaranjado
amarillo
verde
azul
violeta

A veces se puede ver el arco iris en diferentes lugares.

¿Qué colores ves en un arco iris?

_____   _____   _____

_____   _____   _____

Name _____

Rainbows

Sunlight is made up of many colors. We do not see the colors most of the time. When sunlight meets raindrops, the sunlight breaks up into its different colors. When this happens, we see a rainbow in the sky.

Color the rainbow.

red
orange
yellow
green
blue
violet

Sometimes you can see rainbows in different places.

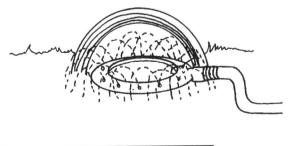

What colors do you see in a rainbow?

_____   _____   _____

_____   _____   _____

           Science Activities • EMC 5306

Nombre_____

Agua helada

Si hace mucho frío, el vapor se transforma en copos de nieve. Los copos de nieve caen a la tierra.

Los copos de nieve tienen seis lados, pero no existen dos iguales. Se necesitan millones de copos de nieve para hacer un muñeco de nieve.

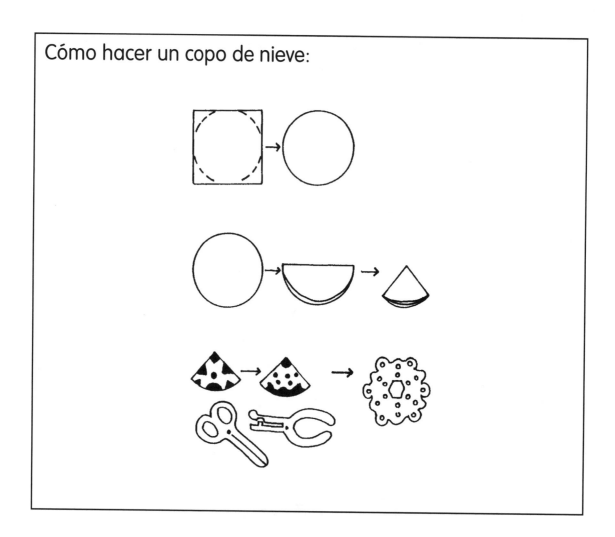

Cómo hacer un copo de nieve:

A veces en los días fríos y con viento, el agua de las nubes se congela y cae como bolitas de hielo. Estas bolitas se llaman granizo.

Extra: Al reverse de esta página, dibuja dos cosas diferentes que necesitas en un día nevado.

Name _____

Frozen Water

If it is cold, water vapor turns into frozen flakes of snow. The snowflakes fall to the earth.

All snowflakes have six sides, but no two look just alike. It takes millions of snowflakes to make one snowman.

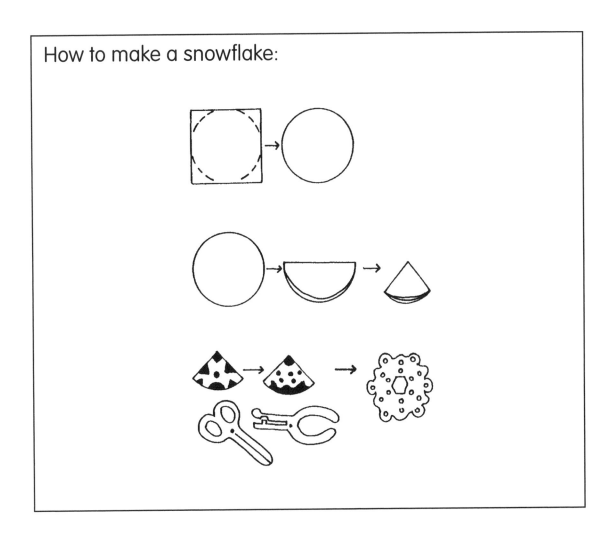

How to make a snowflake:

Sometimes on cold, windy days, balls of ice fall from the clouds. These balls are called <u>hailstones</u>.

Extra: Draw two different things you need in snowy weather on the back of this paper.

Haz una rueda del ciclo del agua

A.

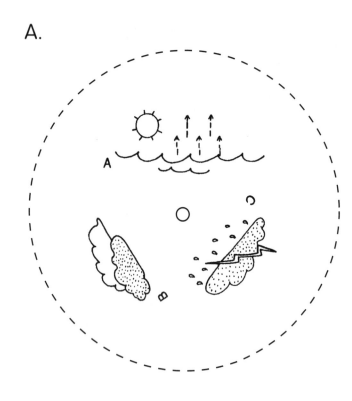

1. Recorta la parte A y la parte B.

2. Corta sobre las _ _ _ _ en la parte B para hacer una ventana.

3. Dobla la parte B.

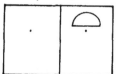

4. Pon la parte A dentro de la parte B y sujétala con un pasador.

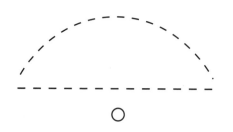

frente   reverso

5. Gira la rueda y explica el ciclo del agua.

B.

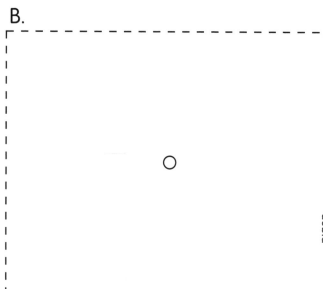

dobla

A. El vapor sube al cielo.

B. El vapor se transforma en gotas. Las gotas se transforman en nubes.

C. El agua cae de nuevo a la tierra como gotas de lluvia.

Teacher: Run this activity on construction paper. Each child will need a paper fastener.

Make a Water Cycle Wheel

A.

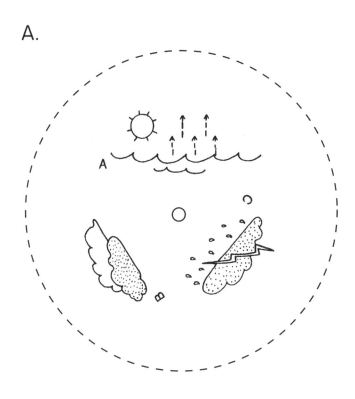

1. Cut out Part A and Part B.

2. Cut on the _ _ _ _ on Part B to make a window.

3. Fold Part B.

4. Put Part A into Part B and fasten with a fastener.

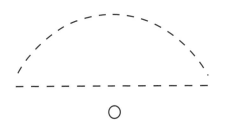

front   back

5. Turn the wheel and tell about the water cycle.

B.

fold

A. Water vapor goes up into the sky.

B. The water vapor becomes droplets. The droplets become clouds.

C. The water falls back to earth as raindrops.

Science Activities • EMC 5306

Nombre_____

¿Lo sabías?

Cuando el agua está en una forma <u>líquida</u>, podemos beberla, usarla para lavar o nadar en ella.

El agua puede estar en una forma <u>sólida</u>. Cuando el agua se transforma en hielo o en copos de nieve, está en una forma sólida.

El agua también puede ser un <u>gas</u>. Cuando el agua se calienta, sube al aire como vapor. El vapor es una forma de gas.

sólido	líquido	gas

Extra: ¿Es la sopa un líquido o un sólido?

Name _____

Did You Know?

When water is <u>liquid</u>, we can drink it, wash with it, or swim in it.

Water can be a <u>solid</u>, too. When water freezes into ice or snowflakes, it is a solid.

Water can also be a <u>gas</u>. When water is warmed, it goes into the air as vapor. Vapor is a type of gas.

| solid | liquid | gas |

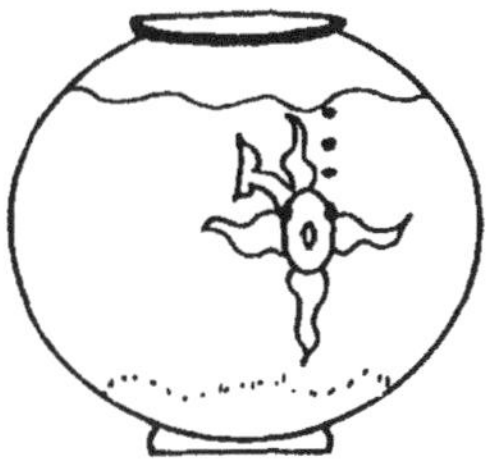

_____   _____   _____

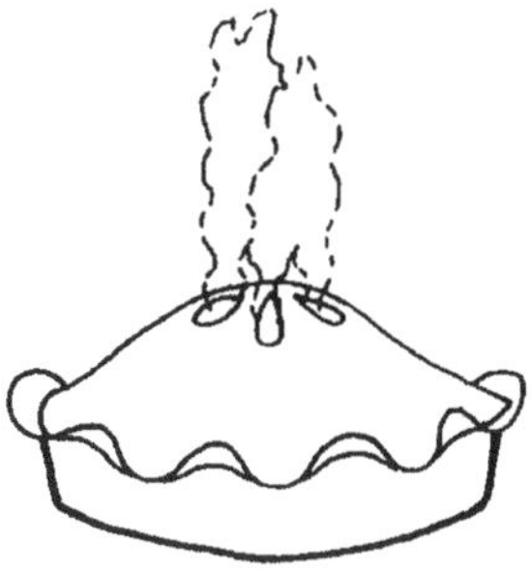

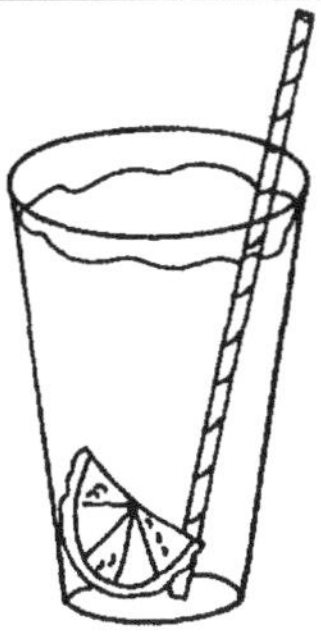

_____   _____   _____

Extra: Is soup a solid or a liquid?

Nombre_____

Cómo usamos el agua en la casa

Pon una **X** en los sitios donde se encuentra agua en tu casa.

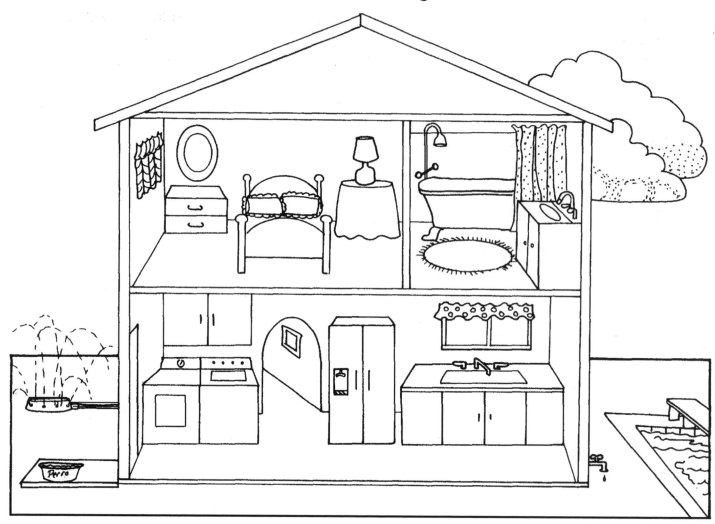

Escribe 4 maneras en que has usado agua hoy.

1. _____

2. _____

3. _____

4. _____

Extra: Voltea esta página.
    Muestra cómo puedes usar el agua para divertirte.

 Science Activities • EMC 5306

Name _____

How We Can Use Water at Home

X the places you find water at your house.

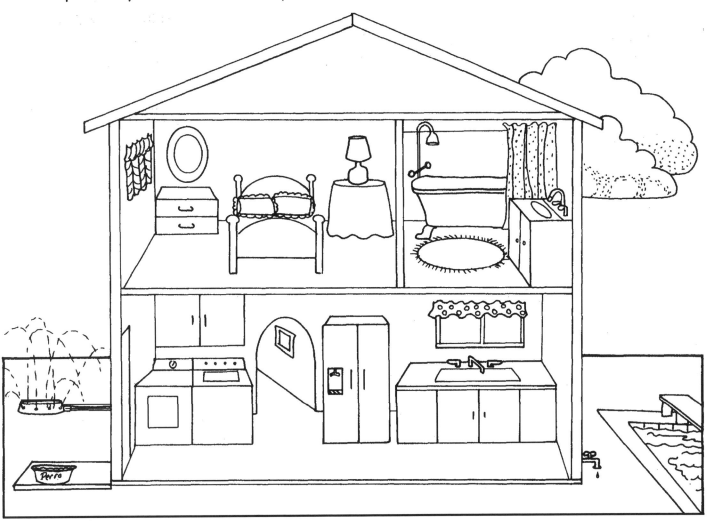

List 4 ways <u>you</u> have used water today.

1. _____

2. _____

3. _____

4. _____

Extra: Turn this page over.
Show how you can use water for fun.

Nombre_____

¿Como se usa el agua para producir electricidad?

El agua se puede usar para hacer electricidad. La fuerza del agua de una presa o de una cascada de agua hace girar una máquina llamada <u>turbina</u>. Cuando la turbina gira, pone en movimiento a unos imanes. Esto produce electricidad en el rollo de alambre que rodeo los imanes. La electricidad se translada por medio de cables.

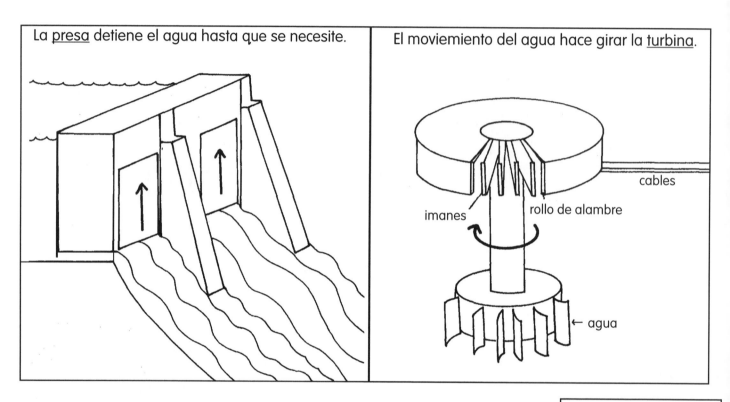

La <u>presa</u> detiene el agua hasta que se necesite.

El moviemiento del agua hace girar la <u>turbina</u>.

cables

imanes   rollo de alambre

← agua

Llena los espacios en blanco:

| rollos de alambre |
| cables |
| agua |
| turbina |
| electricidad |

1. La fuerza del agua hace girar a la _____.

2. La electricidad es trasladada por _____.

3. Hay _____ alrededor de los imanes.

4. La fuerza del agua puede ayudar a producir _____.

Extra: Dibuja tres maneras en que usas electricidad en tu casa.

Name _____

How Can Water Help Make Electricity?

Water can even be used to help make electricity. Fast-moving water from a dam or waterfall turns a machine called a turbine. When the turbine turns, it makes magnets spin. This makes electricity in wire coils that are around the magnets. The electricity is carried away through cables.

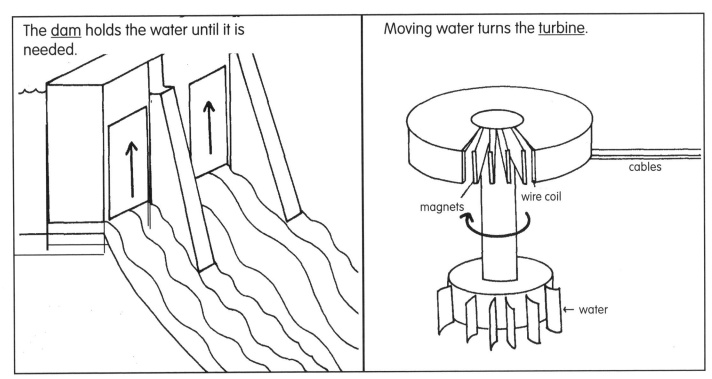

The dam holds the water until it is needed.

Moving water turns the turbine.

cables

wire coil

magnets

← water

Fill in the blanks:

| wire coils |
| cables |
| water |
| turbine |
| electricity |

1. Moving water turns a _____ .

2. Electricity is carried away through _____ .

3. There are _____ around the magnets.

4. Moving water can help to make _____ .

Extra: Draw three ways you use electricity in your house.

 Science Activities • EMC 5306

Nombre_____

¿Qué soy?

nubes	lluvia	copos de nieve
cubo de hielo	arco iris	vapor

1. Agua que cae del cielo es _____ .

2. Las gotas de agua helada que caen del cielo son _____ .

3. Una línea curva de colores brillantes que puedés ver despues de la lluvia es un _____ .

4. Un bloque de agua helda es un _____ .

5. Las formas blancas en el cielo que pueden traer lluvia son _____ .

6. Cuando el agua hierve se convierte en _____ .

Extra: Pon una **X** sobre lo que se produce cuando la luz del sol encuentra gotas de agua.

Name _____ **What Am I?**

clouds	rain	snowflakes
ice cube	rainbow	steam

1. Water that falls from the
   sky is _____.

2. Flakes of frozen water that fall from
   the sky are _____.

3. A curve of bright colors you
   see after the rain is

   a _____.

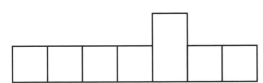

4. A block of frozen water is

   an _____.

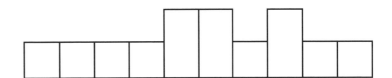

5. The fluffy white shapes up in
   the sky that can bring rain

   are _____.

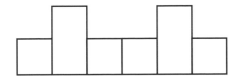

6. When water boils it turns

   into _____.

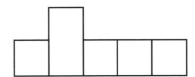

Extra: Put an **X** on what appears when light hits waterdrops.

                         Science Activities • EMC 5306

Nombre_____

¿Te acuerdas?

A. Escribe las palabras relacionadas con el agua.

1. _____   6. _____

2. _____   7. _____

3. _____   8. _____

4. _____   9. _____

5. _____   10. _____

hielo	viento	sol	nieve
arena	vapor	nube	piedra
niebla	gotita	agua	lluvia
rocío	granizo	césped	cristal

B. ¿Puedes encontrar estas palabras?

_____ agua   _____ nieve
_____ charco   _____ nube
_____ estanque   _____ océano
_____ gotita   _____ río
_____ lago   _____ rocío
_____ lluvia   _____ vapor

c	h	a	r	e	s	t	a	n	q	u	e	r	o
p	l	o	s	e	a	n	l	l	u	v	i	a	l
l	t	c	n	r	o	c	í	o	n	i	e	v	e
a	l	é	i	í	v	e	g	o	t	i	t	a	a
g	v	a	p	o	r	é	a	a	g	n	u	b	e
o	n	n	a	g	u	a	s	t	a	n	q	u	e
l	m	o	c	h	a	r	c	o	r	e	o	c	i

Extra: Voltea este papel. Haz un dibujo que muestre tres formas de agua.

Name _____

Do You Remember?

A. List the words that tell about water.

1. _____   6. _____

2. _____   7. _____

3. _____   8. _____

4. _____   9. _____

5. _____   10. _____

ice	wind	sun	snow
sand	steam	cloud	rock
fog	drop	water	rain
dew	hail	grass	glass

B. Can you find these water words?

_____ cloud		_____ puddle
_____ dew		_____ rain
_____ drop		_____ river
_____ lake		_____ snow
_____ ocean		_____ steam
_____ pond		_____ water

s	t	e	a	m	r	a	i	n
f	c	l	o	u	d	o	p	r
l	t	s	l	m	e	n	u	i
o	c	e	a	n	w	s	d	v
s	r	c	k	p	o	n	d	e
w	a	t	e	r	z	o	l	r
d	r	o	p	l	e	w	e	n

Extra: Turn this paper over. Make a picture to show 3 kinds of water.

Note : Copy these directions on tagboard.
Cut apart to make cards for a Science Center.

Nota : Copie estas instrucciones en cartulina.
Recórtelas para colocar en un centro de ciencias.

Water from the Air

Materials:
- jar with lid
- ice cubes
- paper towels

1. Put the ice cubes in the jar.
   Put the lid on the jar.
2. Dry off the outside of the jar with the paper towels.
3. Let the jar sit in a warm place.
   What happens to the outside of the jar?

Agua del aire

Materiales:
- un frasco con tapadera
- cubos de hielo
- toallas de papel

1. Pon el hielo en el frasco.
   Tapa el frasco.
2. Seca el exterior del frasco con la toallas de papel.
3. Pon el frasco en un lugar caliente.
   ¿Qué pasa en el exterior del frasco?

Evaporation

Materials:
- 2 shallow pans
- water
- measuring cup

1. Put the same amount of water in each pan.
2. Put one pan in a cool place.
   Put one pan in a warm place.
3. Leave the pans for 1 or 2 days.
   Which pan has the most water?
   Why?

La evaporación

Materiales:
- 2 platos poco profundos
- agua
- una taza de medir

1. Pon la misma cantidad de agua en cada plato.
2. Pon un plato en un lugar frío.
   Pon el otro plato en un lugar caliente.
3. Deja los recipientes por 1 ó 2 días.
   ¿Cuál plato tiene más agua?
   ¿Por qué?

When Water Freezes

Materials:
- masking tape
- freezer
- jar
- water

1. Put the water in the jar.
   Don't fill it to the top.
2. Put a strip of tape to mark where the water stops.
3. Put the jar in the freezer. Leave it overnight.
   Look at your jar. What happened?

Al congelarse el agua

Materiales:
- cinta adhesiva de papel
- congelador
- un frasco
- agua

1. Pon agua en el frasco.
   No lo llenes completamente.
2. Pon una tira adhesiva para indicar hasta dónde llega el agua.
3. Pon el frasco en el congelador. Déjalo hasta el día siguiente. Mira el frasco. ¿Qué pasó?

       Science Activities • EMC 5306

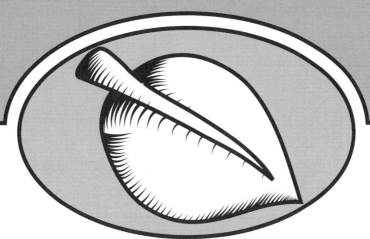

Las plantas

Esta sección contiene 16 páginas en español con actividades e información sobre las plantas que crecen de semillas, sus características, las funciones de sus partes, su ciclo de vida y cómo la humanidad las utiliza. Las actividades se pueden utilizar de las siguientes maneras:

- Con niños de 1er grado, puede dirigir lecciones para grupos pequeños o para toda la clase.

- Con niños de 2° y 3er grado, puede utilizar las actividades para lecciones dirigidas con grupos pequeños o con toda la clase, para actividades independientes en centros, o como trabajo independiente.

Utilice los recursos de su biblioteca y colegio para ampliar el contenido proporcionado en estas páginas.

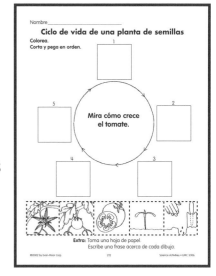

Plants

This section contains 16 pages in English with activities and information about plants that grow from seeds, their characteristics, the function of their parts, their life cycle, and their uses to humankind. Activities may be used in the following settings:

- With children in 1st grade, use activities for guided lessons with small groups or the whole class.

- With children in 2nd and 3rd grades, use activities for guided lessons with small groups or the whole class, for independent activities in centers, or for independent work.

Use resources from your library and school to expand upon the content presented in these pages.

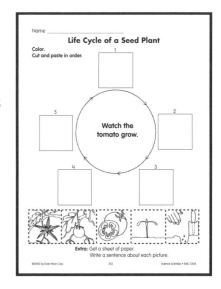

Nombre_____

¿Qué soy?

Estoy viva. Puedo crecer.
Hago mi propio alimento.
¿Qué soy? ¡Una planta!

Las plantas pueden ser pequeñas o grandes, lisas o espinosas, venenosas o comestibles. Las plantas crecen tanto en lugares calurosos como en lugares fríos, en sitios húmedos o en sitios secos. Las plantas crecen por todas partes del mundo.

Circula las plantas.
Colorea las plantas comestibles.

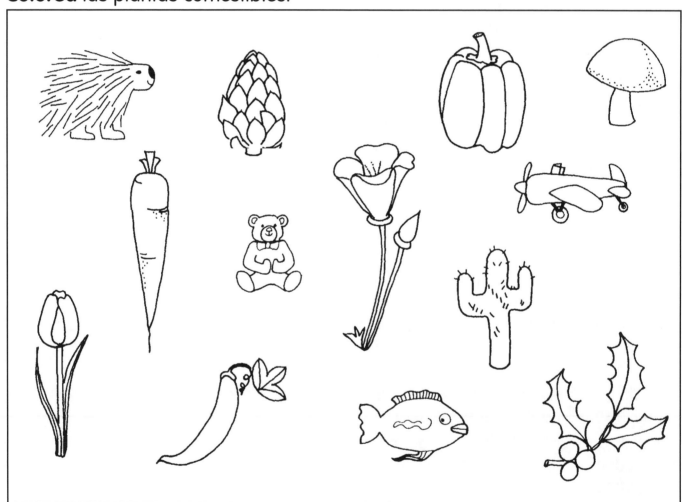

Extra: Dibuja una planta que te guste al otro lado de esta hoja.

 Science Activities • EMC 5306

Name _____

What Am I?

I am alive. I can grow.
I make my own food.
What am I? A plant!

Plants can be big or small. They can be smooth or prickly. They can be poisonous or good to eat. Plants grow where it is hot or cold. Plants grow where it is wet or dry. Plants grow all over the world.

Circle all the plants.
Color the plants you can eat.

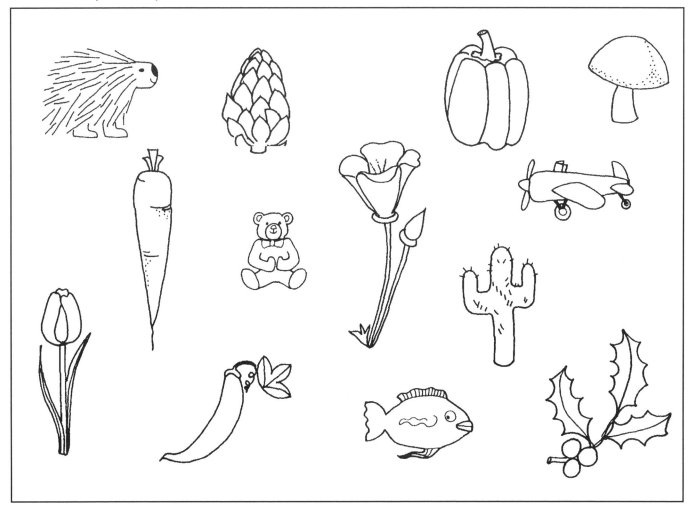

Extra: Draw a plant you like on the back of this paper.

Science Activities • EMC 5306

Nombre_____

Nombra las partes de una planta

| rama | flor | fruta | hoja | raíz | tallo | tronco |

Extra: Colorea las plantas.

Science Activities • EMC 5306

Name the Parts of the Plants

| branch | flower | fruit | leaf | root | stem | trunk |

Extra: Color the plants.

Nombre_____

Las raíces

Las raíces sujetan las planta en la tierra. Las plantas necesitan agua y minerales de la tierra. Las raíces sacan de la tierra el agua y los minerales para nutrir la planta. Algunas plantas almacenan comida en sus raíces. Las zanahorias y las remolachas son dos tipos de raíces que comemos.

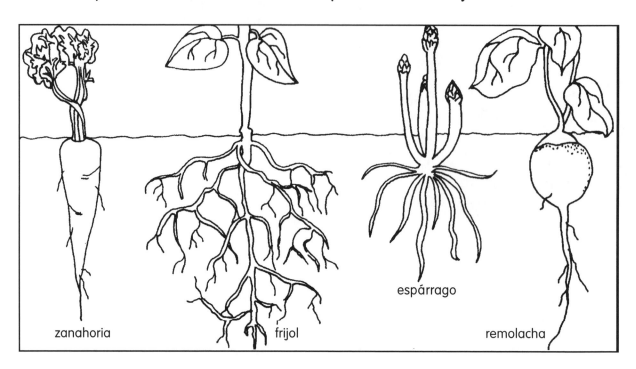

zanahoria   frijol   espárrago   remolacha

Escoge las palabras para completar las frases:

1. Algunas plantas almacenan _____ en las raíces.

2. Las raíces sacan _____ y _____ de la tierra para nutrir la planta.

3. Las raíces _____ la planta en la tierra.

4. Las _____ son raíces que comemos.

zanahorias
comida
sujetan
minerales
agua

Extra: Dibuja una raíz que comes.

Name _____

Roots

Roots hold a plant in place. Plants need water and minerals. Roots take water and minerals from the soil to feed the plant. Roots help get food to the rest of the plant. Some plants store food in their roots. Carrots and beets are two types of roots that we eat.

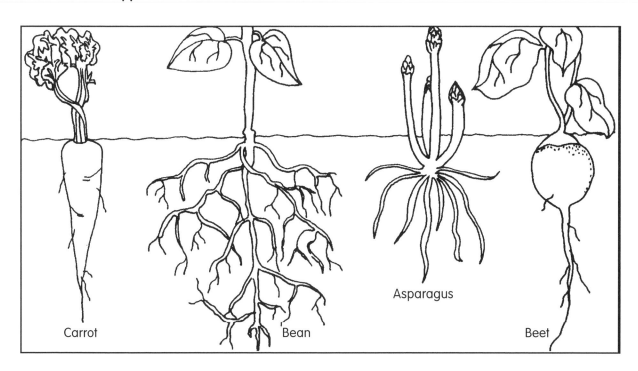

Carrot   Bean   Asparagus   Beet

Choose words to fill in the blanks:

1. Some plants store _____ in their roots.

2. Roots take _____ and _____ from the soil
   to feed the plant.

3. Roots _____ the plant in place.

4. A _____ is a root that we eat.

| carrot |
| food |
| hold |
| minerals |
| water |

Extra: Draw a root that you eat.

199   Science Activities • EMC 5306

Nombre_____

Los tallos

Los tallos sostienen las hojas y las flores de las plantas. Los tallos tienen pequeños tubos que llevan agua y alimento a toda la planta. El césped, las flores y las enredaderas tienen tallos flexibles. Los árboles tienen un tallo duro y grande llamado el *tronco*. La mayoría de los tallos crece hacia arriba.

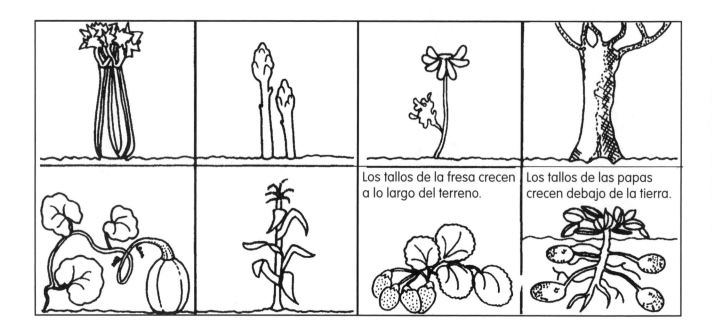

Los tallos de la fresa crecen a lo largo del terreno.

Los tallos de las papas crecen debajo de la tierra.

Une con una línea:

1. La mayoría de los tallos   las hojas y las flores.

2. Los tallos tienen pequeños tubos   llamado el *tronco.*

3. Los tallos sostienen   crece hacia arriba.

4. Los árboles tienen un tallo   que llevan agua y alimento.

Extra: Al otro lado de esta hoja, dibuja una planta con un tronco.

                                       Science Activities • EMC 5306

Name _____

Stems

Stems hold up the leaves and flowers of a plant. Stems have little tubes that take water and food to the rest of the plant. Grass, flowers, and vines have soft stems. Trees have one hard, woody stem called a *trunk.* Most stems grow up.

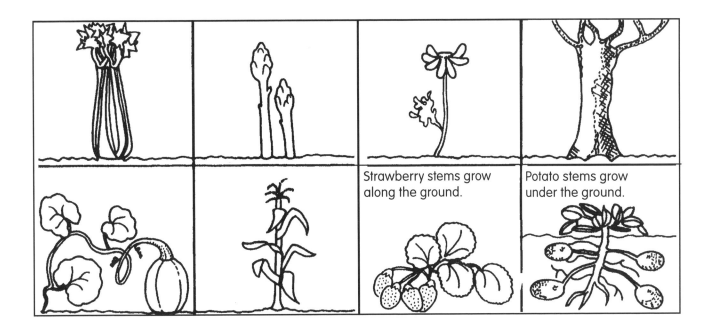

Strawberry stems grow along the ground.

Potato stems grow under the ground.

Match:

1. Most stems   the leaves and flowers.

2. Stems have tubes that   called a *trunk.*

3. Stems hold up   grow up.

4. Trees have a stem   carry water and food.

Extra: Draw a plant with a trunk on the back of this paper.

 Science Activities • EMC 5306

Nombre_____

Las hojas

Una planta puede producir su propio alimento. Para hacerlo, la planta usa la parte verde de sus hojas, el agua de la tierra, el aire y la luz del sol.

Las plantas también nos ayudan. Las plantas nos dan comida. También producen el oxígeno que necesitamos respirar.

¿Qué usan las plantas para producir alimento?

1. _____

2. _____

3. _____

4. _____

Dibuja la parte de la planta que puede producir alimento.

```




```

Extra: ¿Cuántos tipos de hojas diferentes puedes encontrar?

Teacher: You may wish to introduce these terms: *photosynthesis*, *carbon dioxide*, *chlorophyll*.

Name ______________________________

Leaves

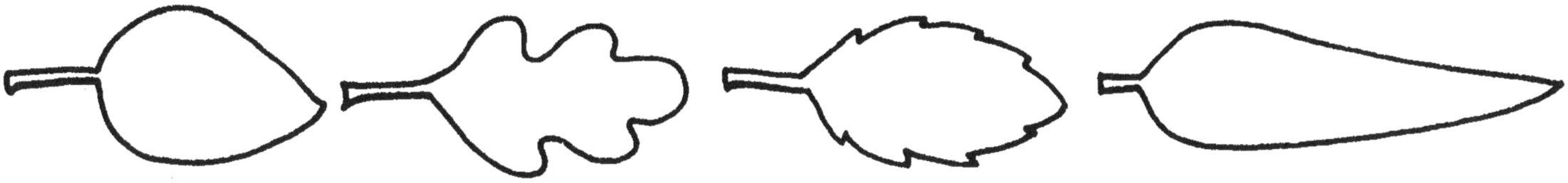

A plant can make its own food. The plant uses the green part of its leaves, water from the soil, gas from the air, and sunlight to make its food.

Plants also help us. We get food from plants. Plants also make oxygen for us to breathe.

What do plants use to make food?

1. ____

2. ____

3. ____

4. ____

Draw the part of the plant that can make food.

Extra: See how many kinds of leaves you can find.

Nombre_____

Las hojas

Las hojas son de diferentes tamaños y formas.

hoja sencilla

hoja compuesta

Colorea las hojas. Conecta cada hoja con la planta que la produce.
Circula la hoja compuesta.

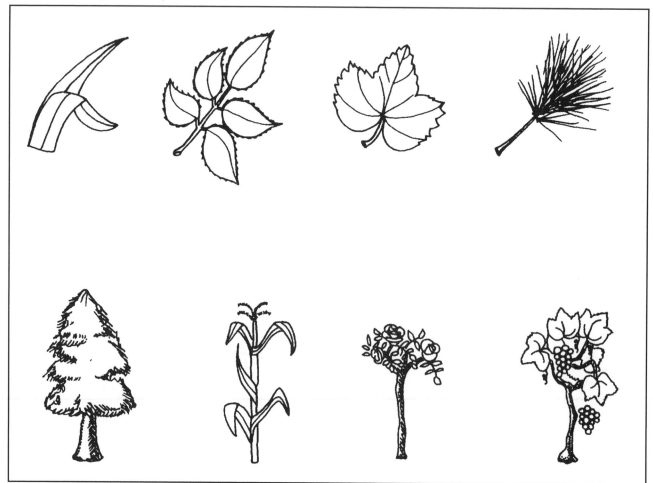

Extra: Busca una hoja.
Ponla debajo de una hoja de papel.
Frota el papel con una crayola.

                                       Science Activities • EMC 5306

Leaves

Leaves come in many sizes and shapes.

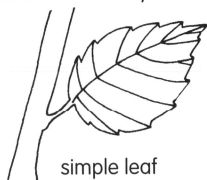

simple leaf

compound leaf

Color the leaves. Match the leaf to its plant. Circle the compound leaf.

Extra: To make leaf rubbings:
- Find a leaf.
- Put the leaf under a piece of paper.
- Rub over the paper and leaf with a crayon.

Science Activities • EMC 5306

Nombre_____

Las flores

Hay flores de muchos tamaños, colores y formas.

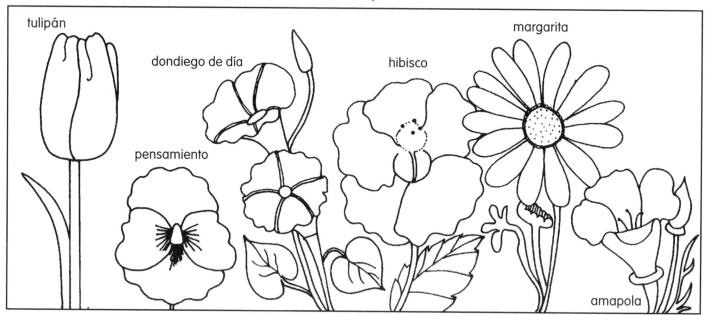

Las flores no solamente son bonitas.
Las flores también producen las semillas para la planta.

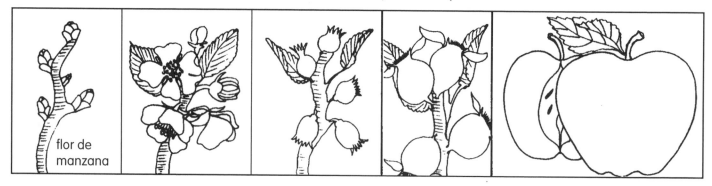

Las semillas forman nuevas plantas.

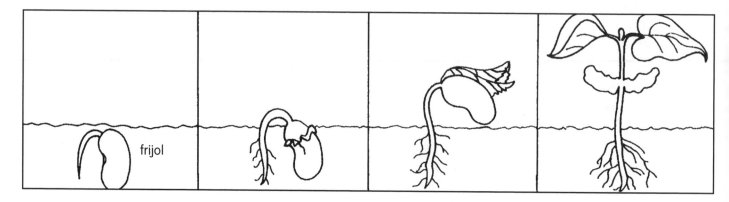

Extra: Dibuja tus flores favoritas al otro lado de esta página.

Name _____

Flowers

Flowers are many sizes, colors, and shapes.

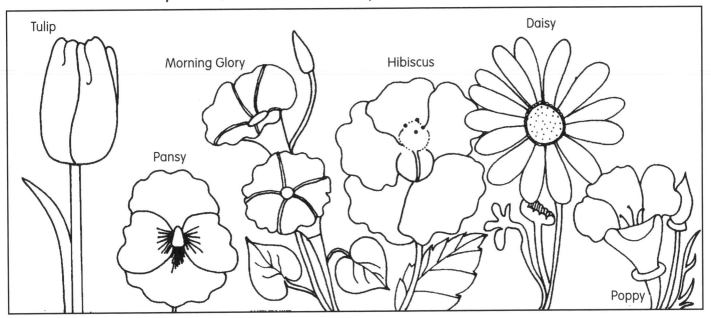

Flowers are not just pretty.
Flowers also make the seeds for the plant.

The seeds grow into new plants.

Extra: Draw your favorite flowers on the back of this page.

Maestro(a): Si desea, enseñe estos términos: *germinación, embrión.*

Nombre_____

¿Qué hay dentro de una semilla?

La semilla contiene una "planta bebé". La semilla germina y una pequeña planta empieza a crecer. La semilla nutre la nueva planta hasta que las hojas crezcan y puedan producir su propio alimento.

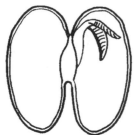

¿Puedes encontrar la "planta bebé"?
¿Puedes ver una hoja?
¿Puedes ver una raiz?

Colorea las semillas.

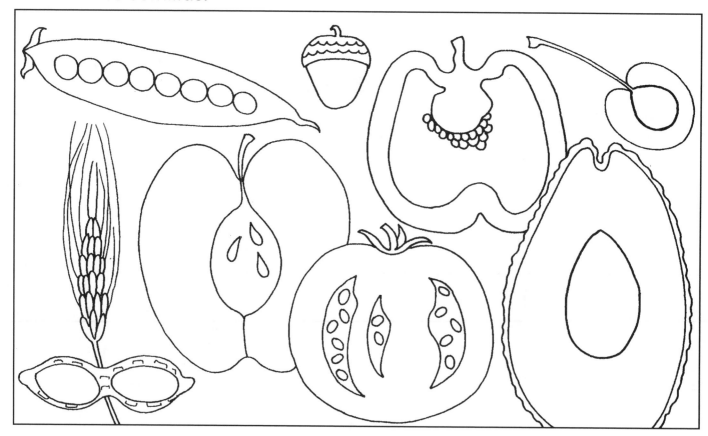

Extra: Dibuja 4 semillas que comes.

 Science Activities • EMC 5306

Name _____

What Is in a Seed?

A baby plant is in the seed. The seed sprouts. A little plant starts to grow. The seed has food for the new plant until it grows leaves to make its own food.

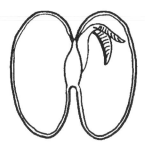

Can you find the baby plant?
Can you see a leaf?
Can you see a root?

Color the seeds.

Extra: Draw 4 seeds you can eat.

Science Activities • EMC 5306

Nombre_____

Las semillas viajan

Algunas semillas viajan con el viento. Estas semillas tienen partes parecidas a alas para volar con el viento.

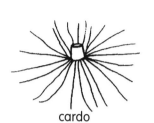
cardo

fresno

diente de león

arce noruego

Algunas semillas tienen ganchos. Estas semillas pueden pegarse al pelo de los animales. Las semillas caen a la tierra después.

bardana

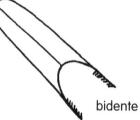
bidente

zanahoria silvestre

Algunas semillas flotan sobre el agua hacia un nuevo lugar.

nenúfar

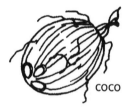
coco

Las personas pueden mover las semillas. Siembran las semillas en jardines y en huertos.

Dibuja una semilla que vuela.	Dibuja una semilla con ganchos.	Dibuja una semilla que flota.

Extra: Busca fotografías de semillas en revistas.

Science Activities • EMC 5306

Name _____

Seeds Travel

Some seeds move on the wind. These seeds have wing-like parts to catch the wind.

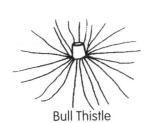
Bull Thistle

Ash Tree

Dandelion

Norway Maple

Some seeds have a hook or stickers. These seeds catch the fur of animals. The seeds fall off later.

Burdock

Sticktight

Queen Anne's Lace

Some seeds float on the water to new places.

Water Lily

Coconut

People move seeds. They plant seeds in yards and gardens.

Draw a seed that flies.	Draw a seed with hooks.	Draw a seed that floats.

Extra: Look in magazines for pictures of seeds.

Science Activities • EMC 5306

Ciclo de vida de una planta de semillas

Colorea.
Corta y pega en orden.

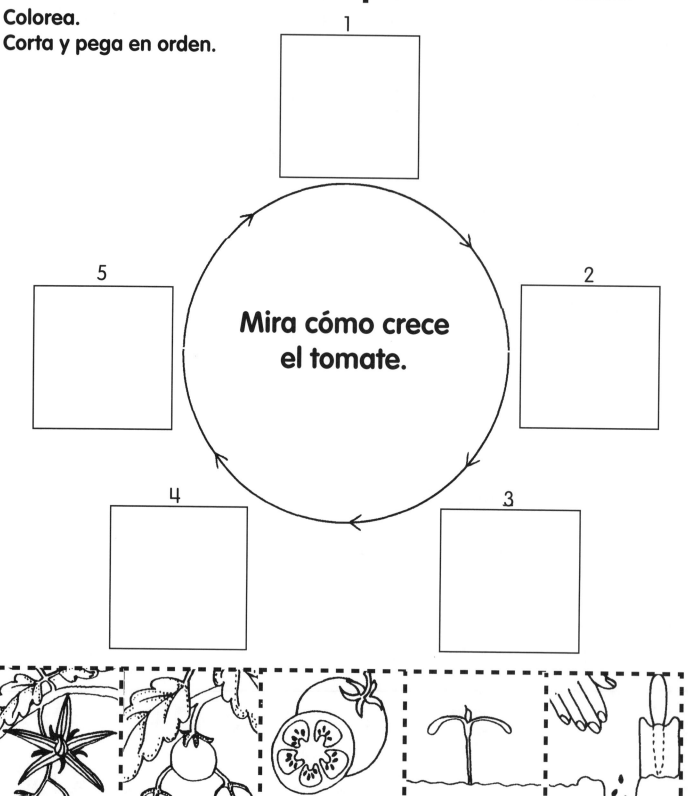

1

2

3

4

5

Mira cómo crece
el tomate.

Extra: Toma una hoja de papel.
Escribe una frase acerca de cada dibujo.

Name _____

Life Cycle of a Seed Plant

Color.
Cut and paste in order.

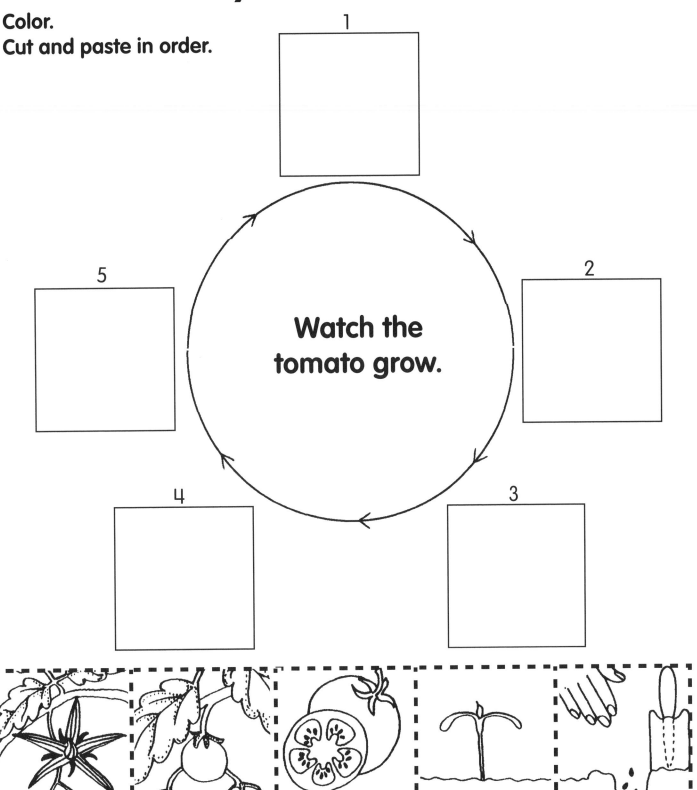

1

2

5

Watch the
tomato grow.

4

3

Extra: Get a sheet of paper.
Write a sentence about each picture.

Science Activities • EMC 5306

Nombre_____

Comemos muchas partes de las plantas.
Escribe el nombre de cada parte.

fruta	hoja	flor
raíz	tallo	semilla

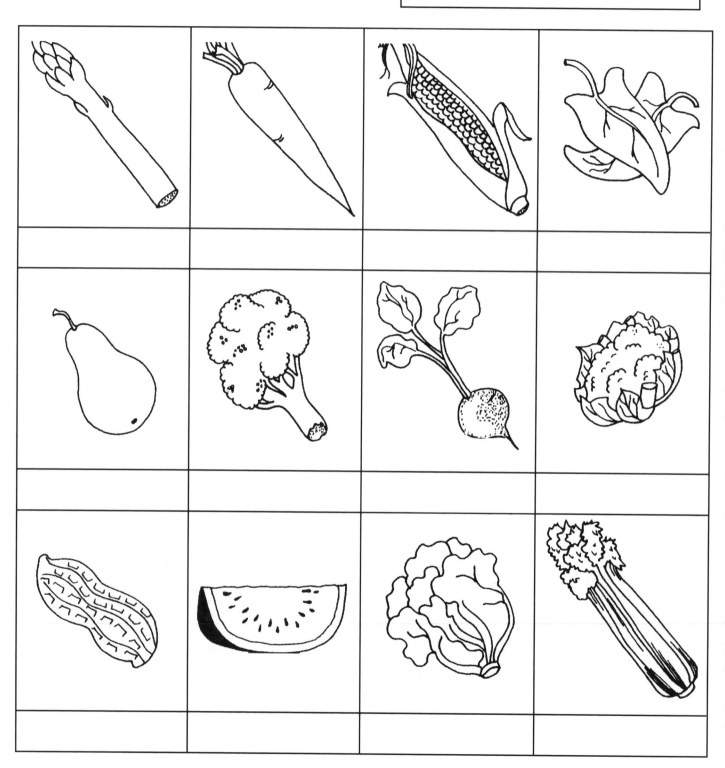

Extra: ¿Qué se puede comer que esta hecho de semillas de trigo?

Science Activities • EMC 5306

Name _____

We eat many parts of plants.
Write the name of each part.

fruit	leaf	flower
root	stem	seed

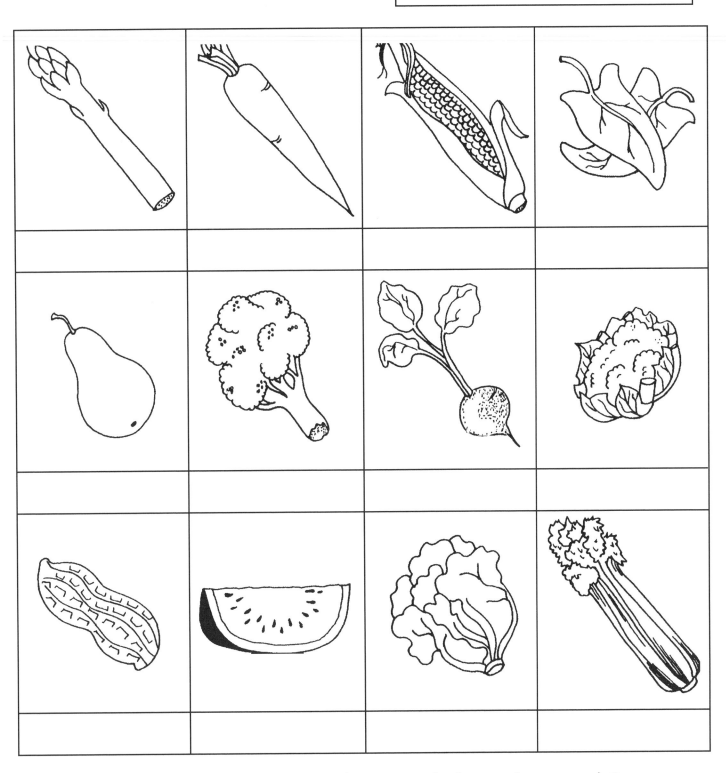

Extra: What can you eat that is made from wheat seeds?

Science Activities • EMC 5306

Nombre_____

Plantas sin flores

Algunas plantas no tienen flores pero también nacen de semillas. Estas plantas tienen conos que contienen las semillas.

pino escocés

abeto plateado

secoya

Algunas plantas no tienen ni flores ni semillas. Se reproducen de esporas. Los hongos, las algas y los helechos nacen de esporas.

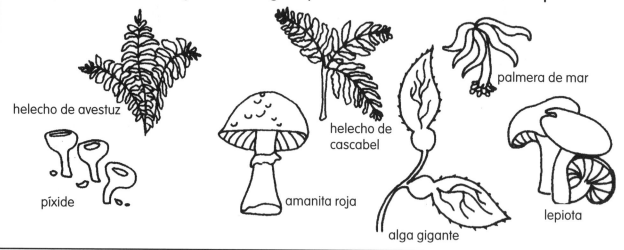

helecho de avestuz

helecho de cascabel

palmera de mar

píxide

amanita roja

alga gigante

lepiota

Colorea los conos de color café.

Circula los hongos.

Encuadra los helechos.

Pon una X sobre las algas.

Extra: Recorre los terrenos de tu escuela. ¿Puedes encontrar alguna planta con conos? ¿Puedes hallar hongos o helechos?

 Science Activities • EMC 5306

Name _____

Plants with No Flowers

Some plants have no flowers but they do grow from seeds. These plants have cones to hold their seeds.

Scotch Pine

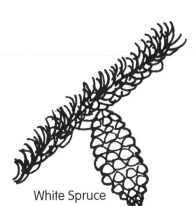

White Spruce

Redwood

Some plants have no flowers and no seeds. They grow from spores. Mushrooms, seaweeds, and ferns grow from spores.

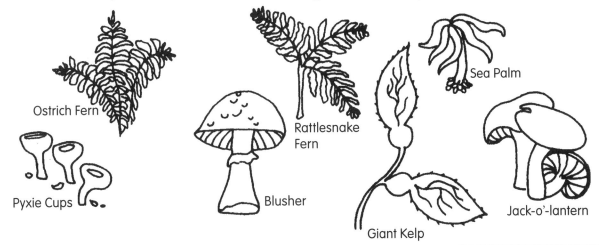

Ostrich Fern

Pyxie Cups

Blusher

Rattlesnake Fern

Sea Palm

Giant Kelp

Jack-o'-lantern

Color the cones brown.

Circle the mushrooms.

Box the ferns.

Cross out the seaweeds.

Extra: Take a walk around your school yard. Can you find any plants with cones? Can you find any mushrooms or ferns?

   Science Activities • EMC 5306

Nombre_____

¿Qué necesitan las plantas para crecer?

Las plantas son como tú. Necesitan <u>comida</u> y <u>agua</u> para vivir. Las plantas también necesitan <u>la luz del Sol</u> y <u>el aire</u>.

1. Las raíces me llevan desde la tierra hasta la planta. ¿Qué soy? _____	2. Doy luz y calor a las plantas. ¿Qué soy? _____
3. Las hojas verdes me producen. La planta me utiliza. ¿Qué soy? _____	4. No me puedes ver, pero estoy por todas partes. A las plantas les doy algo muy importante. ¿Qué soy? _____

Extra: Une la frase con el dibujo que corresponde.

Necesito poca agua.

Crezco en agua salada.

         Science Activities • EMC 5306

Name _____

What Do Plants Need to Grow?

Plants are like you. They need <u>food</u> and <u>water</u> to live. Plants need <u>sunlight</u> and <u>air,</u> too.

1. Roots take me from the soil up into the plant. What am I? _____	2. I am warm and bright. Plants get light from me. What am I? _____
3. Green leaves make me for the plant. What am I? _____	4. You cannot see me, but I am all around. Plants get the gas they need from me. What am I? _____

Extra: Can you match these?

I need a little water.

I grow in salty water.

¿Cómo podemos usar las plantas?

Necesitamos las plantas para comer, pero las plantas se usan también para otras cosas:

Los árboles nos dan:
- madera
- papel
- chicle

Los plantas nos dan:
- medicina
- tintas

¿De dónde viene?

Revisa tu salón de clase.
Busca algo que proviena de una planta.
Dibújalo aquí.

Extra: Piensa en otras maneras de utilizar un árbol.

Name _____

How Can We Use Plants?

We need plants to eat, but plants are used in other ways:

Trees give us:
- lumber
- paper
- gum

Plants give us:
- medicines
- dyes

Match:

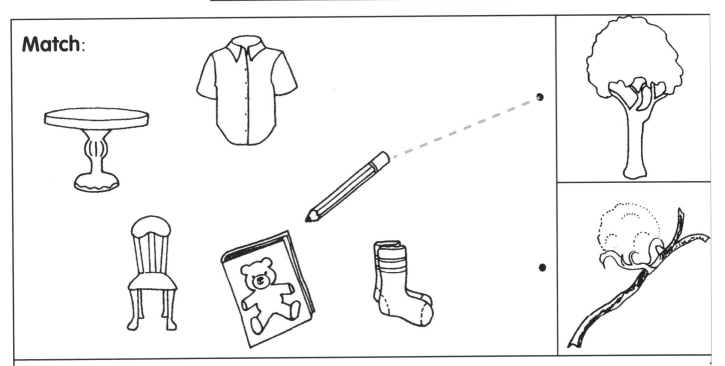

Look around the classroom.
Find something that comes from a plant.
Draw it here.

Extra: Think of a new use for a tree.

221   Science Activities • EMC 5306

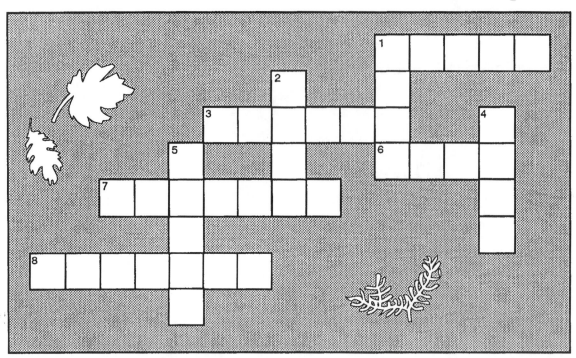

Nombre_____

Rompecabezas

Palabras

semilla
rama
hoja
tallo
flor
plantas
tronco
fruta
raíz

Vertical ↓   Horizontal ⟶

1.   4.

2.   5.

3.   6.

7.

8.

6.

¿Puedes encontrar
las mismas palabras
aquí?

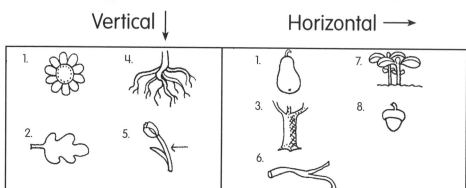

```
e s e m i l l a k l e ñ o h s
f t a l l o v a i n a f l o r
r r a m a c o r t e z a y j a
o p l a n t a s c i s t l a í
u f r u t a t r o n c o r a z
```

Ahora busca estas nuevas palabras: vaina
corteza
leño

Extra: Usa estas letras para formar el nombre de una flor.

laaoapm_____

                   Science Activities • EMC 5306

Name _____

Plant Puzzles

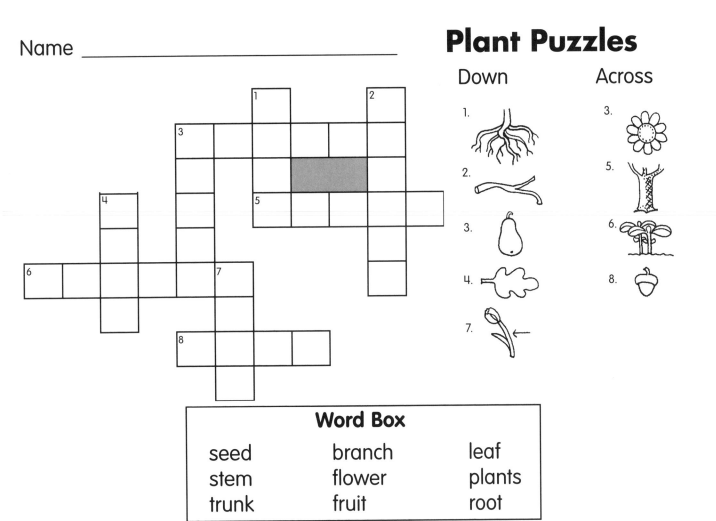

Down   Across

1.   3.

2.   5.

3.   6.

4.   8.

7.

Word Box

seed	branch	leaf
stem	flower	plants
trunk	fruit	root

Can you find the same words here?

b	p	r	l	s	b	p
f	l	o	w	e	r	o
r	a	o	l	m	a	d
u	n	t	s	s	n	f
i	t	o	e	o	c	b
t	s	t	e	m	h	a
w	o	o	d	y	s	r
t	r	u	n	k	o	k

Now find these new words: bark
                             pod
                             woody

Extra: Use these letters to make another name for *flower.*

loombss _____

Note : Reproduce directions on tagboard.
Cut apart to make cards for a Science Center.

Nota : Copie estas instrucciones en cartulina.
Recórtelas para colocar en un centro de ciencias.

Look Inside Seeds

Materials:
- lima beans
- corn seeds
- bowl of water
- magnifying glass

1. Put the seeds in a bowl of water. Soak them for one night.
2. Take the seeds out of the water.
3. Look for a tiny plant on one side of the seed.
4. Use the magnifying glass to look for the little roots, a stem, and leaves.

Mira el interior de las semillas

Materiales:
- habas
- semillas de maíz
- un recipieta de agua
- una lupa

1. Pon las semillas en un recipente lleno de agua. Déjalas remonjando una noche entera.
2. Saca las semillas del agua. Quítales el pellejo que las recubre y separa cuidadosamente las dos partes de cada una de las semillas.
3. Busca la minúscula planta que se encuentra en el interior de cada semilla.
4. Con la lupa, busca las pequeñas raíces, tallos y hojas.

Water Moves up Stems

Materials:
- celery with tops
- white carnations
- 2 glasses of water
- food coloring

1. water   add food coloring   put in celery or carnation
2. Put the glasses in the sunlight. Leave overnight.
3. Check the celery and carnation. What do you see?

El agua sube por los tallos

Materiales:
- una ramita de apio con sus hojas
- un clavel blanco
- 2 vasos de agua
- colorante para comida

1. agua   añade el colorante   apio o clavel
2. Pon los vasos al sol. Déjalos toda una noche.
3. Observa el apio y el clavel. ¿Qué ves?

Nota : Un tallo recién cortado absorbe mejor el agua.

Different Ways to Grow Plants

Materials:
- sweet potato
- 2 jars of water
- sprig of ivy
- toothpicks

1. Put the end of the sweet potato in one jar. (You may need toothpicks to hold in place.)
2. Put the ivy sprig in the other jar of water.
3. Watch for roots and leaves to grow.

Cómo crecen las plantas

Materiales:
- una batata o camote
- una ramita de hiedra
- 2 jarros llenos de agua
- palillos

1. Pon la parte inferior de la batata o el camote en el agua. Si necesitas, usa palillos para sostenerlo.
2. Pon la ramita de hiedra en el otro jarro de agua.
3. Observa el crecimiento de las raíces y de las hojas.

 Science Activities • EMC 5306

El Sol, la Luna y las estrellas

Esta sección contiene 16 páginas en español con actividades e información sobre el Sol, la Luna y las estrellas y la relación entre ellos. También incluye información sobre las fases de la Luna, los eclipses, las estrellas y las constelaciones. Las actividades se pueden utilizar de las siguientes maneras:

- Con niños de 1er grado, puede dirigir lecciones para grupos pequeños o para toda la clase.

- Con niños de 2° y 3er grado, puede utilizar las actividades para lecciones dirigidas con grupos pequeños o con toda la clase, para actividades independientes en centros, o como trabajo independiente.

Utilice los recursos de su biblioteca y colegio para ampliar el contenido proporcionado en estas páginas.

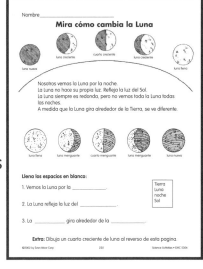

Sun, Moon, and Stars

This section contains 16 pages in English with activities and information about the Sun, Moon, and stars and their relationship to each other. It also includes information on the phases of the Moon, eclipses, stars, and constellations. Activities may be used in the following settings:

- With children in 1st grade, use activities for guided lessons with small groups or the whole class.

- With children in 2nd and 3rd grades, use activities for guided lessons with small groups or the whole class, for independent activities in centers, or for independent work.

Use resources from your library and school to expand upon the content presented in these pages.

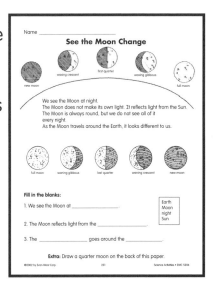

Nombre_____

La Luna, la Tierra y el Sol

Una <u>estrella</u> es una bola de gases que se está quemando.
El <u>Sol</u> es una estrella.
Un <u>planeta</u> gira alrededor del Sol.
La <u>Tierra</u> es un planeta.
Un <u>satélite</u> es un estrella que gira alrededor de un planeta.
La <u>Luna</u> es un satélite. Gira alrededor de la <u>Tierra</u>.

Conecta el dibujo con la palabra:

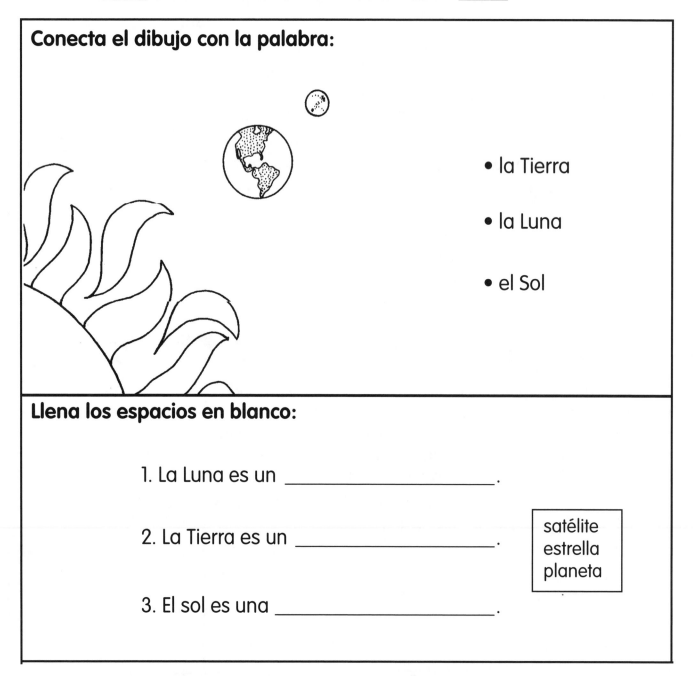

• la Tierra

• la Luna

• el Sol

Llena los espacios en blanco:

1. La Luna es un _____.

2. La Tierra es un _____.

3. El sol es una _____.

| satélite |
| estrella |
| planeta |

Extra: En el dibujo de arriba, pon una **X** donde tú vives.

Name _____

Moon, Earth, and Sun

A <u>star</u> is a ball of burning gases.
The <u>Sun</u> is a star.
A <u>planet</u> travels around the Sun.
<u>Earth</u> is a planet.
A <u>satellite</u> is a star that travels around a planet.
The <u>Moon</u> is a satellite. It travels around the <u>Earth</u>.

Match:

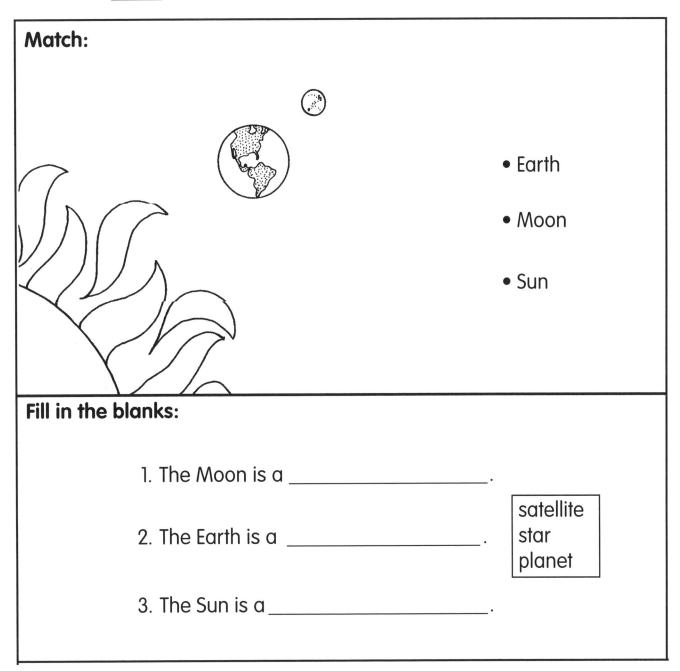

- Earth

- Moon

- Sun

Fill in the blanks:

1. The Moon is a _____.

2. The Earth is a _____.

| satellite |
| star |
| planet |

3. The Sun is a _____.

Extra: Put an **X** on the picture that shows where you live.

Nombre_____

La Luna

La Luna es más pequeña que la Tierra y el Sol. Nosotros podemos ver la Luna porque brilla con la luz del Sol. La Luna gira alrededor de la Tierra una vez en un mes. No hay aire ni agua en la Luna. Hay montañas altas y llanuras planas cubiertas de polvo en la Luna. Hay muchos hoyos grandes llamados <u>cráteres</u>.

| llanura | montaña | cráter |

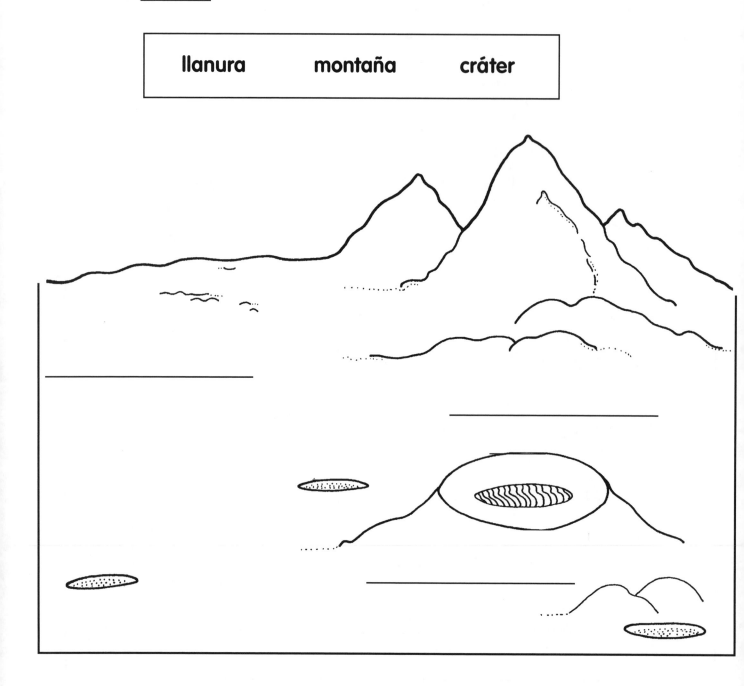

Extra: Dibuja la Tierra en el cielo, arriba de Luna.

Teacher: You may want to introduce the terms *orbit*, *satellite*, and *reflection*.

Name _____

The Moon

The Moon is smaller than the Earth and Sun. We can see the Moon because it shines with light from the Sun. The Moon goes around the Earth one time in a month. There is no air or water on the Moon. There are tall mountains and flat, dusty plains on the Moon. There are many big holes called <u>craters</u> on the Moon.

| plain | mountain | crater |

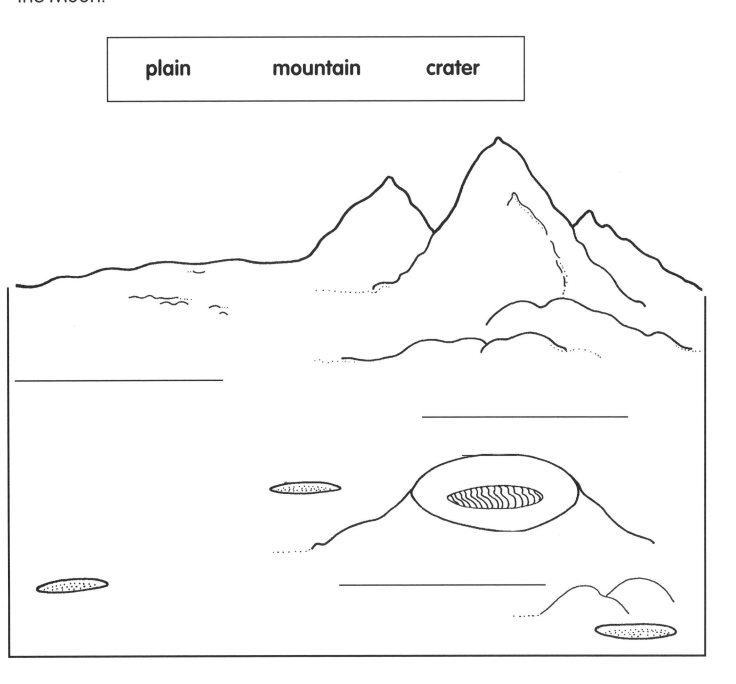

Extra: Make the Earth in the sky above the Moon.

       Science Activities • EMC 5306

Nombre_____

Mira cómo cambia la Luna

luna nueva

luna creciente

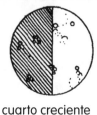
cuarto creciente

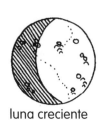
luna creciente

luna llena

Nosotros vemos la Luna por la noche.

La Luna no hace su propia luz. Refleja la luz del Sol.

La Luna siempre es redonda, pero no vemos toda la Luna todas las noches.

A medida que la Luna gira alrededor de la Tierra, se ve diferente.

luna llena

luna menguante

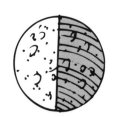
cuarto menguante

luna menguante

luna nueva

Llena los espacios en blanco:

1. Vemos la Luna por la _____.

2. La Luna refleja la luz del _____.

3. La _____ gira alrededor de la _____.

| Tierra |
| Luna |
| noche |
| Sol |

Extra: Dibuja un cuarto creciente de luna al reverso de esta pagina.

Name _____

See the Moon Change

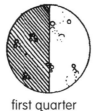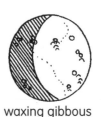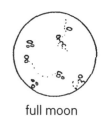

new moon

waxing crescent

first quarter

waxing gibbous

full moon

We see the Moon at night.
The Moon does not make its own light. It reflects light from the Sun.
The Moon is always round, but we do not see all of it every night.
As the Moon travels around the Earth, it looks different to us.

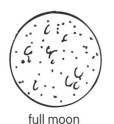

full moon

waning gibbous

last quarter

waning crescent

new moon

Fill in the blanks:

1. We see the Moon at _____.

| Earth |
| Moon |
| night |
| Sun |

2. The Moon reflects light from the _____.

3. The _____ goes around the _____.

Extra: Draw a quarter moon on the back of this paper.

     Science Activities • EMC 5306

Nombre_____

Los hombres en la Luna

En 1969 los primeros hombres desembarcaron en la Luna. Ellos caminaron en la Luna. Recogieron piedras para llevarlas a la Tierra.

Estos hombres tuvieron que usar trajes especiales. Tuvieron que llevar aire para respirar. Tuvieron que llevar los alimentos y el agua que necesitaban para el viaje.

Dibuja un hombre en la Luna.
¿Qué llevará puesto?

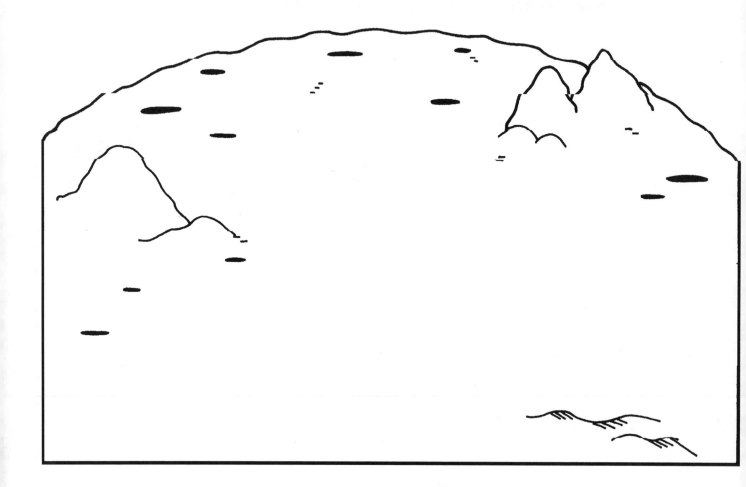

Extra: ¿En qué se parecen la Tierra y la Luna?
¿En qué son diferentes?

Name _____

Men on the Moon

In 1969 the first men landed on the Moon. They walked on the Moon. They picked up rocks to bring back to Earth.

These men had to wear special suits. They had to take air to breathe. They had to take the food and water they needed for the trip.

Draw a man on the Moon.
What will he have on?

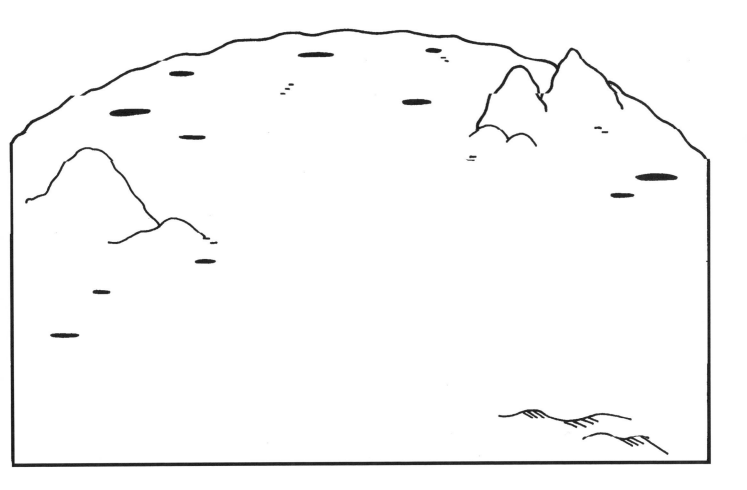

Extra: How are the Earth and the Moon alike?
How are they different?

Nombre_____

El Sol

El Sol es una estrella. Es la estrella más cercana a la Tierra. Es la estrella que vemos durante el día. El Sol es mucho más grande que la Tierra. Se ve pequeño porque está tan lejos. La Tierra gira alrededor del Sol. Tarda un año en dar una vuelta al Sol.

Colorea el <u>Sol</u> de color amarillo.
Colorea la <u>Tierra</u> de azul y verde.
Escribe los nombres correcto.

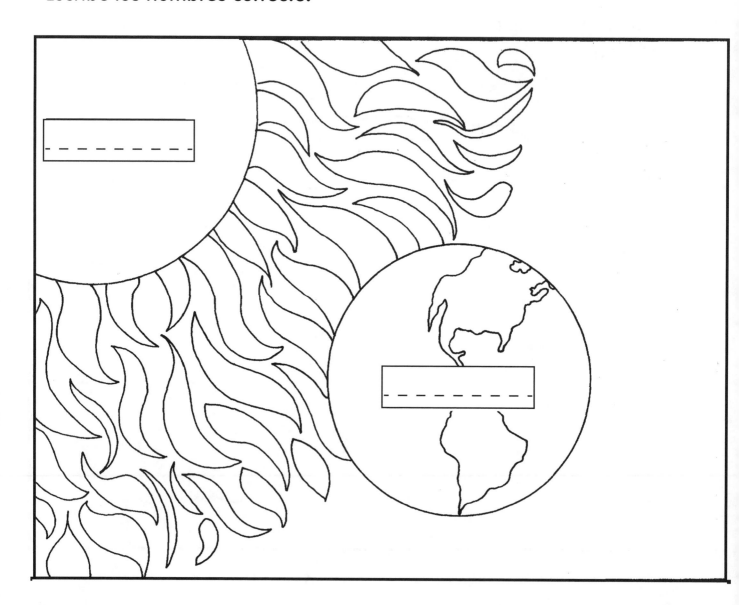

Extra: La Luna gira alrededor de la Tierra. Dibuja una Luna pequeña cerca de la Tierra.

Name _____

The Sun

The Sun is a star. It is the star closest to the Earth. It is the star we see in the daytime. The Sun is much bigger than the Earth. It looks small because it is so far away. The Earth travels around the Sun. It takes one year for it to travel once around the Sun.

Color the <u>Sun</u> yellow.
Color the <u>Earth</u> blue and green.
Write the correct names.

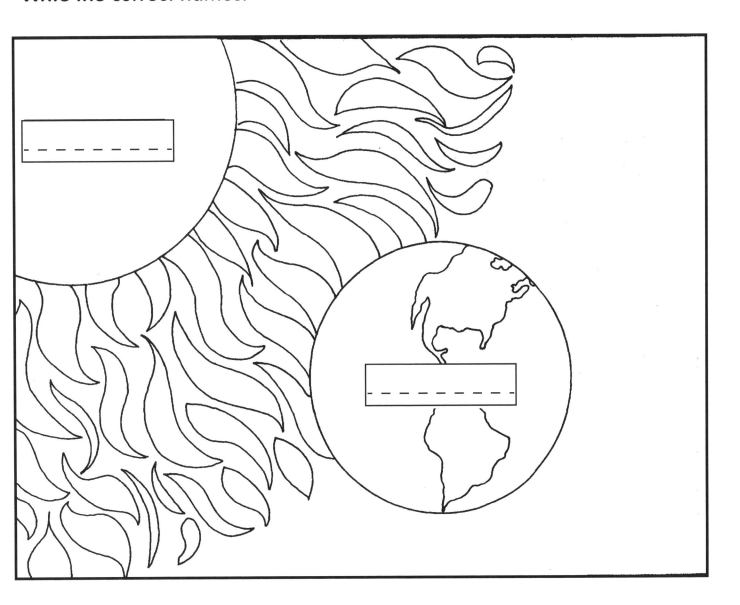

Extra: The Moon goes around the Earth. Make a little Moon by the Earth.

Science Activities • EMC 5306

Nombre_____

Necesitamos el Sol

El Sol es una bola de gases calientes. Produce calor y luz.

Nosotros necesitamos la luz del Sol. Nos da calor para calentarnos. Nos da luz para ver. Las plantas también necesitan la luz del Sol. Esto ayuda a las plantas a producir alimentos para nosotros y oxígeno para que nosotros respiremos.

alimentos
la luz del Sol
oxígeno
luz
calor

Llena los espacios en blanco:

1. El Sol nos da _____ y _____ .

2. Las plantas necesitan _____ para

   producir_____ para nosotros.

3. Las plantas producen _____ para que nosotros respiremos.

Dibuja tu jardín en un día soleado.
Circula las cosas que necesitan la luz del sol.

Extra: En una hoja de papel, escribe sobre cómo el Sol nos ayuda.

 Science Activities • EMC 5306

Name _____

We Need the Sun

The Sun is a ball of hot gases. It gives off heat and light.

We need the sunlight. It gives us heat to stay warm. It gives us light to see by. Plants need the sunlight, too. It helps plants make food for us to eat and oxygen for us to breathe.

Fill in the blanks:

| food |
| sunlight |
| oxygen |
| light |
| heat |

1. The Sun gives us _____ and _____.

2. Plants need _____ to make _____ for us to eat.

3. Plants make _____ for us to breathe.

Draw your backyard on a sunny day.
Circle the things that need sunshine.

Extra: Get a sheet of paper. Tell one way the Sun helps us.

El día y la noche

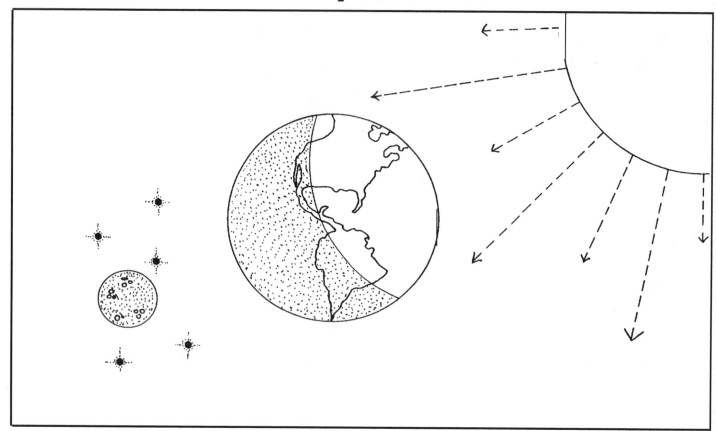

El Sol siempre brilla.

La Tierra gira de manera que no podemos ver la luz del Sol durante la noche.

La luz ilumina el cielo durante el día.

El cielo está oscuro por la noche.

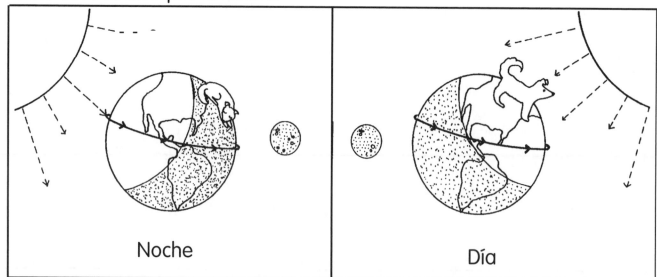

Noche

Día

Extra: Colorea de negro el cuadro que muestra la noche.

Colorea de amarillo el cuadro que muestra el día.

 Science Activities • EMC 5306

Name _____

Night and Day

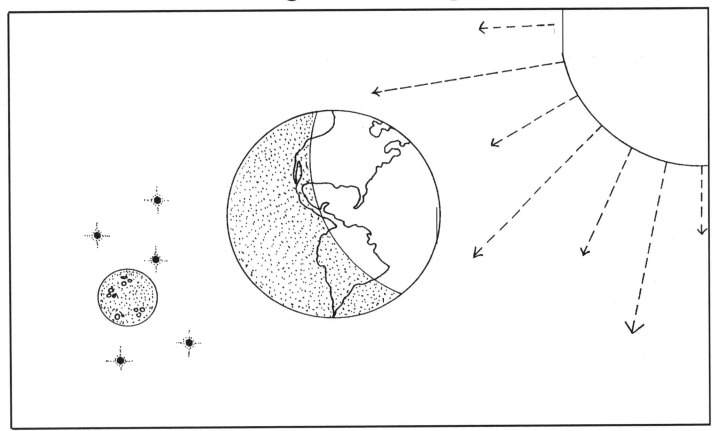

The Sun shines all the time.

The Earth turns so we cannot see the Sun's light at night.

Light fills the sky in the daytime.

The sky is dark at night.

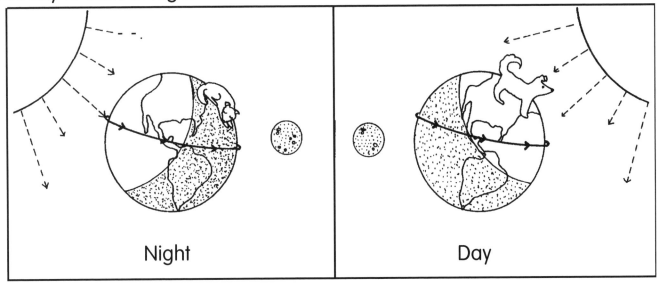

Night

Day

Extra: Color the night side black. Color the day side yellow.

Science Activities • EMC 5306

Leer la hora con el Sol

Hace mucho tiempo, el Sol nos ayudaba a saber la hora. Cuando la luz del Sol cae sobre algo, hace una sombra.

Las sombras se mueven a medida que el Sol avanza por el cielo. Los hombres inventaron el <u>reloj</u> <u>solar</u>. Cuando la sombra avanzaba, caía sobre los números para indicar la hora.

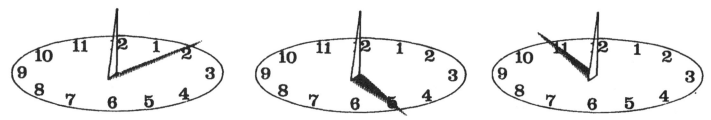

¡El reloj solar no ayudaba en un día lluvioso ni en la noche!

¿Qué hora es?

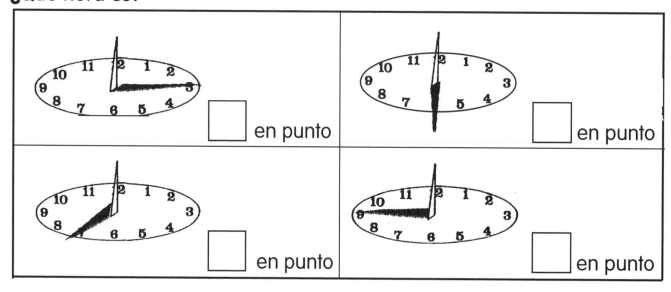

Extra: Indica que hora es en tu salón de clase.

A Sunny Way to Tell Time

Long ago, the Sun helped show what time it was. When sunlight hits something, it makes a shadow.

Shadows move as the Sun goes across the sky. People invented the <u>sundial</u>. When the shadow moved, it would touch numbers to show the time.

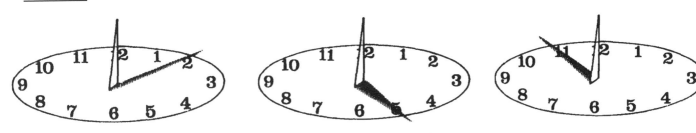

A sundial was no help on a rainy day or at night!

What time is it?

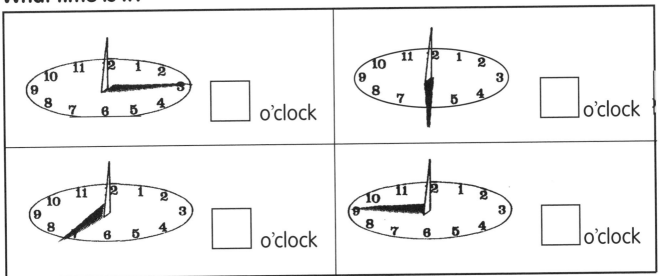

Extra: Show what the hour is in your classroom.

Nombre_____

Los eclipses

¿Qué ocurre cuando la sombra de la Tierra cae en la Luna? La Luna no recibe la luz del Sol. No puedes ver la Luna cuando esto sucede.

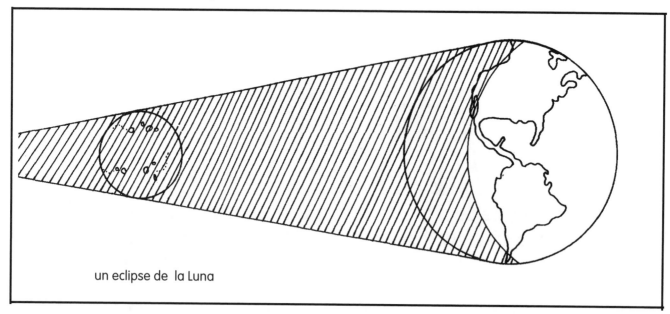

un eclipse de la Luna

¿Qué ocurre cuando la sombra de la Luna cae en la Tierra?
La Luna bloquea la luz del Sol en una parte de la Tierra, de manera que esa parte no puede ser iluminada por el Sol.

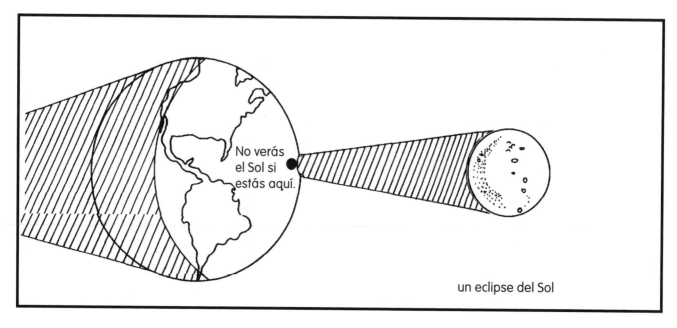

No verás el Sol si estás aquí.

un eclipse del Sol

Extra: Pregunta a 10 personas: "¿Has visto alguna vez un eclipse?"

Eclipse

What happens when the Earth's shadow falls on the Moon? The Moon cannot get light from the Sun, so you cannot see the Moon.

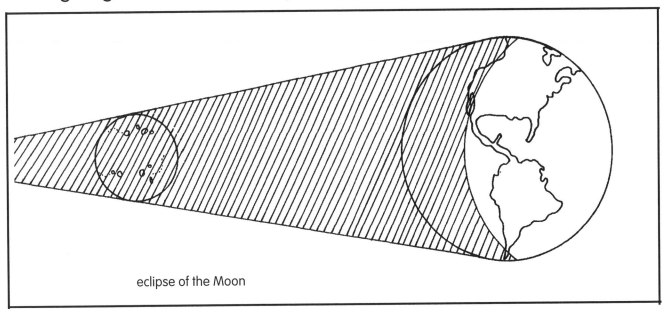

eclipse of the Moon

What happens when the Moon's shadow falls on the Earth? The Moon blocks the Sun's light from part of the Earth, so that part of the Earth does not receive any sunlight.

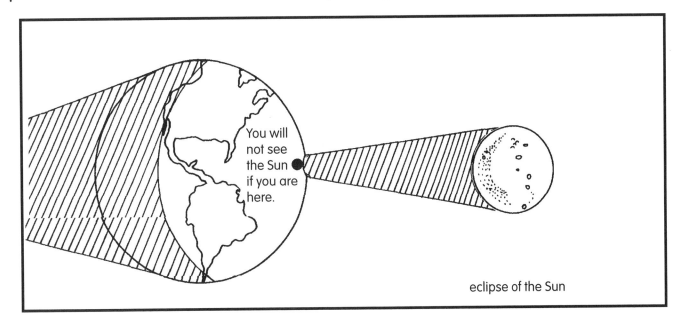

You will not see the Sun if you are here.

eclipse of the Sun

Extra: Ask 10 people, "Have you ever seen an eclipse?"

Nombre_____

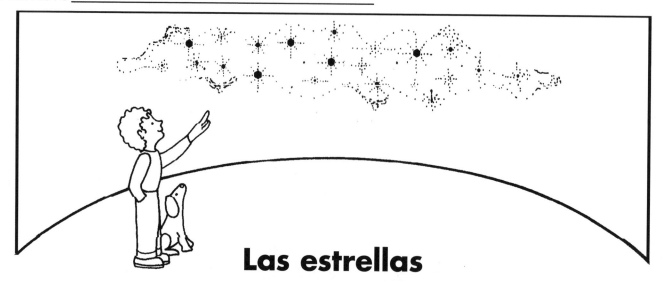

Las estrellas

Una estrella es una bola de gases calientes. Las estrellas producen luz y calor. Las estrellas están tan lejos que no podemos sentir su calor. Se ven como pequeños puntitos de luz.

Las estrellas siempre están en el cielo. Durante el día, nuestro Sol produce tanta luz que no deja ver a las otras estrellas. Por la noche, cuando el Sol no está en nuestro cielo, podemos ver las otras estrellas.

Las estrellas en nuestro cielo se llaman "la Vía láctea."
¿Puedes adivinar por qué?

Concecta las frases que van juntas:

1. Una estrella es	calor y luz.
2. Las estrellas están	son parte de la Vía láctea.
3. Una estrella produce	una bola de gases calientes.
4. Nuestro Sol es	muy lejos.
5. Las estrellas en nuestro cielo	una estrella.

Extra: ¿Cómo se llama la estrella más cercana a la Tierra?

 Science Activities • EMC 5306

Name _____

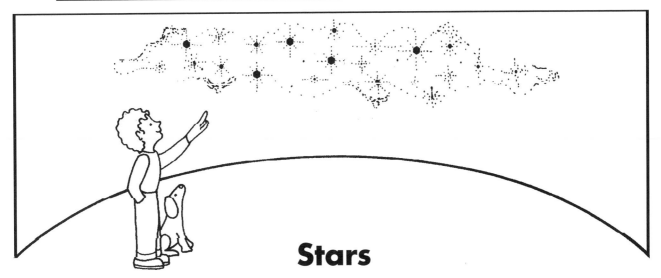

Stars

A star is a ball of hot gases. Stars make light and heat. Stars are so far away that we cannot feel their heat. They just look like little spots of light.

Stars are always in the sky. Our Sun makes so much light that it hides the other stars during the daytime. At night, when the Sun is not in our sky, we can see the other stars.

The stars in our sky are called "the Milky Way." Can you guess why?

Match:

1. A star is	heat and light.
2. Stars are	are part of the Milky Way.
3. A star makes	a ball of hot gases.
4. Our Sun	very far away.
5. The stars in our sky	is a star.

Extra: What is the name of the star nearest the Earth?

Figuras en el cielo

Por la noche, el cielo está lleno de estrellas. Puedes ver 2,000 estrellas con tus ojos. Hace mucho tiempo, los hombres les pusieron nombres a grupos de estrellas.

¿Has observado el cielo de noche?
¿Viste estas figuras en las estrellas?

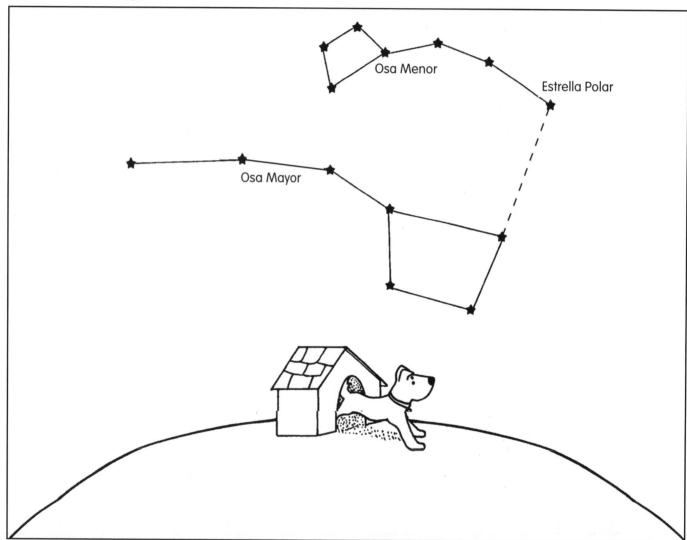

Hace mucho tiempo, los marineros y los viajeros buscaban la Estrella Polar para guiarse.

Extra: Yo puedo encontrar la Osa Mayor en el cielo.

sí
no

 Science Activities • EMC 5306

Sky Pictures

The night sky is full of stars. You can see 2,000 stars with your eyes. Long ago, people gave names to groups of stars.

Have you looked at the night sky?
Did you see these star pictures?

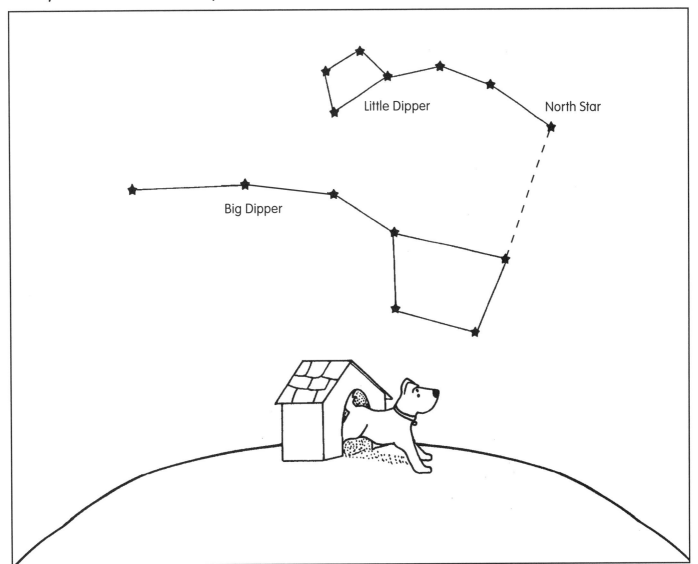

Long ago, sailors and travelers looked for the North Star to guide them.

Extra: I can find the Big Dipper in the sky.   yes
no

Nombre_____

Las constelaciones

Aquí hay algunas de las figuras de estrellas en nuestro cielo:

la reina en su trono (Casiopea)	el dragón (Draco)	el cazador (Orión)
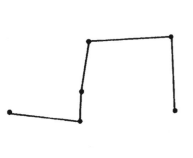	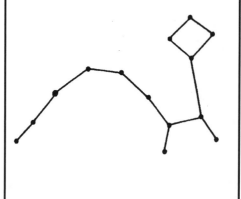	
la Osa Mayor (Ursa Mayor)	el caballo alado (Pegaso)	el cisne (Cygnus)
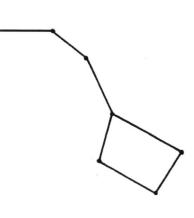	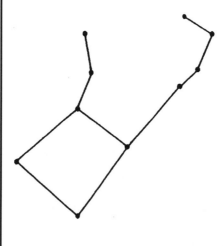	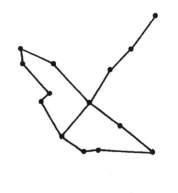

Repasa estas partes de figuras con una crayola negra:

1. ⌐| en Casiopea   4. ▱ en Pegaso

2. ◇ en el dragón   5. ┼ en el cisne

3. ⊢ en Orión   6. ⅄ en la Osa Mayor

Extra: Dibuja la Osa Menor al reverso de esta hoja.

 Science Activities • EMC 5306

Name _____

Constellations

Here are some of the star pictures in our sky:

Queen on a Throne (Cassiopeia)	The Dragon (Draco)	The Hunter (Orion)
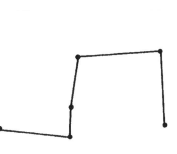	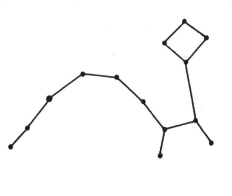	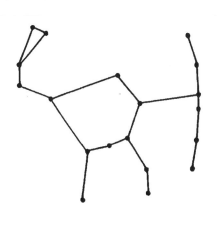
Big Dipper (Ursa Major)	**The Winged Horse (Pegasus)**	**The Swan (Cygnus)**
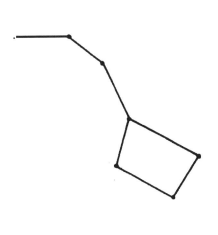	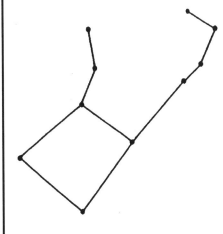	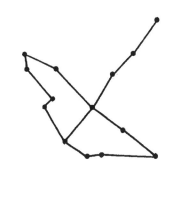

Use a black crayon to trace these parts of the pictures:

1. ⌐| in Cassiopeia   4. ▱ in Pegasus

2. ◇ in the Dragon   5. ┼ in the Swan

3. ⊢ in Orion   6. ⟙ in the Big Dipper

Extra: Draw the Little Dipper on the back of this page.

Cómo centellean

¿Por qué centellean las estrellas? La luz viene de las estrellas en líneas rectas. Cuando la luz llega a la Tierra, choca contra el aire que está alrededor de la Tierra. El aire desvía la luz y la divide. Esta luz dividida nos da la impresión de que las estrellas centellean.

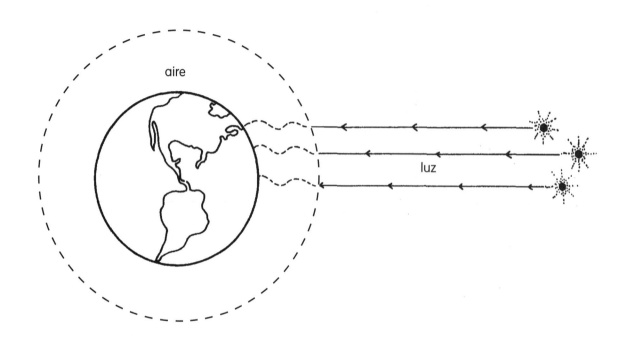

Llena los espacios en blanco:

aire
luz
centellean

1. La Tierra está rodeada de _____.

2. La _____ de las estrellas choca contra el aire.

3. Parece que las estrellas _____.

Extra: Antes de acostarte, mira el cielo y cuenta las estrellas.
¿Cuántas hay? ¿Ninguna, muchas, demasiadas, algunas?

 Science Activities • EMC 5306

Name _____

Twinkle, Twinkle

Why do stars twinkle? Light comes from the stars in straight lines. When the light gets to the Earth, it hits the air that is around the Earth. The air makes the light bend and break apart. This makes the stars look like they twinkle.

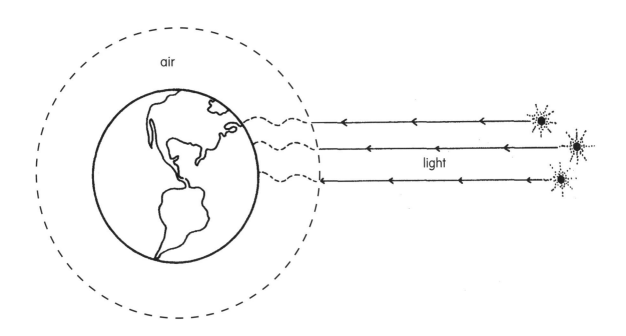

Fill in the blanks:

air
light
twinkle

1. The Earth has _____ around it.

2. The _____ from the stars hits the air.

3. The stars look like they _____ .

Extra: Say "Twinkle, Twinkle, Little Star" to a friend.

 Science Activities • EMC 5306

Nombre_____

¿Qué es?

la luna llena	la luna creciente
el Sol	el dragón
la Tierra	la Osa Mayor

Conecta los números:

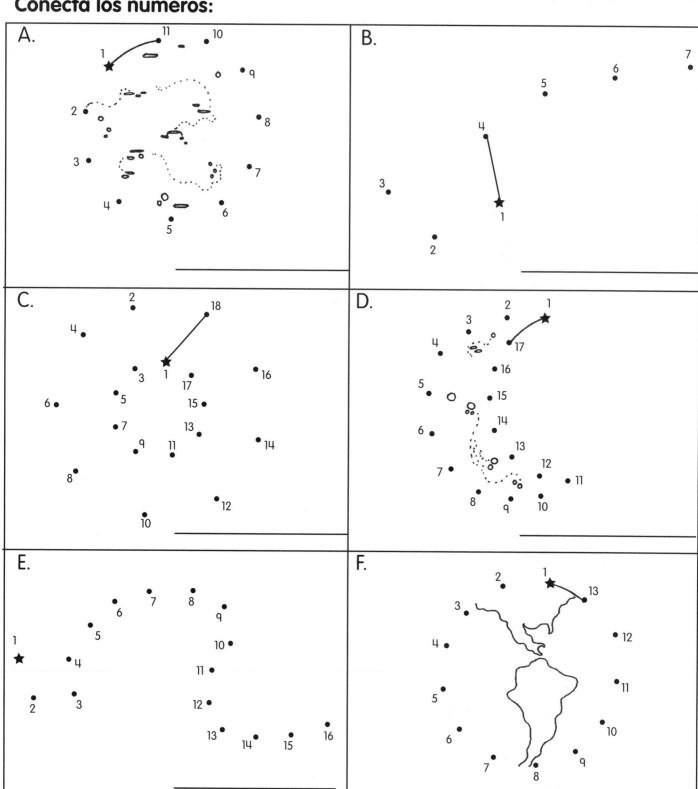

Extra: Colorea el Sol de amarillo y la Tierra de azul y verde.

Science Activities • EMC 5306

Name _____

What Is It?

full moon	crescent moon
Sun	The Dragon
Earth	Big Dipper

Connect the dots:

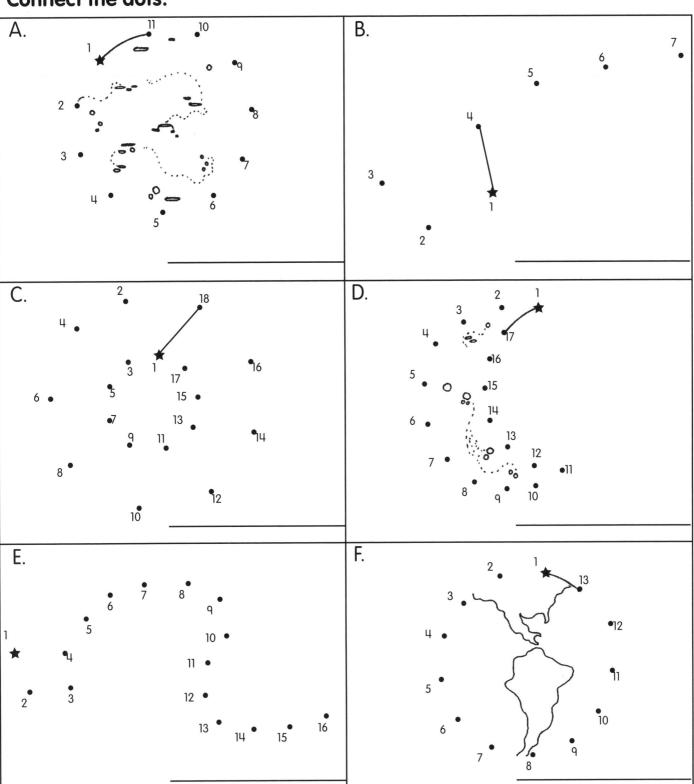

Extra: Color the Sun yellow and the Earth blue and green.

Science Activities • EMC 5306

Nombre_____

la Luna   la Tierra   el día   el cráter

el Sol   las estrellas   la noche   la Osa Mayor

1. Soy una figura de estrellas que ves en la noche.

_____

2. Soy el tiempo cuando el cielo está oscuro.

_____

3. Soy el planeta en el que te encuentras.

_____

4. Soy la estrella que ves durante el día.

_____

5. Soy el tiempo cuando el cielo está iluminado con la luz solar.

_____

6. Soy un hoyo profundo en la Luna.

_____

7. Me verás si observas el cielo por la noche. Soy grande y brillo.

_____

8. Nosotros centelleamos en el cielo durante la noche.

_____

¿Puedes encontrar las respuestas aquí?

```
P E R E T E S T R E L L A S
L U N A L M O S T I E R R A
N O C H E C I E R R A D Í A
B O C R Á T E R R E S S O L
L O M I N S O S A M A Y O R
```

Extra: Inventa una adivinanza sobre las estrellas. Cuéntasela a un amigo.

Name _____

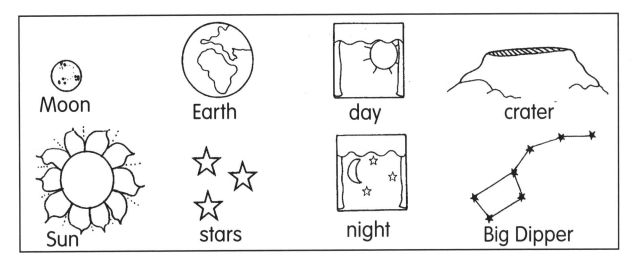

1. I am one of the star pictures you see at night.

_____

2. I am the time when the sky is dark.

_____

3. I am the planet you are on.

_____

4. I am the star you see in the sky all day.

_____

5. I am the time when the sky is full of sunlight.

_____

6. I am a deep hole on the Moon.

_____

7. You will see me if you look in the sky at night. I am big and bright.

_____

8. We twinkle in the sky at night.

_____

Can you find the answers here?

A	N	O	O	N	D	R	A	C
B	I	G	D	I	P	P	E	R
U	G	A	A	S	T	E	A	A
S	H	T	Y	S	U	N	R	T
R	T	M	O	O	N	U	T	E
S	T	A	R	S	T	H	H	R

Extra: Make up a riddle about the stars. Tell it to a friend.

 Science Activities • EMC 5306

Moon Calendar

Materials:
- white paper, 14" x 12"
- ruler
- pencil

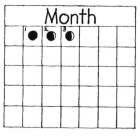

Month

1. Make 5 lines across the paper, 2 inches apart, forming 6 rows.
2. Write the name of the month on the top row.
3. Divide the other 5 rows by drawing 6 vertical lines 2 inches apart.
4. Write the number of each day in a box.
5. Take the paper home. Look at the Moon each night and draw it on your calendar.

Calendario lunar

Materiales:
- papel blanco de 14" x 12"
- regla
- lápiz

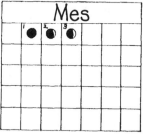

Mes

1. Haz 5 líneas rectas a lo ancho del papel, separadas por dos pulgadas, formando así 6 hileras.
2. Escribe el nombre del mes en la línea superior.
3. Con el lápiz, divide el papel a lo ancho cada dos pulgadas, haciendo 6 líneas verticales.
4. En cada cuadrado escribe el número de cada día.
5. Lleva el papel a tu casa. Cada noche mira la Luna y dibújala en tu calendario.

Reflecting Light

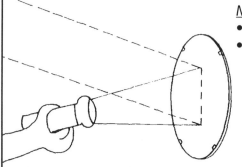

Materials:
- mirror
- flashlight

1. Shut the curtains.
2. Turn off the lights.
3. Turn on the flashlight. Point at the mirror. What happens to the light?

Reflejando la luz

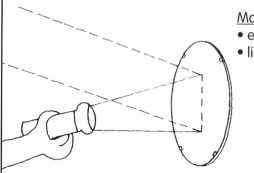

Materiales:
- espejo
- linterna

1. Cierra las cortinas.
2. Apaga las luces.
3. Prende la linterna. Apunta con la luz al espejo. ¿Qué pasa con la luz?

Make a Star Box

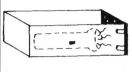

Materials:
- shoebox (cut out one end)
- black paper (same size as the end of the shoebox)
- flashlight
- pencil
- tape

1. Draw a star picture on the black paper. Poke a hole with the pencil each place you made a star.
2. Tape the paper to the open end of the shoebox.
3. Put the flashlight in the box.
4. Close the curtains. Turn on the flashlight. Turn off the classroom lights. Enjoy your star picture.

Extra: Make star pictures using white crayon on black art paper. Hang them up for everyone to see.

Caja de estrellas

Materiales:
- Una caja de zapatos (quítale uno de los lados cortós)
- papel negro (del mismo tamaño de la parte que se cortó de la caja)
- una linterna
- un lápiz
- cinta adhesiva

1. Dibuja una estrella en el papel negro. Haz un agujero con el lápiz en cada lugar que hagas una estrella.
2. Con la cinta adhesiva cierra el lado abierto de la caja.
3. Pon la linterna en la caja.
4. Cierra las cortinas. Prende la linterna. Apaga las luces del salón. Disfruta tu dibujo de estrellas.

Extra: Dibuja estrellas usando una crayola blanca sobre papel de arte negro. Cuélgalo para que todos lo vean.

Science Activities • EMC 5306

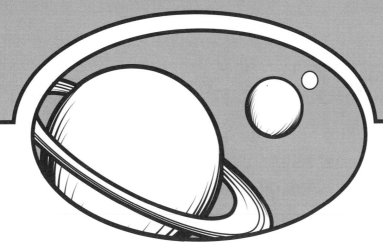

Los planetas

Esta sección contiene 16 páginas en español con actividades e información sobre los planetas en nuestro sistema solar. Se presenta información básica sobre cada uno de los ocho planetas y su relación al Sol. Las actividades se pueden utilizar de las siguientes maneras:

- Con niños de 1er grado, puede dirigir lecciones para grupos pequeños o para toda la clase.

- Con niños de 2º y 3er grado, puede utilizar las actividades para lecciones dirigidas con grupos pequeños o con toda la clase, para actividades independientes en centros, o como trabajo independiente.

Utilice los recursos de su biblioteca y colegio para ampliar el contenido proporcionado en estas páginas.

The Planets

This section contains 16 pages in English with activities and information about the planets in our solar system. It includes basic information on each of the eight planets and their relationship to the Sun. Activities may be used in the following settings:

- With children in 1st grade, use activities for guided lessons with small groups or the whole class.

- With children in 2nd and 3rd grades, use activities for guided lessons with small groups or the whole class, for independent activities in centers, or for independent work.

Use resources from your library and school to expand upon the content presented in these pages.

Nombre_____

¿Qué es un sistema solar?

Un sistema solar tiene muchos elementos.
El Sol está al centro del sistema solar.
Los planetas con sus lunas giran alrededor del Sol.

Pedazos de roca llamados *meteoritos*; enormes pedazos de roca, metal y hielo llamados *asteroides*; y grandes bolas de hielo, gas y roca llamados *cometas* también giran alrededor del Sol.

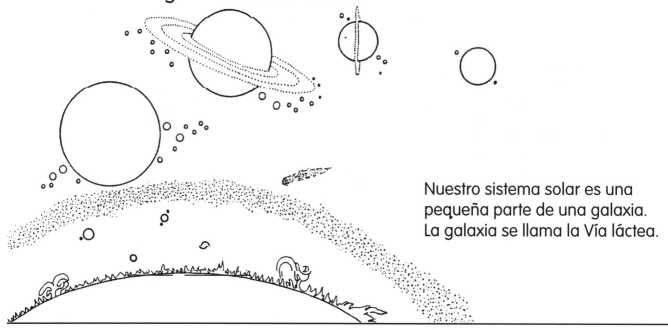

Nuestro sistema solar es una pequeña parte de una galaxia. La galaxia se llama la Vía láctea.

Completa:

1. El _____ está al centro del sistema solar.

2. Los _____ y sus lunas giran alrededor del Sol.

3. La Vía láctea es una _____.

4. Los _____ son enormes pedazos de roca, metal y hielo.

5. Los _____ son bolas de hielo, gas y roca.

Extra: Colorea el Sol amarillo.

Name _____

What Is a Solar System?

A solar system has many parts.
The Sun is the center of the solar system.
Planets with their moons go around the Sun.

Chunks of rock called *meteoroids*; big chunks of rock, metal,
and ice called *asteroids*; and frozen balls of ice, gas, and rock
called *comets* go around the Sun, too.

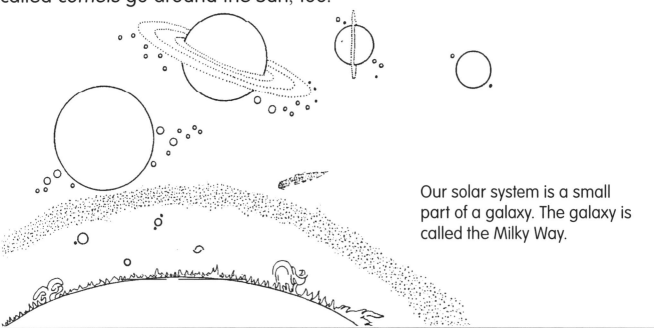

Our solar system is a small
part of a galaxy. The galaxy is
called the Milky Way.

Fill in the blanks:

1. The _____ is the center of the solar system.

2. _____ and their moons go around the Sun.

3. The Milky Way is a _____ .

4. _____ are big chunks of rock, metal, and ice.

5. _____ are frozen balls of ice, gas, and rock.

Extra: Color the Sun yellow.

 Science Activities • EMC 5306

Los planetas

Hay ocho planetas en nuestro sistema solar.
Algunos son grandes, otros son pequeños.
Algunos están cerca del Sol. Otros están muy lejos.

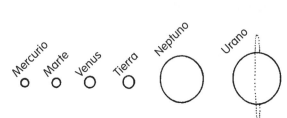 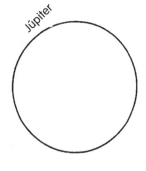

**Los planetos desde los más pequeños
hasta los más grandes.**

Los planetas se mueven de dos maneras diferentes.

Ellos giran alrededor del Sol.
Cada planeta sigue su propia
órbita, o recorrido.

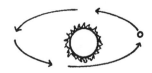

Los planetas también dan
vueltas como un trompo.

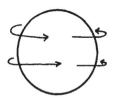

Anota los planetas que son más
pequeños que la Tierra.

_____

_____

_____

Anota los planetas que son más
grandes que la Tierra.

_____

_____

_____

_____

Extra: Marca con **X** el planeta más pequeño.
Colorea el planeta más grande.

 Science Activities • EMC 5306

Name _____

The Planets

There are eight planets in our solar system.
Some are large. Some are small.
Some are close to the Sun. Some are very far away.

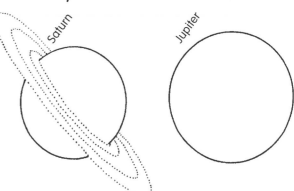

The planets from smallest to largest.

Planets move in two ways.

They move around the Sun.
Each planet travels along
its own orbit, or path.

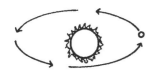

Planets also spin around like a top.

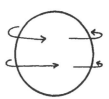

List the planets that are
smaller than Earth.

_____

_____

_____

List the planets that are
bigger than Earth.

_____

_____

_____

Extra: Put an **X** on the smallest planet.
Color the biggest planet.

Maestro(a): Explique que un año es el tiempo que toma un planeta en dar la vuelta alrededor del Sol. Un día es el tiempo que toma un planeta en girar sobre su eje.

Nombre_____

Mercurio

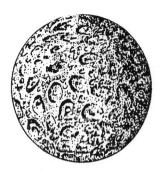

- el planeta más cercano al Sol

- está a 36 millones de millas de distancia del Sol

- no tiene lunas

Mercurio es un pequeño planeta rocoso. Es muy caliente. Tiene una superficie polvorienta cubierta de hoyos redondos llamados *cráteres*. Mercurio se parece mucho a nuestra luna.

Un año en Mercurio dura 88 días. Un día en Mercurio dura como 59 días en la Tierra.

¿Sí o no?

1. Mercurio gira alrededor del Sol en 88 días. _____

2. Mercurio tiene 3 lunas. _____

3. Mercurio es un planeta rocoso y caliente. _____

4. Mercurio se parece a la Tierra. _____

5. Los cráteres son hoyos redondos. _____

Extra: Busca Mercurio y márcalo con una **X**.

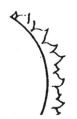   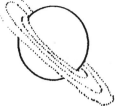

 Science Activities • EMC 5306

Name _____

Mercury

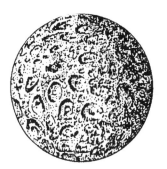

- the planet closest to the Sun
- 36 million miles away from the Sun
- it has no moons

Mercury is a small, rocky planet. It is very hot. It has a dusty surface filled with round holes called craters. Mercury looks a lot like Earth's moon.

A year is 88 days long on Mercury. One day on Mercury is as long as 59 days on Earth.

Yes or No?

1. Mercury goes around the Sun in 88 days.   _____

2. Mercury has three moons.   _____

3. Mercury is rocky and hot.   _____

4. Mercury looks like Earth.   _____

5. Craters are round holes.   _____

Extra: Find Mercury. Put an **X** on it.

   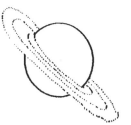

               Science Activities • EMC 5306

Nombre_____

Venus

- el segundo planeta a partir del Sol
- está a 67 millones de millas de distancia del Sol
- no tiene lunas

Puedes ver a Venus brillando en el cielo de noche. Venus es casi tan grande como la Tierra. Es un planeta muy seco donde hace mucho calor. Tiene montañas muy altas y valles profundos. Tiene espesas nubes amarillas. Vientos fuertes mueven las nubes.

Un año en Venus dura 225 días.
Un día dura coma 243 días en la Tierra.

Completa:

1. Venus _____ tiene lunas.

2. Espesas _____ amarillas cubren Venus.

3. Venus es casi tan grande como la _____.

4. _____ fuertes mueven las nubes.

5. Venus brilla por la _____ en el _____.

Extra: Busca a Venus. Márcalo con un círculo.

 Science Activities • EMC 5306

Name _____

Venus

- the second planet from the Sun
- 67 million miles away from the Sun
- it has no moons

You can find Venus shining in the night sky. Venus is almost as big as Earth. It is a dry, hot planet. It has some tall mountains and deep valleys. It has thick, yellow clouds. Strong winds blow the clouds around.

A year on Venus is 225 days long.
One day is as long as 243 Earth days.

Fill in the blanks:

1. Venus has _____ moons.

2. Thick, yellow _____ cover Venus.

3. Venus is almost as big as _____.

4. Strong _____ blow the clouds around.

5. Venus shines in the _____ at _____.

Extra: Find Venus. Put a ring around it.

     Science Activities • EMC 5306

Nombre_____

Tierra

- el tercer planeta a partir del Sol
- está a 93 milliones de millas de distancia del Sol
- tiene una luna

La Tierra es una bola de roca casi cubierta por océanos. No hace ni demasiado calor ni demasiado frío. La temperatura es perfecta para la vida humana y también para las plantas y los animales.

Vista desde el espacio, la Tierra se parece a un globo azul rodeado de nubes blancas. Debajo de las nubes, se puede ver el azul de los océanos y la tierra verde y color café.

Un año en la Tierra dura 365 días.
Un día dura 24 horas.

Busca la frase que completa la oración:

1. La Tierra es una bola de roca   se llama Tierra.

2. En la Tierra no hace demasiado calor   365 días.

3. La Tierra está a 93 millones de millas   casi cubierta por océanos.

4. El tercer planeta a partir del Sol   de destancia del Sol.

5. Un año en la Tierra dura   ni demasiado frío.

Extra: Busca la Tierra y traza un cuadrado alrededor de ella.

   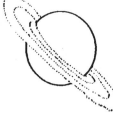

Name _____

Earth

- the third planet from the Sun

- 93 million miles from the Sun

- it has one moon

The Earth is a ball of rock almost covered by oceans. It is not too hot and it is not too cold. It is just right for us to live. It is just right for the plants and animals, too.

From space, Earth looks like a blue ball covered with white clouds. Under the clouds you can see blue oceans and brown and green land.

A year on Earth is 365 days long.
One day is 24 hours long.

Match:

1. Earth is a ball of rock

2. The Earth is not too hot

3. Earth is 93 million miles

4. The third planet from the Sun

5. An Earth year is

is called Earth.

365 days long.

almost covered by oceans.

from the Sun.

or too cold.

Extra: Find Earth. Make a box around it.

   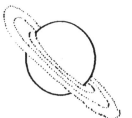

 Science Activities • EMC 5306

Nombre_____

Marte

- el cuarto planeta a partir del Sol
- está a 67 millones de millas de distancia del Sol
- no tiene lunas

Marte es un desierto excepto sus dos polos, que están cubiertos de hielo. Tiene montañas altas y cañones hondos. Su tierra está llena de herrumbre. Esto le da su color rojizo. Vientos muy fuertes levantan nubes de polvo rojo. Esto le da al cielo un color rosado. Hace mucho frío por la noche.

Un año en Marte dura 687 días.
Un día dura 24½ horas.

¿Sí o no?

1. Hay mucha agua en Marte.

_____

2. Marte es el cuarto planeta a partir del Sol.

_____

3. Marte tiene un aspecto rojizo.

_____

4. Hay vientos muy fuertes en Marte.

_____

5. El cielo en Marte es verde.

_____

Extra: Busca y colorea Marte de color rojo.

   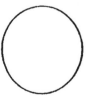 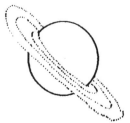

 Science Activities • EMC 5306

Name _____

Mars

- the fourth planet from the Sun
- 141 million miles from the Sun
- it has 2 moons

Mars is a desert except for the ice caps at each end of the planet. It has tall mountains and deep canyons. The soil is full of rust. It looks red. Strong winds blow up big storms of the red dust. This makes the sky look pink. The nights are very cold on Mars.

A year on Mars is 687 days long.
One day is 24½ hours long.

Yes or No?

1. There is a lot of water on Mars. _____

2. Mars is the fourth planet from the Sun. _____

3. Mars looks red. _____

4. There are windstorms on Mars. _____

5. The sky on Mars is green. _____

Extra: Find Mars. Color it red.

     Science Activities • EMC 5306

Nombre_____

Júpiter

- el quinto planeta a partir del Sol

- está a 483 millones de millas de distancia del Sol

- tiene por lo menos 63 lunas

Júpiter es el planeta más grande del sistema solar. Es una gigantesca bola de gas con un centro de roca. Nadie ha visto nunca la superficie de Júpiter. Está cubierta de nubes espesas. Las nubes son amarillas, cafés, rojas, anaranjadas y blancas. Vientos fuertes levantan las nubes. Es extremadamente frío arriba de las nubes. Es muy caliente en el centro del planeta. Hay una mancha muy grande de color rojo en Júpiter. Los científicos piensan que es una tempestad gigante.

Un año en Jupiter dura 12 años en la Tierra.
Un día dura casi 10 horas.

Completa las frases:

1. Júpiter está cubierto de _____.

2. Está a _____ millones de millas de distancia del Sol.

3. Júpiter es una bola gigante de _____ con una _____ en su centro.

4. Júpiter es el _____ planeta a partir del Sol.

5. _____ es el planeta más grande.

Extra: Busca y colorea Júpiter.

Name _____

Jupiter

- the fifth planet from the Sun

- 483 million miles from the Sun

- it has at least 63 moons

Jupiter is the biggest planet in the solar system. It is a giant ball of gas with a rocky center. It is covered by thick clouds. The clouds are yellow, tan, red, orange, and white. Strong winds blow the clouds around. It is freezing cold above the clouds. It is boiling hot at the center of Jupiter. There is a large red spot on Jupiter. Scientists think it is a giant storm.

A year on Jupiter is as long as 12 years on Earth.
One day is almost 10 hours long.

Fill in the blanks:

1. Jupiter is covered by _____.

2. It is _____ million miles from the Sun.

3. Jupiter is a giant ball of _____ with a _____ center.

4. Jupiter is the _____ planet from the Sun.

5. _____ is the biggest planet.

Extra: Find Jupiter. Color it.

   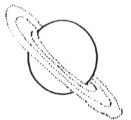

Science Activities • EMC 5306

Nombre_____

Saturno

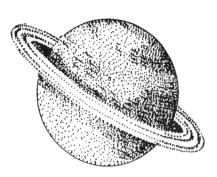

- el sexto planeta a partir del Sol
- está a 886 millones de millas de distancia del Sol
- tiene por lo menos 56 lunas

Saturno es una gigantesca bola de gas colorido con un centro rocoso. Los científicos creen que la superficie no es sólida.

Saturno tiene muchos hermosos anillos. Los anillos están hechos de pedazos de hielo y roca que giran alrededor del planeta. Es extremadamente frío arriba de las nubes. El centro de Satuno es muy caliente.

Un año en Saturno dura 30 años en la Tierra.
Un día dura 10½ horas.

Busca las frase que completa la oración:

1. Los anillos están hechos de

2. Saturno está a 886 millones de millas

3. Saturno tiene por lo menos

4. Saturno es muy caliente

5. Saturno es una gigantesca bola

de distancia del Sol.

en su centro.

pedazos de hielo y de roca.

de gas colorido.

56 lunas.

Extra: Busca Saturno y colorea sus anillos.

Science Activities • EMC 5306

Name _____

Saturn

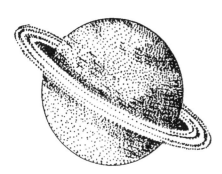

- the sixth planet from the Sun
- 886 million miles from the Sun
- at least 56 moons

Saturn is a giant ball of colored gas with a rocky center. No one has seen below its cover of haze and clouds. Scientists don't think it has a solid surface.

Saturn has many pretty rings around it. The rings are made out of bits of ice and rock that go around the planet. Saturn is freezing cold above the clouds. It is very hot at its center.

A year on Saturn is as long as 30 years on Earth.
A day is only 10½ hours long.

Match:

1. The rings are made out of   from the Sun.

2. Saturn is 886 million miles   at the center of the planet.

3. Saturn has at least   bits of ice and rock.

4. It is very hot   of colored gas.

5. Saturn is a giant ball   56 moons.

Extra: Find Saturn. Trace the rings.

   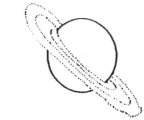

273   Science Activities • EMC 5306

Nombre_____

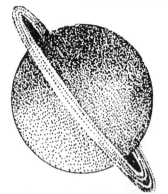

Urano

- el séptimo planeta a partir del Sol
- 1,779 mil millones de millas de distancia del Sol
- tiene por lo menos 27 lunas

Urano es una gigantesca bola de gas con un centro rocoso. Tiene anillos. Los anillos son finos y oscuros. Urano se ve de un color azul-verdoso. Una niebla muy densa cubre el planeta.

Urano está inclinado sobre un lado. Viaja alrededor del Sol como una bola que rueda.

Urano   Tierra

Un año en Urano dura 84 años en la Tierra.
Un día dura 17 horas.

¿Sí o no?

1. Urano se parece a la Tierra.   _____

2. Está a 79 millones de millas de distancia del Sol.   _____

3. Alrededor de Urano hay anillos.   _____

4. Los anillos son rojos y anaranjados.   _____

5. Urano está inclinado sobre un lado.   _____

Extra: Busca Urano. Dibuja un anillo negro alrededor de él.

   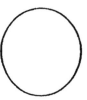 

                   Science Activities • EMC 5306

Name _____

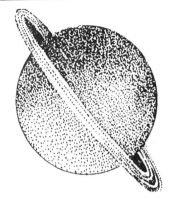

Uranus

- the seventh planet from the Sun
- 1 billion 779 million miles from the Sun
- at least 27 moons

Uranus is a giant gas ball with a rocky center. It has rings. The rings are thin and dark. Uranus looks blue-green. A thick haze covers the planet.

Uranus tilts over on its side. It moves around the Sun like a rolling ball.

 Uranus   Earth

One year on Uranus is as long as 84 years on Earth.
One day is over 17 hours long.

Yes or No?

1. Uranus looks like Earth.   _____

2. It is 79 million miles from the Sun.   _____

3. Uranus has rings around it.   _____

4. The rings are red and orange.   _____

5. Uranus tilts over on its side.   _____

Extra: Find Uranus. Put a black ring around it.

   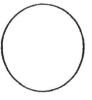 

                   Science Activities • EMC 5306

Nombre_____

El planeta mas lejano

A Neptuno lo descubrieron en 1846. Esta muy lejos. Se encuentra a más de 2 mil millones de millas de la Tierra. Esta tan alejado que los científicos no lo pudieron encontrar con un telescopio. ¡Tuvieron que usar las matemáticas para encontrarlo!

Los científicos observaron que Urano tenía una orbita irregular. Esto indicaba que había otro planeta muy cerca. Los científicos crearon un problema matemático para resolver dónde debería estar ese planeta misterioso. Entonces, exploraron esa parte del cielo y descubrieron. ¡El último planeta de nuestro sistema solar!

Traza una línea de color rojo sobre la orbita de Urano.
Usa el color azul para colorear a Neptuno.

Science Activities • EMC 5306

Name _____

The Last Planet

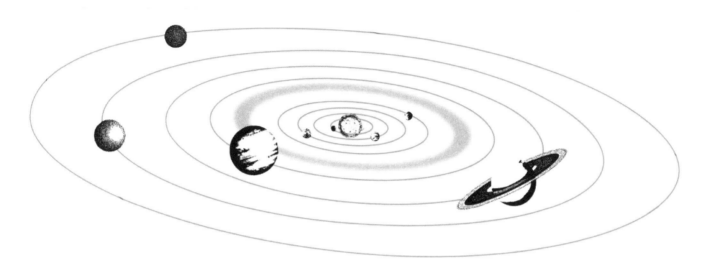

Neptune was discovered in 1846. It is very far away. It is over 2 billion miles from the Earth. It is so distant that scientists didn't spot it with a telescope. They had to use math to find Neptune!

Scientists noticed that Uranus had a strange orbit. That meant that another planet was probably close by. Scientists made a math problem to figure out where the mystery planet should be. Then they searched that part of the sky. The last planet in our system was discovered!

Trace Uranus's orbit with red.
Color Neptune blue.

       Science Activities • EMC 5306

Nombre_____

Neptuno

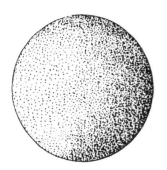

- el octavo planeta a partir del Sol

- está a 2 mil 790 millones de millas del Sol

- tiene por lo menos 13 lunas

Neptuno es una bola enorme de gas con un centro de roca y hierro. Este planeta tiene anillos delgados a su alrededor. Neptuno parece tener un color azul y es muy frío. El planeta está cubierto con nubes.

Neptuno es el planeta con más vientos. Los vientos en Neptuno soplan hasta 1,200 millas por hora (2,000 kilómetros por hora). ¿Qué tan rápido es esto? Un carro el la autopista va a 60 millas por hora (97 kilómetros por hora).

Un año en Neptuno es tan largo como 164 años en la Tierra. Un día dura cerca de 16 horas.

Traza una línea para conectar las dos frases que van juntas:

1. Neptuno tiene por lo menos   un color azul.

2. Un día en Neptuno dura   soplan hasta 1,200 millas por hora.

3. La distancia entre Neptuno y el Sol   13 lunas.

4. Los vientos en Neptuno   es casi de 3 mil millones de millas.

5. Neptuno tiene   16 horas.

Extra: Busca y marca Neptuno con una **X**.

Science Activities • EMC 5306

Name _____

Neptune

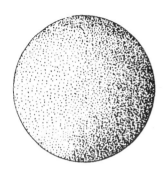

- the eighth planet from the Sun

- 2 billion 790 million miles from the Sun

- at least 13 moons

Neptune is a large ball of gas with a center of rock and iron. It has thin rings around it. Neptune looks bluish. It is very cold. The planet is covered with clouds.

Neptune is the windiest planet. Winds blow up to 1,200 miles per hour (2,000 kilometers per hour) on Neptune. How fast is that? A car on the highway goes about 60 miles per hour (97 kilometers per hour).

One year on Neptune is as long as 164 years on Earth. One day is about 16 hours long.

Match:

1. Neptune has at least   bluish in color.

2. A day on Neptune is   blow up to 1,200 miles per hour.

3. Neptune is almost 3 billion miles   13 moons.

4. Winds on Neptune   from the Sun.

5. Neptune looks   16 hours long.

Extra: Find Neptune. Put an **X** on it.

         Science Activities • EMC 5306

Nombre_____

Atravesando el sistema solar

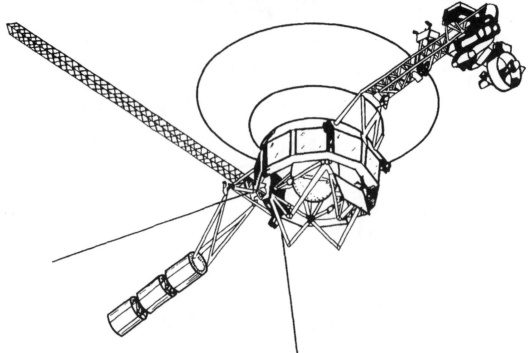

En 1977 unas naves espaciales partieron de la Tierra. Las naves Voyager 1 y Voyager 2 fueron enviados al espacio para recoger información sobre los planetas más lejanos. Los científicos aprendieron nuevos datos sobre los planetas al estudiar los mensajes y las fotografías enviados a Tierra.

Desde esa fecha, se han lanzado muchas otras naves al espacio. Algunas han atravesado el sistema solar. Otras han sido enviadas a un planeta en particular para realizar una investigación especial.

Completa:

1. Voyager 1 y Voyager 2 son _____.

2. Partieron de la Tierra en _____.

3. Enviaron _____ y _____ de los planetas.

4. _____ estudian la información enviada.

5. Mucha otras _____ se han lanzando al espacio.

 Science Activities • EMC 5306

Name _____

Across the Solar System

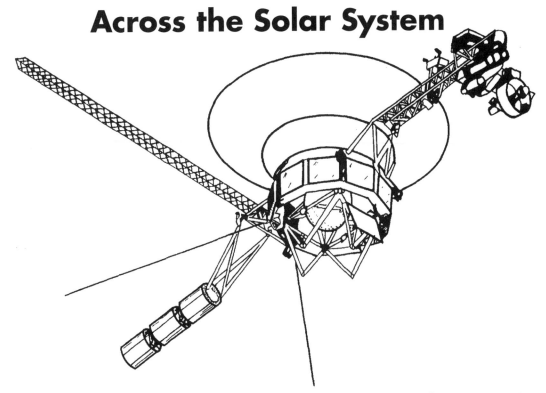

In 1977 some special spaceships left Earth. Voyager 1 and Voyager 2 were sent into space to get information about the far-off planets. Scientists learned many new facts about the planets by studying the messages and pictures sent back to Earth.

Since that time, many other probes have been sent into space. Some have traveled across the solar system. Some have been sent to one planet to do a special job.

Fill in the blanks:

1. Voyager 1 and Voyager 2 are _____ .

2. They left Earth in _____ .

3. They sent back _____ and _____ of the planets.

4. _____ study the information that is sent back by these probes.

5. Many other _____ have been sent into space.

Maestro(a): El tamaño relativo de los planetas no representa la relación exacta entre ellos.
Los niños necesitan cartulina de 12″ x 18″, cortada por la mitad a lo largo luego:

1. Pegan los dos mitades.

2. Dibujan al Sol en un extremo.

3. Colorean, recortan y pegan los planetas en orden de su distancia del Sol.

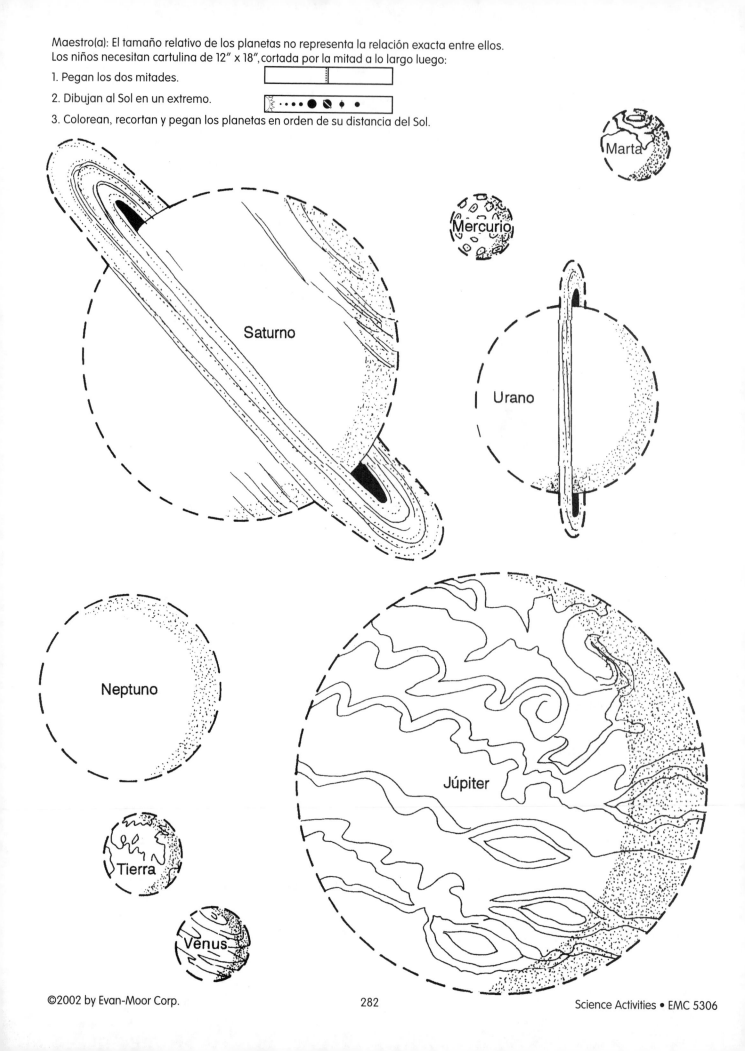

Marta

Mercurio

Saturno

Urano

Neptuno

Júpiter

Tierra

Venus

Science Activities • EMC 5306

Teacher: Sizes do not represent accurate relationships between the planets.
Children will need a 12" x 18" sheet of construction paper cut in half the long way.

1. Paste the 2 halves together.

2. Draw the Sun at one end.

3. Color, cut out, and paste the planets in order from the Sun.

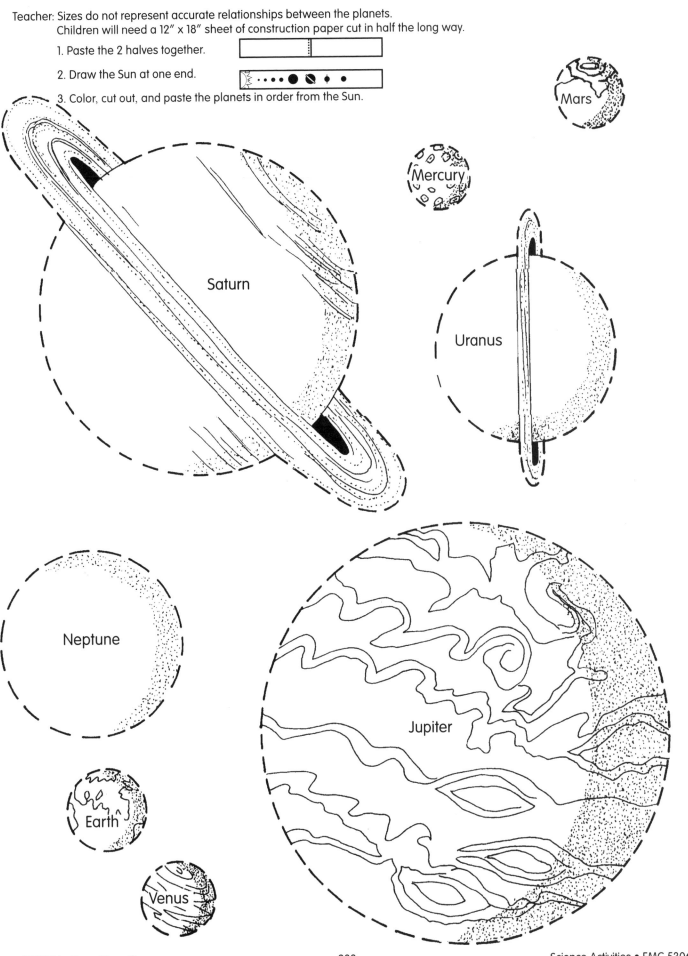

Science Activities • EMC 5306

Nombre_____

Busca el lugar misterioso

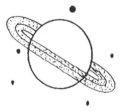

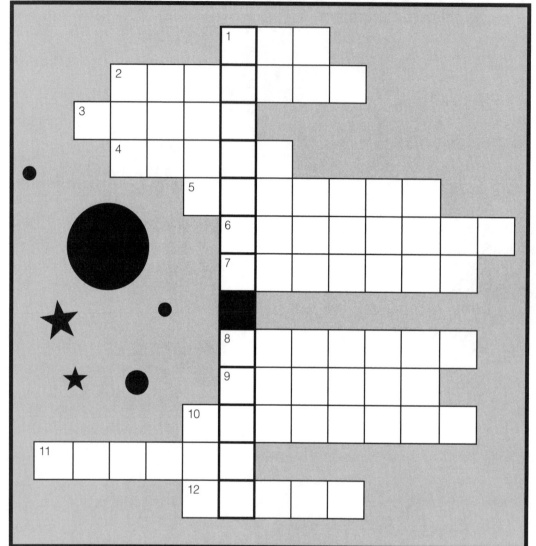

Palabras

anillos
Júpiter
Marte
Mercurio
Neptuno
órbita
planetas
Saturno
Sol
Tierra
Urano
Venus

1. Todos los planetas giran alrededor del _____.

2. El planeta más grande es _____.

3. El segundo planeta a partir del Sol es _____.

4. El planeta que es rojo es _____.

5. _____ es de color verdoso.

6. El planeta más cerca del Sol es _____.

7. Saturno tiene muchos hermosos _____.

8. El planeta con 56 lunas se llama _____.

9. Cada planeta sigue su propia recorrido, o _____.

10. La Tierra, Neptuno, y Urano son _____.

11. Vivimos en el planeta _____.

12. El planeta inclinado sobre un lado es _____.

Escribe la palabra misteriosa aquí:

| | | | | | | | | |

| | | | |

Name _____

Find the Mystery Place

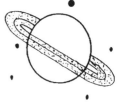

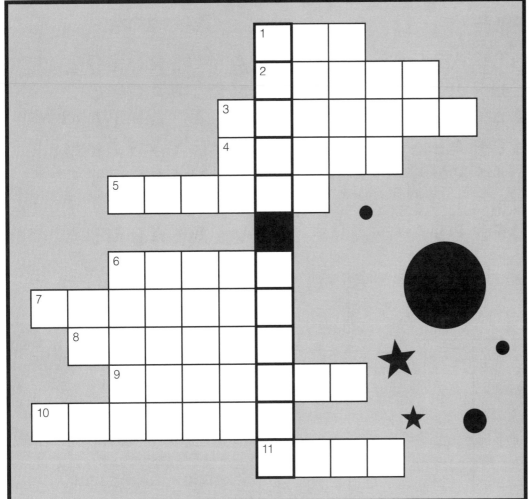

Word Box

Earth
Jupiter
Mars
Mercury
Neptune
orbit
planets
Saturn
Sun
Uranus
Venus

1. All the planets go around the _____.

2. Each planet travels around the Sun on its own path, or _____.

3. Earth, Neptune, and Mars are all _____.

4. We live on the planet _____.

5. The planet with the most rings is _____.

6. The second planet from the Sun is _____.

7. The planet closest to the Sun is _____.

8. The planet that tilts over on its side is _____.

9. The largest planet is _____.

10. A large, cold planet 2 billion 790 million miles from the Sun is _____.

11. The planet that looks red is _____.

Write the mystery place here:

Science Activities • EMC 5306

Nombre_____

Busca las palabras escondidas

Los planetas

```
S P L A N E T A S G
A M E R C U R I O A
T I E R R A L M V L
U R A N O D B A E A
R J Ú P I T E R N S
N E P T U N O T U E
O P U L O T N E S A
```

El espacio

```
T A S T E R O I D E
Á N E S P A C I O C
E I G A L A X I A O
V L V O Y A G E R M
Ó L U N A R S O L E
R Ó R B I T A X J T
B V Í A L Á C T E A
```

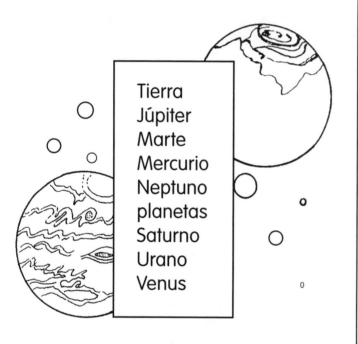

Tierra
Júpiter
Marte
Mercurio
Neptuno
planetas
Saturno
Urano
Venus

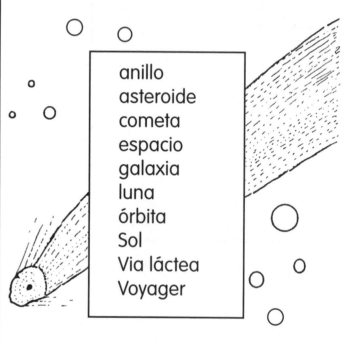

anillo
asteroide
cometa
espacio
galaxia
luna
órbita
Sol
Via láctea
Voyager

Extra: Escribe los nombres de los planetas en orden de distancia del Sol.

1. _____   5. _____

2. _____   6. _____

3. _____   7. _____

4. _____   8. _____

Find the Hidden Words

Planets

```
P V E N U S K Y U
U I V E A R T H R
L J U P I T E R A
O S A T U R N O N
T U T U M A R S U
P L A N E T S I S
H A M E R C U R Y
```

Out in Space

```
C V O Y A G E R G
O U R S P A C E A
M O B U M O O N L
E R I N G A X J A
T O T O P X P Z X
U M I L K Y W A Y
M A S T E R O I D
```

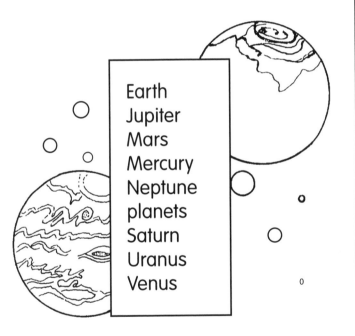

Earth
Jupiter
Mars
Mercury
Neptune
planets
Saturn
Uranus
Venus

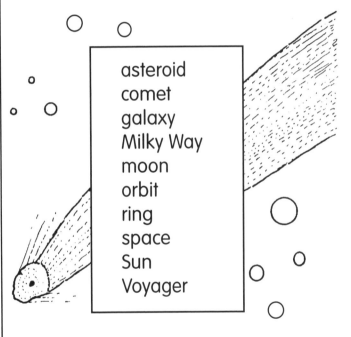

asteroid
comet
galaxy
Milky Way
moon
orbit
ring
space
Sun
Voyager

Extra: Write the names of the planets in order from the Sun.

1. _____   5. _____

2. _____   6. _____

3. _____   7. _____

4. _____   8. _____

     Science Activities • EMC 5306

Which Planet Am I?

Materials:
- 2 circles with a diameter of 8¼" cut from tagboard (for book covers)
- crayons, colored pencils, or markers
- writing paper cut into circles with a diameter of 8¼" (1 per student)
- single-hole punch
- yarn or shoelace

To make a class book of riddles:

1. Have volunteers color the tagboard circles to look like a planet.

2. Work with students to brainstorm riddles about objects in our solar system.

3. Have students choose a riddle to write on the writing paper circles.
   They can write the answer on the reverse side.

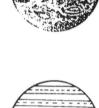

4. Place the completed pages between the tagboard covers and punch 2 holes in them. Use the yarn or shoelace to tie the book together.

5. Share the book with the class, then place it in the class library or reading center.

¿Qué planeta soy?

Materiales:
- 2 círculos de cartulina con diámetro de 8¼" (para cubiertas del libro)
- crayolas, lápices de colores, o marcadores
- papel para escribir recortado en círculo con diámetro de 8¼" (1 por estudiante)
- perforador
- estambre o cinta para zapatos

Para hacer un libro de adivinanzas:

1. Invite a voluntarios a colorear los círculos de cartulina como planetas para las cubiertas.

2. Ayude a los estudiantes a pensar en adivinzas sobre los planetas y el sistema solar.

3. Pide que cada estudiante escriba una adivinza en uno de los círculos de papel para escibir. Pueden anotor la respuesta al reverso.

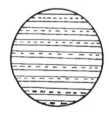

4. Coloque las páginas terminadas entre las cubiertas, y después haga 2 agujeros con el perforador. Use el estambre o la cinta para sujetar el libro.

5. Lea el libro con la clase, y después colóquelo en su biblioteca o centro de lectura.

Answer Key

Page 2

Page 3

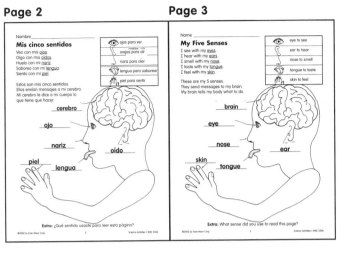

Page 4

Page 5

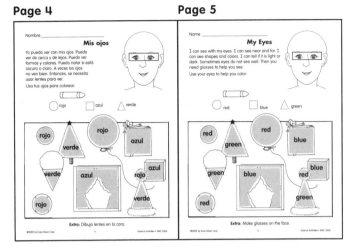

Page 6

Page 7

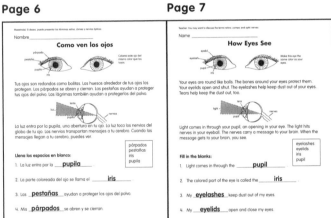
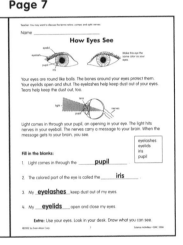

Page 8

Page 9

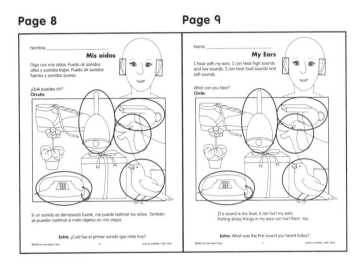

Page 10

Page 11

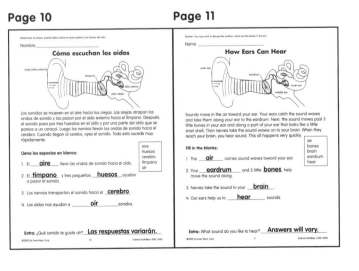

Page 12

Page 13

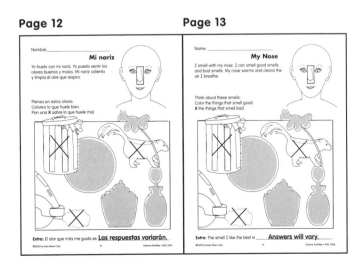

Page 14

Maestra/o: Si tienes, puede hablar sobre los términos olfatorio y moléculas

Nombre_____

Cómo puede oler una nariz

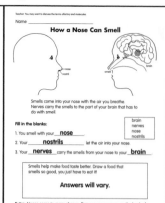

nariz
fosas nasales — cerebro

Los olores llegan a la nariz con el aire que respiras.
Los nervios llevan los olores hacia la parte de tu cerebro que tiene que ver con el olfato.

Llena los espacios en blanco:

| cerebro |
| nervios |
| nariz |
| fosas nasales |

1. Tú hueles con tu **nariz**.

2. El aire entra a tu nariz por las **fosas nasales**.

3. Los **nervios** llevan los olores de la nariz hacia tu **cerebro**.

Los olores ayudan a la comida a tener mejor sabor. Dibuja una comida que huele tan rica ¡Que lo tienes que comer!

Las respuestas variarán.

Extra: Hay narices de diferentes formas. Dibuja tu nariz al reverso de esta página.

©2002 by Evan-Moor Corp.

Page 15

Teacher: You may want to discuss the terms olfactory and molecules

Name _____

How a Nose Can Smell

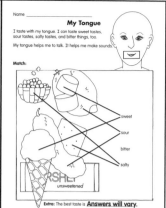

nose
nostrils — brain

Smells come into your nose with the air you breathe.
Nerves carry the smells to the part of your brain that has to do with smell.

Fill in the blanks:

| brain |
| nerves |
| nose |
| nostrils |

1. You smell with your **nose**.

2. Your **nostrils** let the air into your nose.

3. Your **nerves** carry the smells from your nose to your **brain**.

Smells help make food taste better. Draw a food that smells so good, you just have to eat it!

Answers will vary.

Extra: Noses come in many shapes. Draw your own nose on the back of this paper.

©2002 by Evan-Moor Corp.

Page 16

Nombre _____

Mi lengua

Saboreo con mi lengua. Puedo saborear cosas dulces, ácidas, saladas y también cosas amargas.

Mi lengua me ayuda a hablar. Me ayuda a producir los sonidos.

Conecta la comida con su sabor:

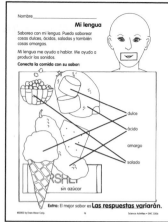

dulce
ácido
amargo
salado

Extra: El mejor sabor es **Las respuestas variarán.**

Page 17

Name _____

My Tongue

I taste with my tongue. I can taste sweet tastes, sour tastes, salty tastes, and bitter things, too.

My tongue helps me to talk. It helps me make sounds.

Match:

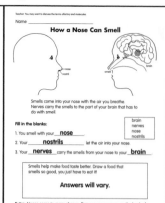

sweet
sour
bitter
salty

Extra: The best taste is **Answers will vary.**

Page 18

Nombre_____

Cómo siente sabores la lengua

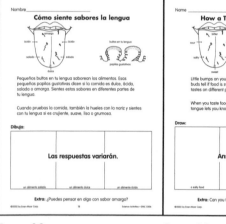

amargo
ácido — ácido
salado — salado
dulce

bultos en tu lengua
papilas gustativas

Pequeños bultos en tu lengua saborean los alimentos. Esas pequeñas papilas gustativas dicen si la comida es dulce, ácida, salada o amarga. Sientes estos sabores en diferentes partes de tu lengua.

Cuando pruebas la comida, también hueles con tu nariz y sientes con tu lengua si es crujiente, suave, lisa o grumosa.

Dibuja:

Las respuestas variarán.

| un alimento salado | un alimento dulce | un alimento ácido |

Extra: ¿Puedes pensar en algo con sabor amargo?

©2002 by Evan-Moor Corp.

Page 19

Name _____

How a Tongue Tastes Flavors

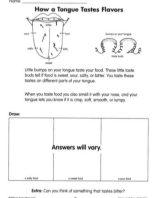

bitter
sour —
salty —
sweet

bumps on your tongue
taste buds

Little bumps on your tongue taste your food. These little taste buds tell if food is sweet, sour, salty, or bitter. You taste these tastes on different parts of your tongue.

When you taste food you also smell it with your nose, and your tongue lets you know if it is crisp, soft, smooth, or lumpy.

Draw:

Answers will vary.

| a salty food | a sweet food | a sour food |

Extra: Can you think of something that tastes bitter?

©2002 by Evan-Moor Corp.

Page 20

Nombre _____

Mi piel

Yo siento con mi piel. Puedo sentir el calor y el frío. Puedo sentir lo duro y lo suave. Puedo decir si algo es áspero, liso, mojado, seco o pegajoso.

¿Cómo se sienten estos objetos?
Conéctalos a la palabra correcta:

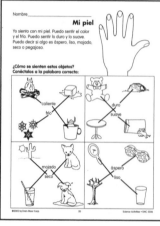

caliente
frío
duro
suave
mojado
seco
áspero
liso

Page 21

Name _____

My Skin

I feel with my skin. I can feel hot and cold. I can feel hard and soft. I can tell if something is rough, smooth, wet, dry, or sticky.

How do these things feel?
Match them to the right word:

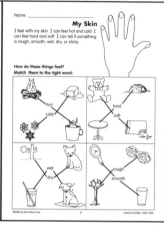

hot
cold
hard
soft
wet
dry
rough
smooth

Page 22

Nombre_____

Cómo puede sentir la piel

Tú tienes células que te ayudan a sentir.

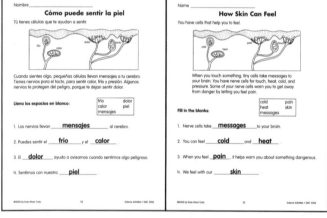

frío   calor   dolor   piel

Cuando sientes algo, pequeñas células llevan mensajes a tu cerebro. Tienes nervios para el tacto, para sentir calor, frío y presión. Algunos nervios te protegen del peligro, porque te dejan sentir dolor.

Llena los espacios en blanco:

frío	dolor
calor	piel
mensajes	

1. Los nervios llevan **mensajes** al cerebro.

2. Puedes sentir el **frío** y el **calor**.

3. El **dolor** ayuda a avisarnos cuando sentimos algo peligroso.

4. Sentimos con nuestra **piel**.

©2002 by Evan-Moor Corp.

Page 23

Name _____

How Skin Can Feel

You have cells that help you to feel.

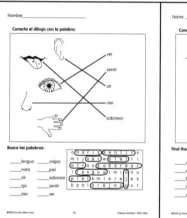

cold   heat   pain   skin

When you touch something, tiny cells take messages to your brain. You have nerve cells for touch, heat, cold, and pressure. Some of your nerve cells warn you to get away from danger by letting you feel pain.

Fill in the blanks:

cold	pain
heat	skin
messages	

1. Nerve cells take **messages** to your brain.

2. You can feel **cold** and **heat**.

3. When you feel **pain**, it helps warn you about something dangerous.

4. We feel with our **skin**.

©2002 by Evan-Moor Corp.

Page 24

Nombre_____

Conecta el dibujo con la palabra:

ver
sentir
oír
oler
saborear

Busca las palabras:

____lengua   ____orejas
____nariz   ____piel
____oír   ____saborear
____ojo   ____sentir
____oler   ____ver

©2002 by Evan-Moor Corp.

Page 25

Name _____

Connect the picture to the word:

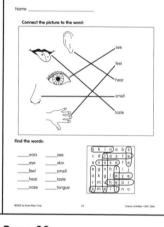

see
feel
hear
smell
taste

Find the words:

____ears   ____see
____eye   ____skin
____feel   ____smell
____hear   ____taste
____nose   ____tongue

©2002 by Evan-Moor Corp.

Page 26

Nombre_____

¿Qué uso?

Page 27

Name _____

What Do I Use?

Page 28

Nombre_____

Usa tus sentidos

Colorea lo que puedes ver.   Encuadra lo que puedes saborear.
Circula lo que puedes oír.   Pon una X sobre lo que puedes oler.

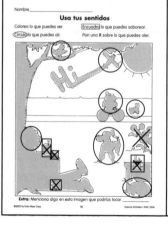

Extra: Menciona algo en esta imagen que podrías tocar.

©2002 by Evan-Moor Corp.

Page 29

Name _____

Use Your Senses

Color what you can see.   Box what you can taste.
Circle what you can hear.   X what you can smell.

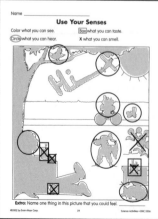

Extra: Name one thing in this picture that you could feel.

©2002 by Evan-Moor Corp.

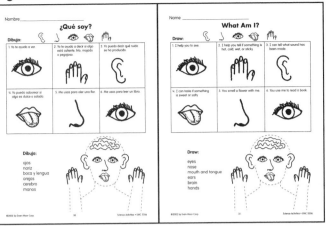

¿Qué soy? (Page 30)

Nombre _____

Dibuja:
1. Yo te ayudo a ver.
2. Yo te ayudo a decir si algo está caliente, frío, mojado o pegajoso.
3. Yo puedo decir qué ruido se ha producido.
4. Yo puedo saborear si algo es dulce o salado.
5. Me usas para oler una flor.
6. Me usas para leer un libro.

Dibuja:
ojos
nariz
boca y lengua
orejas
cerebro
manos

What Am I? (Page 31)

Name _____

Draw:
1. I help you to see.
2. I help you tell if something is hot, cold, wet, or sticky.
3. I can tell what sound has been made.
4. I can taste if something is sweet or salty.
5. You smell a flower with me.
6. You use me to read a book.

Draw:
eyes
nose
mouth and tongue
ears
brain
hands

El esqueleto y los músculos/My Skeleton and Muscles

....pages 34–63

Page 34   **Page 35**

Los huesos (Page 34)

Los peces, aves, ranas, gatos y serpientes tienen algo importante en común. Todos ellos tienen huesos. Estos huesos ayudan al pez a nadar. Ayudan a los aves a volar. Los huesos ayudan al gato a correr y a trepar. Ayudan a la rana a saltar y a la serpiente a reptar. Los huesos nos ayudan a correr, a brincar y a mantenernos de pie.

Contesta las preguntas:
1. ¿Cómo te pareces a un pez, a una rana o a una serpiente?
Como ellos, tengo huesos.
2. ¿Cómo te ayudan los huesos?
Me ayudan a mantenerme de pie.

Extra: Dibuja otro animal que tenga huesos al reverso de esta página.

Bones (Page 35)

Fish, birds, frogs, cats, and snakes are like you in one important way. They all have bones. These bones help the fish to swim. They help the bird to fly. Bones help the cat to run and climb. They help the frog hop and the snake to slither. Bones help you and me to run, jump, and to stand up.

Answer the questions:
1. How are you like a fish, frog, or snake?
I have bones and so do they.
2. How do bones help you?
Bones help me stand up.

Extra: Draw another animal that has bones on the back of this paper.

Page 36   **Page 37**

Mi esqueleto (Page 36)

Mi cuerpo tiene muchos huesos.
Los huesos le dan forma a mi cuerpo.
Los huesos me sostienen.
Los huesos me ayudan a mover.
Estos huesos son mi esqueleto.

Completa los espacios en blanco:
1. Los huesos le dan **forma** a mi cuerpo.
2. Los huesos me **sostienen**.
3. Los huesos me ayudan a **mover**.
4. Estos huesos se llaman el **esqueleto**.

Extra: Voltea este papel. Dibuja cómo te verías si no tuvieras huesos.

My Skeleton (Page 37)

My body has many bones.
Bones give my body its shape.
Bones hold me up.
Bones help me to move.
These bones are my skeleton.

Fill in the blanks:
1. Bones give my body **its shape**.
2. Bones **hold** me up.
3. Bones help me to **move**.
4. These bones are called a **skeleton**.

Extra: Turn this paper over. Draw what you would look like if you didn't have any bones.

Page 38   **Page 39**

Los huesos tienen muchos usos (Page 38)

Algunos huesos en mi esqueleto tienen funciones especiales. Estos huesos protegen las partes blandas de mi cuerpo.

Los huesos del cráneo protegen a mi cerebro.
Las costillas de mi cavidad torácica protegen a mi corazón y a mis pulmones.
Los huesos de mi columna vertebral protegen a los nervios de mi espina.

Muchos de los huesos tienen médula roja adentro. La médula roja produce nueva sangre para mi cuerpo.

Algunos huesos en mi esqueleto almacenan minerales que ayudan a mi cuerpo a trabajar.

Busca la frase para completar cada oración:
1. Los huesos del cráneo — los nervios de la espina.
2. Las costillas protegen a — protegen a tu cerebro.
3. La columna vertebral protege a — tu corazón y tus pulmones.
4. Algunos huesos almacenan — produce nueva sangre.
5. La parte interior de algunos huesos — minerales.

Extra: Circula las palabras en esta página que nombran huesos.

Bones Have Many Uses (Page 39)

Some bones in my skeleton have special jobs. These bones protect the soft parts of my body.

The bones in the top of my skull protect my brain.
The bones in my rib cage protect my heart and lungs.
The bones in my backbone protect the nerves inside.

Many bones have red marrow inside. The red marrow makes new blood for my body.

Some bones in my skeleton store minerals that help my body work.

Match:
1. Bones in the skull — the nerves inside.
2. The rib cage protects — protect your brain.
3. The backbone protects — your heart and lungs.
4. Some bones store — make new blood.
5. The inside of some bones — minerals.

Extra: Circle the words on this page that name bones.

Page 46   **Page 47**

¿Dónde encuentras estos huesos? (Page 46)

Nombre _____

Where Do These Bones Go? (Page 47)

Name _____

Page 48

Maestra(o): Usted puede explicar que se los lugares donde huesos se unen, hay una sustancia suave llamada cartílago que ayuda a proteger los huesos cuando las articulaciones se mueven.

Nombre _____

Las articulaciones

Los huesos no pueden doblarse. Las articulaciones en mi cuerpo me ayudan a doblarme, a voltearme y a girar. Hay articulaciones donde los huesos se unen. Unas bandas como fuertes ligas de goma llamadas ligamentos y los músculos unen a los huesos.

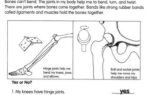

¿Sí o no?

1. Mis rodillas tienen articulaciones de bisagra. **sí**
2. Las articulaciones esféricas mueven mis caderas. **sí**
3. Los huesos pueden doblarse. **no**
4. Ganchos unen mis huesos. **no**
5. Las articulaciones me ayudan a moverme. **sí**

Extra: Observa como funcionan tus articulaciones.
de bisagra - Siéntate. Dobla la rodilla. Mueve la parte inferior de tu pierna.
esférica - Levanta tu brazo y extiéndelo. No lo dobles. Muévelo en un círculo.

©2002 by Evan-Moor Corp. 48 Science Activities • EMC 5306

Page 49

Teacher: You may want to explain that there are pads of smooth cartilage where bones come together to help protect the bones as the joints move.

Name _____

Joints

Bones can't bend. The joints in my body help me to bend, turn, and twist. There are joints where bones come together. Bands like strong rubber bands called *ligaments* and muscles hold the bones together.

Hinge joints help me bend my knees, jaws, and elbows.

Ball and socket joints help me move my shoulders and hips.

Yes or No?

1. My knees have hinge joints. **yes**
2. Ball and socket joints move my hips. **yes**
3. Bone can bend. **no**
4. Paper clips hold my bones together. **no**
5. Joints help me move. **yes**

Extra: See how your joints work:
Hinge - Sit down. Bend your knee. Move your lower leg up and down.
Ball and Socket - Hold your arm straight out at the side. Do not bend your arm. Move it in a circle.

©2002 by Evan-Moor Corp. 49 Science Activities • EMC 5306

Page 52

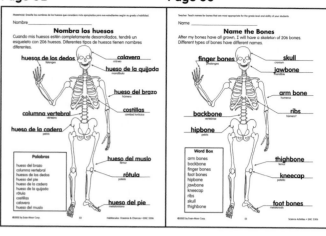

Maestra(o): Enseñe los nombres de los huesos que consideres más apropiados para sus estudiantes según su grado y habilidad.

Nombre _____

Nombra los huesos

Cuando mis huesos estén completamente desarrollados, tendré un esqueleto con 206 huesos. Diferentes tipos de huesos tienen nombres diferentes.

- huesos de los dedos — *falanges*
- calavera — *cráneo*
- hueso de la quijada — *mandíbula*
- hueso del brazo — *húmero*
- columna vertebral — *vértebra*
- costillas — *cavidad torácica*
- hueso de la cadera — *pelvis*
- hueso del muslo — *fémur*
- rótula — *patela*
- hueso del pie — *metatarsiano*

Palabras
hueso del brazo
columna vertebral
huesos de los dedos
hueso del pie
hueso de la cadera
hueso de la quijada
rótula
costillas
calavera
hueso del muslo

©2002 by Evan-Moor Corp. 52 Habilidades: Gráamos & Charcas • EMC 5306

Page 53

Name _____

Name the Bones

After my bones have all grown, I will have a skeleton of 206 bones. Different types of bones have different names.

- finger bones — *phalanges*
- skull — *cranium*
- jawbone — *mandibula*
- arm bone — *humerus*
- backbone — *vertebrae*
- ribs — *humerus*
- hipbone — *pelvis*
- thighbone — *femur*
- kneecap — *patella*
- foot bones — *metatarsals*

Word Box
arm bones
backbone
finger bones
foot bones
hipbone
jawbone
kneecap
ribs
skull
thighbone

©2002 by Evan-Moor Corp. 53 Science Activities • EMC 5306

Page 54

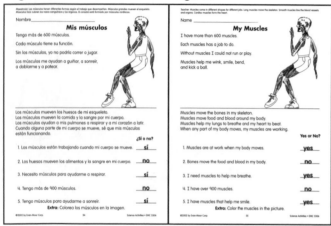

Maestra(o): Los músculos tienen diferentes formas según el trabajo que desempeñan. Músculos grandes mueven el esqueleto. Músculos lisos cubren los vasos sanguíneos y los órganos. El corazón está formado por músculos cardíacos.

Nombre _____

Mis músculos

Tengo más de 600 músculos.

Cada músculo tiene su función.

Sin los músculos, yo no podría correr o jugar.

Los músculos me ayudan a guiñar, a sonreír, a doblarme y a patear.

Los músculos mueven los huesos de mi esqueleto.
Los músculos mueven la comida y la sangre por mi cuerpo.
Los músculos ayudan a mis pulmones a respirar y a mi corazón a latir.
Cuando alguna parte de mi cuerpo se mueve, sé que mis músculos están funcionando.

¿Sí o no?

1. Los músculos están trabajando cuando mi cuerpo se mueve. **sí**
2. Los huesos mueven mis alimentos y la sangre en mi cuerpo. **no**
3. Necesito músculos para ayudarme a respirar. **sí**
4. Tengo más de 900 músculos. **no**
5. Tengo músculos para ayudarme a sonreír. **sí**

Extra: Colorea los músculos en la imagen.

©2002 by Evan-Moor Corp. 54 Science Activities • EMC 5306

Page 55

Teacher: Muscles come in different shapes for different jobs. Long muscles move the skeleton. Smooth muscles line the blood vessels and organs. Cardiac muscles form the heart.

Name _____

My Muscles

I have more than 600 muscles.

Each muscles has a job to do.

Without muscles I could not run or play.

Muscles help me wink, smile, bend, and kick a ball.

Muscles move the bones in my skeleton.
Muscles move food and blood around my body.
Muscles help my lungs to breathe and my heart to beat.
When any part of my body moves, my muscles are working.

Yes or No?

1. Muscles are at work when my body moves. **yes**
2. Bones move the food and blood in my body. **no**
3. I need muscles to help me breathe. **yes**
4. I have over 900 muscles. **no**
5. I have muscles that help me smile. **yes**

Extra: Color the muscles in the picture.

©2002 by Evan-Moor Corp. 55 Science Activities • EMC 5306

Page 56

Nombre _____

Más sobre los músculos

Unas bandas fuertes llamadas *tendones* conectan los músculos a los huesos. Los nervios en los músculos llevan mensajes al cerebro. Estos mensajes les dicen a los músculos cuándo moverse y cuándo descansar.

Colorea los huesos de amarillo.
Colorea los músculos de rojo.
Colorea los tendones de azul.

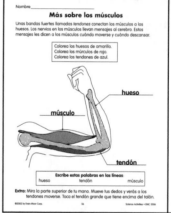

- hueso
- músculo
- tendón

Escribe estas palabras en las líneas:
hueso tendón músculo

Extra: Mira la parte superior de tu mano. Mueve tus dedos y verás a los tendones moverse. Toca el tendón grande que tiene encima del talón.

©2002 by Evan-Moor Corp. 56 Science Activities • EMC 5306

Page 57

Name _____

More About Muscles

Strong bands called *tendons* connect my muscles to my bones. Nerves in the muscles take messages to my brain. These messages tell the muscles when to move and when to rest.

Color the bones yellow
Color the muscles red
Color the tendons blue.

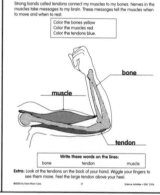

- bone
- muscle
- tendon

Write these words on the lines:
bone tendon muscle

Extra: Look at the tendons on the back of your hand. Wiggle your fingers to see them move. Feel the large tendon above your heel.

©2002 by Evan-Moor Corp. 57 Science Activities • EMC 5306

Page 58

Maestra(o): Al contraerse y relajarse, los músculos mueven las partes del cuerpo.

Nombre _____

Cómo funcionan los músculos

Contraer

Relajar

Los músculos no pueden empujar. Solamente pueden contraerse. Cuando un músculo se contrae, mueve el hueso o parte del hueso a una posición nueva. Cuando el músculo se relaja, el hueso o parte del cuerpo vuelve a la posición anterior.

Puedo mantener mis músculos fuertes al hacer ejercicio saludable.

Pon una **X** en los músculos que están contrayéndose.
Pon una ✓ en los músculos que están relajándose.

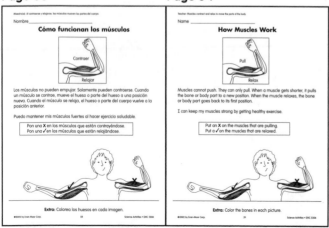

Extra: Colorea los huesos en cada imagen.

©2002 by Evan-Moor Corp. 58 Science Activities • EMC 5306

Page 59

Teacher: Muscles contract and relax to move the parts of the body.

Name _____

How Muscles Work

Pull

Relax

Muscles cannot push. They can only pull. When a muscle gets shorter, it pulls the bone or body part to a new position. When the muscle relaxes, the bone or body part goes back to its first position.

I can keep my muscles strong by getting healthy exercise.

Put an **X** on the muscles that are pulling.
Put a ✓ on the muscles that are relaxed.

Extra: Color the bones in each picture.

©2002 by Evan-Moor Corp. 59 Science Activities • EMC 5306

Page 62

Nombre _____

¿Qué soy?

| costillas *(cavidad torácica)* | mandíbula *(hueso de la quijada)* | calavera *(cráneo)* |
| huesos de los dedos *(falanges)* | hueso del muslo *(fémur)* | músculos |

1. Soy el hueso que ayuda a proteger tu cerebro. **calavera**
2. Somos los huesos que protegen tu corazón y pulmones. **costillas**
3. Soy el hueso que mueves cuando masticas. **mandíbula**
4. Somos los huesos que usas cuando recoges algo. **falanges**
5. Soy el hueso largo en tu pierna. **fémur**
6. Ayudamos a mover tus huesos. **músculos**

Búsqueda de palabras

hueso del dedo	músculo	hueso de la cadera
costillas	mandíbula	esqueleto
articulaciones	cráneo	rótula
tendón		

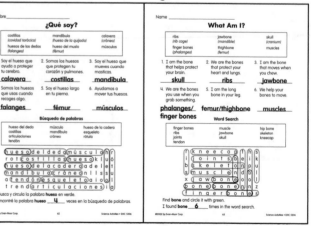

Busca y circula la palabra **hueso** en verde.

Encontré la palabra **hueso** **4** veces en la búsqueda de palabras.

©2002 by Evan-Moor Corp. 62 Science Activities • EMC 5306

Page 63

Name _____

What Am I?

| ribs *(rib cage)* | jawbone *(mandible)* | skull *(cranium)* |
| finger bones *(phalanges)* | thighbone *(femur)* | muscles |

1. I am the bone that helps protect your brain. **skull**
2. We are the bones that protect your heart and lungs. **ribs**
3. I am the bone that moves when you chew. **jawbone**
4. We are the bones you use when you grab something. **phalanges/ finger bones**
5. I am the long bone in your leg. **femur/thighbone**
6. We help your bones to move. **muscles**

Word Search

finger bones	muscle	hip bone
ribs	jawbone	skeleton
joints	skull	kneecap
tendon		

Find **bone** and circle it with green.

I found **bone** **6** times in the word search.

©2002 by Evan-Moor Corp. 63 Science Activities • EMC 5306

Page 68

Los mamíferos

Un conejo es un mamífero.
Los mamíferos tienen estos puntos en común:
1. Tienen pelo o pelaje. Esto los ayuda a mantenerse calientes.
2. Son de sangre caliente.
3. Nacen vivos.
4. Las crías toman leche de su madre.
5. Respiran aire con sus pulmones.

Circula los mamíferos.
Colorea el conejo de color café.

Extra: ¿Puedes nombrar otro mamífero que puede ser un animal doméstico?

Page 69

Mammals

A rabbit is a mammal.
Mammals are alike in these ways:
1. They have hair or fur. It helps keep them warm.
2. They are warm-blooded.
3. The babies are born alive.
4. The babies get milk from their mothers.
5. They breathe air with lungs.

Circle the mammals.
Color the rabbit brown.

Extra: Can you name another mammal that can be a pet?

Page 70

La liebre de cola blanca

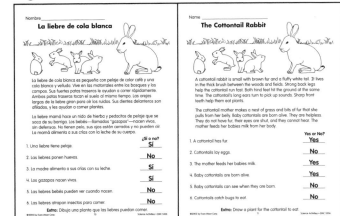

	¿Sí o no?
1. Una liebre tiene pelaje.	Sí
2. Las liebres ponen huevos.	No
3. La madre alimenta a sus crías con su leche.	Sí
4. Los gazapos nacen vivos.	Sí
5. Las liebres bebés pueden ver cuando nacen.	No
6. Las liebres atrapan insectos para comer.	No

Extra: Dibuja una planta que las liebres puedan comer.

Page 71

The Cottontail Rabbit

	Yes or No?
1. A cottontail has fur.	Yes
2. Cottontails lay eggs.	No
3. The mother feeds her babies milk.	Yes
4. Baby cottontails are born alive.	Yes
5. Baby cottontails can see when they are born.	No
6. Cottontails catch bugs to eat.	No

Extra: Draw a plant for the cottontail to eat.

Page 72

Observa cómo crece el conejo.

Page 73

Watch the rabbit grow.

Page 74

¿Dónde viven?

Circula la liebre descansando en su encame.
Colorea la liebre de color café en el matorral.
Pon una X sobre el conejo en la conejera.

Extra: En la biblioteca de tu escuela, busca un cuento acerca de un conejo.

Page 75

Where Do They Live?

Circle the hare resting in its form.
Color the cottontail rabbit in the brush.
Put an X on the rabbit in the warren.

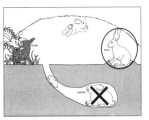

Extra: Find a story about a rabbit in your school library.

Page 76

Los conejos y las liebres

Conecta el animal con las descripciones:

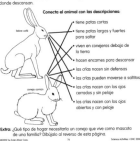

- tiene patas cortas
- tiene patas largas y fuertes para saltar
- viven en conejeras debajo de la tierra
- hacen encames para descansar
- las crías nacen sin defensas
- las crías pueden moverse a saltitos
- las crías nacen con los ojos cerrados y sin pelaje
- las crías nacen con los ojos abiertos y con pelaje

Extra: ¿Qué tipo de hogar necesitaría un conejo que vive como mascota de una familia? Dibújalo al reverso de esta página.

Page 77

Rabbits and Hares

Match:

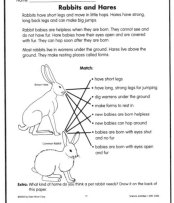

- have short legs
- have long, strong legs for jumping
- dig warrens under the ground
- make forms to rest in
- new babies are born helpless
- new babies can hop around
- babies are born with eyes shut and no fur
- babies are born with eyes open and fur

Extra: What kind of home do you think a pet rabbit needs? Draw it on the back of this paper.

Page 78

¿Cómo son ellos?

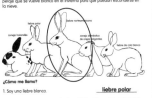

¿Cómo me llamo?
1. Soy una liebre blanca.	liebre polar
2. Mis orejas cuelgan.	conejo doméstico de orejas colgantes
3. Tengo manchas en mi pelaje.	conejo holandés
4. Mi cola es un esponjoso botoncillo blanco.	liebre de cola blanca

Extra: Circula el conejo o la liebre que tú piensas es el mejor saltador.

Page 79

What Do They Look Like?

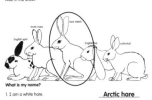

What is my name?
1. I am a white hare.	Arctic hare
2. My ears hang down.	English lop
3. I have spots on my fur.	English spot
4. My tail is a fluffy white puff.	Cottontail

Extra: Circle the rabbit or hare you think is the best jumper.

Science Activities • EMC 5306

Page 80

Nombre

Reptiles

Una tortuga es un reptil.
Los reptiles tienen los siguientes puntos en común:
1. Están cubiertos de escamas o láminas dérmicas.
2. La piel es áspera y dura.
3. Son de sangre fría.
4. La mayoría de los reptiles pone huevos.
5. Respiran aire con los pulmones.

Circula los reptiles.
Colorea la tortuga.

Extra: Dibuja un reptil que has visto.

Page 81

Name

Reptiles

A turtle is a reptile.
Reptiles are alike in these ways:
1. They are covered with scales or plates.
2. Their skin is rough and dry.
3. They are cold-blooded.
4. Most reptiles lay eggs.
5. They breathe air with lungs.

Circle the reptiles.
Color the box turtle.

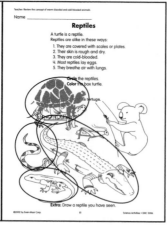

Extra: Draw a reptile you have seen.

Page 82

Nombre

La tortuga terrestre

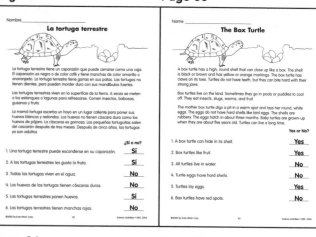

La tortuga terrestre tiene un caparazón que puede cerrarse como una caja. El caparazón es negro o de color café y tiene manchas de color amarillo o anaranjado. La tortuga terrestre tiene garras en sus patas. Las tortugas no tienen dientes, pero pueden morder duro con sus mandíbulas fuertes.

Las tortugas terrestres viven en la superficie de la tierra. A veces se meten a los estanques o lagunas para refrescarse. Comen insectos, babosas, gusanos y fruta.

La mamá tortuga escarba un hoyo en un lugar caliente para poner sus huevos blancos y redondos. Los huevos no tienen cáscara dura como los huevos de pájaro. Las cáscaras son gomosas. Las pequeñas tortuguitas salen del cascarón después de tres meses. Después de cinco años, las tortugas ya son adultas.

¿Sí o no?

1. Una tortuga terrestre puede esconderse en su caparazón. — **Sí**
2. A las tortugas terrestres les gusta la fruta. — **Sí**
3. Todas las tortugas viven en el agua. — **No**
4. Los huevos de las tortugas tienen cáscaras duras. — **No**
5. Las tortugas terrestres ponen huevos. — **Sí**
6. Las tortugas terrestres tienen manchas rojas. — **No**

Page 83

Name

The Box Turtle

A box turtle has a high, round shell that can close up like a box. The shell is black or brown and has yellow or orange markings. The box turtle has claws on its toes. Turtles do not have teeth, but they can bite hard with their strong jaws.

Box turtles live on the land. Sometimes they go in pools or puddles to cool off. They eat insects, slugs, worms, and fruit.

The mother box turtle digs a pit in a warm spot and lays her round, white eggs. The eggs do not have hard shells like bird eggs. The shells are rubbery. The eggs hatch in about three months. Baby turtles are grown-up when they are about five years old. Turtles can live a long time.

Yes or No?

1. A box turtle can hide in its shell. — **Yes**
2. Box turtles like fruit. — **Yes**
3. All turtles live in water. — **No**
4. Turtle eggs have hard shells. — **No**
5. Turtles lay eggs. — **Yes**
6. Box turtles have red spots. — **No**

Page 84

Nombre

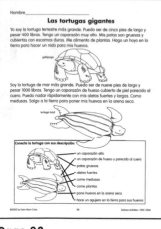

Observa cómo crece la tortuga.

Page 85

Name

Watch the turtle grow.

Page 86

Nombre

¿Dónde viven las tortugas?

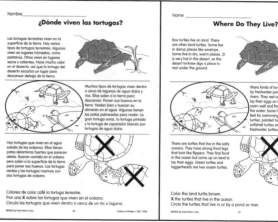

Las tortugas terrestres viven en la superficie de la tierra. Hay varios tipos de tortugas terrestres. Algunas viven en lugares húmedos, como pantanos. Otras viven en lugares secos y calientes. Hace mucho calor en el desierto, así que la tortuga del desierto escarba un lugar para descansar debajo de la tierra.

Muchos tipos de tortugas viven dentro o cerca de lagunas de agua dulce y ríos. Ellas salen a la tierra para descansar. Ponen sus huevos en la tierra. Nadan bien y buscan su alimento en el agua. Algunas tienen las patas palmeadas para nadar. La gran tortuga voraz, la tortuga pintada y la tortuga de caparazón blando son tortugas de agua dulce.

Hay tortugas que viven en el agua salada de los océanos. Ellas tienen patas delanteras fuertes que parecen aletas. Buscan comida en el océano pero salen a la superficie de la tierra para poner sus huevos. Las tortugas verdes y las tortugas marinas son dos tortugas de océano.

Colorea de color café la tortuga terrestre.
Pon una X sobre las tortugas que viven en el océano.
Circula las tortugas que viven dentro o cerca de un río o laguna.

Page 87

Name

Where Do They Live?

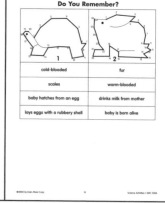

Box turtles live on land. There are other land turtles. Some live in damp places like swamps. Some live in dry, warm places. It is very hot in the desert, so the desert tortoise digs a place to rest under the ground.

Many kinds of turtles live in or by freshwater ponds and rivers. They rest on land. They lay their eggs on land. They swim well and find their food in the water. Some have webbed feet for swimming. Snapping turtles, painted turtles, and softshell turtles are all freshwater turtles.

There are turtles that live in the salty oceans. They have strong front legs that look like flippers. They find food in the ocean but come up on land to lay their eggs. Green turtles and loggerheads are two ocean turtles.

Color the land turtle brown.
X the turtles that live in the ocean.
Circle the turtles that live in or by a pond or river.

Page 88

Nombre

Las tortugas gigantes

Yo soy la tortuga terrestre más grande. Puedo ser de cinco pies de largo y pesar 400 libras. Tengo un caparazón muy alto. Mis patas son gruesas y cubiertas con escamas duras. Me alimento de plantas. Hago un hoyo en la tierra para hacer un nido para mis huevos.

galápago

Soy la tortuga de mar más grande. Puedo ser de nueve pies de largo y pesar 1000 libras. Tengo un caparazón de hueso cubierto de piel parecido al cuero. Puedo nadar rápidamente con mis aletas fuertes y largas. Como medusas. Salgo a la tierra para poner mis huevos en la arena seca.

tortuga laúd

Conecta la tortuga con su descripción:

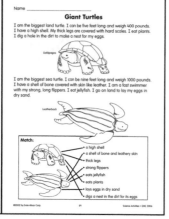

- un caparazón alto
- un caparazón de hueso y parecido al cuero
- patas gruesas
- aletas fuertes
- come medusas
- come plantas
- pone huevos en la arena seca
- hace un agujero en la tierra para sus huevos

Page 89

Name

Giant Turtles

I am the biggest land turtle. I can be five feet long and weigh 400 pounds. I have a high shell. My thick legs are covered with hard scales. I eat plants. I dig a hole in the dirt to make a nest for my eggs.

Galápagos

I am the biggest sea turtle. I can be nine feet long and weigh 1000 pounds. I have a shell of bone covered with skin like leather. I am a fast swimmer with my strong, long flippers. I eat jellyfish. I go on land to lay my eggs in dry sand.

Leatherback

Match:

- a high shell
- a shell of bone and leathery skin
- thick legs
- strong flippers
- eats jellyfish
- eats plants
- lays eggs in dry sand
- digs a nest in the dirt for its eggs

Page 90

Nombre

¿Te acuerdas?

sangre fría	pelaje
la cría sale de un huevo	sangre caliente
pone huevos de cáscara gomosa	toma leche de la madre
escamas	la cría nace viva

Page 91

Name

Do You Remember?

cold-blooded	fur
scales	warm-blooded
baby hatches from an egg	drinks milk from mother
lays eggs with a rubbery shell	baby is born alive

Page 92

Nombre

¿Mamífero o reptil?

Circula los mamíferos.
Pon una X sobre los reptiles.
Dibuja un mamífero y un reptil al reverso de esta página.

Page 93

Name

Mammal or Reptile?

Circle the mammals.
X the reptiles.
Draw a mammal and a reptile on the back of this paper.

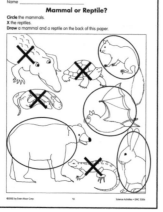

Page 94

Nombre

Crucigrama

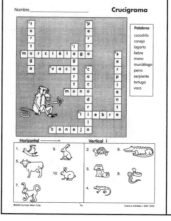

Palabras
cocodrilo
conejo
lagarto
liebre
mono
murciélago
perro
serpiente
tortuga
vaca

Horizontal →

Vertical ↓

Page 95

Name

Crossword Puzzle

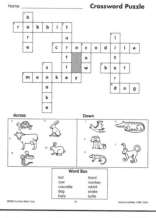

Across

Down

Word Box
bat
cow
crocodile
dog
hare
lizard
monkey
rabbit
snake
turtle

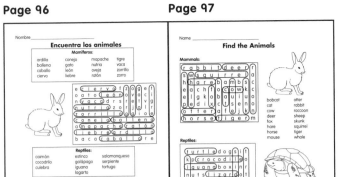

Page 96

Nombre _____

Encuentra los animales

Mamíferos:

ardilla　conejo　mapache　tigre
ballena　gato　nutria　vaca
caballo　león　oveja　zorrillo
cierva　liebre　ratón　zorro

Reptiles:

caimán　estinco　salamanquesa
cocodrilo　galápago　serpiente
culebra　iguana　tortuga
　　　　lagarto

Page 97

Name _____

Find the Animals

Mammals:

bobcat　otter
cat　rabbit
cow　raccoon
deer　sheep
fox　skunk
hare　squirrel
horse　tiger
mouse　whale

Reptiles:

alligator　lizard
crocodile　skink
gecko　slider
gila monster　snake
iguana　tortoise
king snake　turtle

Page 98

Maestro(a): Si desea, puede hablar ahora sobre animales de sangre fría.

Nombre _____

Los anfibios

La rana es un anfibio.
Los anfibios tienen los siguientes puntos en común:

1. Ponen huevos en el agua.
2. Las crías viven en el agua.
3. Cuando crecen, viven en la tierra.
4. Tienen cuatro patas.
5. La mayoría tiene la piel húmeda y lisa.

Circula los anfibios.
Colorea la rana.

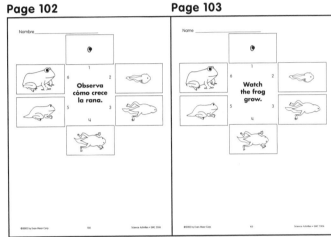

Extra: Dibuja una laguna para la rana.

Page 99

Teacher: You may want to discuss cold blooded animals here.

Name _____

Amphibians

A frog is an amphibian.
Amphibians are alike in these ways:

1. They lay eggs in water.
2. The babies live in water.
3. When they grow up, they live on land.
4. They have four legs.
5. Most have wet, smooth skin.

Circle the amphibians.
Color the frog.

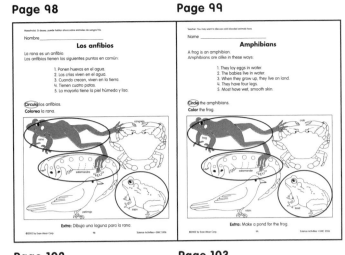

Extra: Make a pond for the frog.

Page 100

Maestro(a): Si desea, puede enseñar el término metamorfosis.

Nombre _____

Las ranas

A la rana, le gustan los lugares húmedos. Tiene piernas fuertes. Puede saltar grandes distancias. Puede nadar rápidamente. La rana tiene una lengua larga y pegajosa. Puede atrapar los insectos.

Los renacuajos nacen de huevos gelatinosos. Sus patas traseras crecen primero. Luego crecen las patas delanteras. La cola se hace más corta a medida que crecen las patas y los pulmones. Cuando la rana termina de crecer, salta del agua a la tierra.

¿Sí o no?

1. Las ranas ponen huevos en el agua. **Sí**
2. Las ranas comen flores. **No**
3. Las ranas brincan grandes distancias. **Sí**
4. Los renacuajos se arrastran en la tierra. **No**
5. Las ranas tienen una lengua pegajosa. **Sí**
6. Una rana tiene ojos grandes. **Sí**

Extra: Dibuja un renacuajo.

Page 101

Teacher: You may want to introduce the term metamorphosis.

Name _____

Frogs

A frog likes wet places. It has strong legs. It can hop far. It has webbed feet. It can swim fast. A frog has a long, sticky tongue. It can catch insects.

Tadpoles hatch from jelly-like eggs. The tadpole grows its back legs first. Then it grows its front legs. The tail gets shorter as the legs and lungs grow. When a frog grows up, it jumps up on the land.

Yes or No?

1. Frogs lay eggs in water. **Yes**
2. Frogs eat flowers. **No**
3. Frogs can hop a long way. **Yes**
4. Tadpoles crawl on land. **No**
5. Frogs have sticky tongues. **Yes**
6. A frog has big eyes. **Yes**

Extra: Draw a tadpole.

Page 102

Nombre _____

Observa cómo crece la rana.

Page 103

Name _____

Watch the frog grow.

Page 104

Maestro(a): Para ampliar la lección, lea Sapo y sapo por Arnold Lobel.

Nombre _____

La rana y el sapo

Las ranas tienen una piel rugosa y húmeda. Viven en el agua o cerca de ella. Se mueven rápidamente.

El sapo tiene una piel rugosa y abollada. Los sapos viven en la tierra. Ellos van al agua para poner sus huevos. Un sapo no es tan rápido como una rana.

Conecta cada animal con las frases correctas:

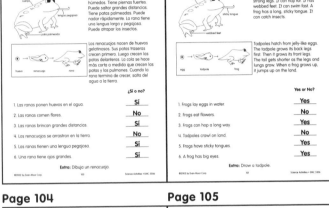

- viven en la tierra, menos cuando ponen huevos
- viven en el agua o cerca de ella
- se mueven muy rápidamente
- no son tan rápidos
- tienen la piel rugosa
- tienen la piel lisa

Colorea la rana de color verde y el sapo de color café.

Extra: Aprende este poema para ayudarte a recordar la diferencia:

Ranas brincan al agua con su piel tan lisa.
Sapos por tierra saltan, más no tan de prisa.

Page 105

Teacher: Add some fun to the lesson by reading Frog and Toad by Arnold Lobel.

Name _____

Frog and Toad

A frog has smooth, wet skin. Frogs live in or near water. They move quickly.

A toad has rough, bumpy skin. Toads live on land. They go to the water to lay eggs. A toad is not as quick as a frog.

Match:

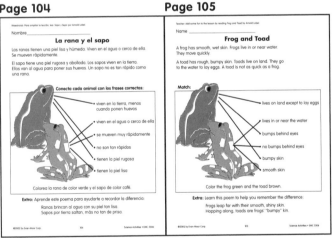

- lives on land except to lay eggs
- lives in or near the water
- bumps behind eyes
- no bumps behind eyes
- bumpy skin
- smooth skin

Color the frog green and the toad brown.

Extra: Learn this poem to help you remember the difference.

Frogs leap far with their smooth, shiny skin.
Hopping along, toads are frogs' "bumpy" kin.

Page 106

Maestro(a): Usted puede enseñar estos términos: exoesqueleto, tórax y abdomen.

Nombre _____

Los insectos

La mariposa es un insecto.
Los insectos tienen los siguientes puntos en común:

1. Los insectos tienen un esqueleto externo duro.
2. Tienen el cuerpo dividido en 3 partes.
3. Tienen 6 patas.
4. Los insectos tienen antenas en su cabeza.
5. La mayoría tiene 2 pares de alas. No todos los insectos vuelan.

Circula los insectos.
Colorea la mariposa.

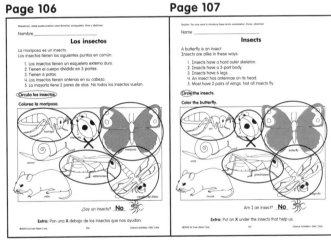

¿Soy un insecto? **No**

Extra: Pon una **X** debajo de los insectos que nos ayudan.

Page 107

Teacher: You may want to introduce these terms: exoskeleton, thorax, abdomen.

Name _____

Insects

A butterfly is an insect.
Insects are alike in these ways:

1. Insects have a hard outer skeleton.
2. Insects have a 3-part body.
3. Insects have 6 legs.
4. An insect has antennae on its head.
5. Most have 2 pairs of wings. Not all insects fly.

Circle the insects.
Color the butterfly.

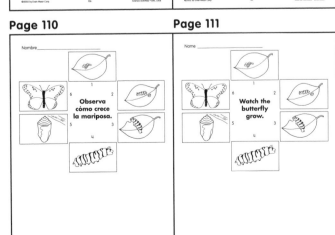

Am I an insect? **No**

Extra: Put an **X** under the insects that help us.

Page 108

Maestro(a): En este momento, usted puede hablar sobre insectos con tres etapas de vida (huevo, ninfa y adulto) y cuatro etapas de vida (huevo, larva, crisálida y adulto).

Nombre _____

La mariposa

Hay muchos tipos de mariposas. Las podemos encontrar por todo el mundo. Chupan el néctar de las flores con largas lenguas como tubos. Las mariposas son útiles. Cuando comen, las mariposas llevan el polen de flor en flor. Esto ayuda a que crezcan nuevas flores.

Las mariposas ponen huevos en las plantas. Pequeñas orugas nacen de los huevos. Las orugas comen plantas. Comen y comen. Crecen y crecen. Al crecer, la oruga cambia de piel muchas veces. Cuando la oruga termina de crecer, forma una cáscara dura alrededor de su cuerpo. Dentro de esta cáscara—o crisálida—la oruga se transforma en mariposa. Cuando nace, sus alas se secan y la mariposa se va volando.

Conecta el dibujo con la palabra:

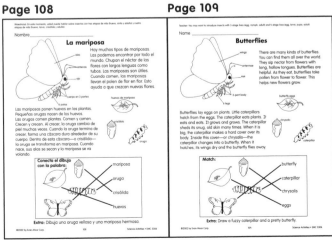

- mariposa
- oruga
- crisálida
- huevos

Extra: Dibuja una oruga velluda y una mariposa hermosa.

Page 109

Teacher: You may want to introduce terms with 3-stage lives (egg, nymph, adult) and 4-stage lives (egg, larva, pupa, adult).

Name _____

Butterflies

There are many kinds of butterflies. You can find them all over the world. They sip nectar from flowers with long, hollow tongues. Butterflies are helpful. As they eat, butterflies take pollen from flower to flower. This helps new flowers grow.

Butterflies lay eggs on plants. Little caterpillars hatch from the eggs. The caterpillar eats plants. It eats and eats. It grows and grows. The caterpillar sheds its snug, old skin many times. When it is big, the caterpillar makes a hard cover over its body. Inside this cover—or chrysalis—the caterpillar changes into a butterfly. When it hatches, its wings dry and the butterfly flies away.

Match:

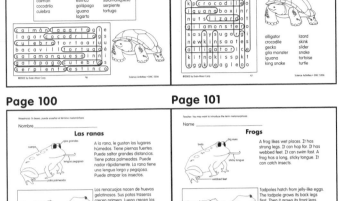

- butterfly
- caterpillar
- chrysalis
- eggs

Extra: Draw a fuzzy caterpillar and a pretty butterfly.

Page 110

Nombre _____

Observa cómo crece la mariposa.

Page 111

Name _____

Watch the butterfly grow.

Page 112

Nombre

La mariposa y la polilla

Mariposa:
Polilla:

Circula las mariposas.
Pon una línea debajo de las polillas.

Extra: Colorea las polillas y las mariposas.

©2002 by Evan-Moor Corp.

Page 113

Name

Butterflies and Moths

Butterfly:
Moth:

Circle the butterflies.
Put a line under moths.

Extra: Color the moths and butterflies.

©2002 by Evan-Moor Corp.

Page 114

Maestros: En este momento puede hablar sobre los animales de sangre caliente.

Nombre

Las aves

El pollo es un ave.
Las aves tienen los siguientes puntos en común:
1. Tienen plumas.
2. Ponen huevos con cáscaras duras.
3. Tienen dos patas.
4. Tienen dos alas. La mayoría de las aves puede volar.
5. Las aves tienen un pico.

Circula las aves.
Colorea el pollo.

Extra: Dibuja un sitio donde puedes encontrar el huevo de un ave.

©2002 by Evan-Moor Corp.

Page 115

Teacher: You may want to discuss warm-blooded animals now.

Name

Birds

A chicken is a bird.
Birds are alike in these ways:
1. Birds have feathers.
2. They lay eggs with hard shells.
3. They have two legs.
4. They have two wings. Most birds can fly.
5. Birds have a beak.

Circle the birds.
Color the chicken.

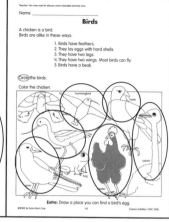

Extra: Draw a place you can find a bird's egg.

©2002 by Evan-Moor Corp.

Page 116

Nombre

El pollo

El pollo tiene plumas para mantenerse caliente. Tiene músculos fuertes y huesos huecos. El pollo tiene un pico afilado y patas que lo ayudan a atrapar comida.

huevos de pollo

Las gallinas ponen huevos. La cáscara dura protege el huevo. La gallina se sienta sobre los huevos para mantenerlos abrigados. Los pollitos crecen dentro de la cáscara. Tan pronto como un pollito rompe la cáscara con su pico y sale del huevo, puede correr o buscar comida. La mamá gallina cuida sus pollitos hasta que hayan crecido.

¿Sí o no?
1. Las gallinas ponen huevos con cáscaras duras. — **Sí**
2. Un pollo corre en 4 patas. — **No**
3. El gallo empolla los huevos. — **No**
4. Los pollitos rompen la cáscara con el pico. — **Sí**
5. Los pollos tienen plumas. — **Sí**
6. Un pollo agarra comida con su pico. — **Sí**

Extra: Dibuja un pollito.

©2002 by Evan-Moor Corp.

Page 117

Name

Chickens

A chicken has feathers to help keep it warm. It has strong muscles and hollow bones. A chicken has a sharp beak and feet to help it catch food.

chicken eggs

Hens lay eggs. The hard shell protects the egg. The hen sits on the eggs to keep them warm. Baby chicks grow inside the shell. Soon after it pecks its way out of the shell, a baby chick can run and look for food. Mother hen looks after her chicks until they get bigger.

Yes or No?
1. Chickens lay eggs with hard shells. — **Yes**
2. A chicken runs on 4 legs. — **No**
3. The rooster sits on the eggs. — **No**
4. Chicks peck out of the shell. — **Yes**
5. Chickens have feathers. — **Yes**
6. A chicken catches food with its beak. — **Yes**

Extra: Draw a baby chicken.

©2002 by Evan-Moor Corp.

Page 118

Nombre

Observa cómo crece un pollo.

©2002 by Evan-Moor Corp.

Page 119

Name

Watch a chicken grow.

©2002 by Evan-Moor Corp.

Page 120

Nombre

Picos y patas de aves

Nombra las partes.

pico
plumas
ala
patas

Conecta el dibujo con la palabra:

Las aves tienen patas adaptadas a su estilo de vida.
- para posarse
- para nadar
- para chapotear
- agarrar comida

Las aves tienen picos adaptados para su dieta.
- para abrir semillas
- para martillar en los árboles
- para chupar el néctar de las flores
- para comer del fondo del lago
- para atrapar animales pequeños

Extra: Dibuja el pico y las patas de un pollo al otro lado de esta hoja.

©2002 by Evan-Moor Corp.

Page 121

Name

Bird Beaks, Bird Feet

Name the parts.

beak
feathers
wing
feet

Match:

A bird has legs to fit its life.
- to perch
- to swim
- to wade
- to grab food

A bird has a beak for the food it needs.
- to crack seeds
- to hammer into trees
- to sip nectar from flowers
- to eat food from the lake bottom
- to grab small animals

Extra: Draw a chicken beak and chicken feet on the back of this page.

©2002 by Evan-Moor Corp.

Page 122

Nombre

Termina los animales

Colorea: rojo, azul, anaranjado

Los dibujos variarán.

ave	anfibio	insecto
2 patas		
plumas	piel suave y húmeda	6 patas

©2002 by Evan-Moor Corp.

Page 123

Name

Finish the Animals

Color: red, blue, orange

Drawings will vary.

bird	amphibian	insect
2 legs		
feathers	smooth, wet skin	6 legs

©2002 by Evan-Moor Corp.

Page 124

Nombre

¿Qué soy?

1. Tengo la piel suave y húmeda. Puedo saltar. Vivo cerca del agua. — **rana**
2. Como plantas para crecer. Soy una mariposa bebé. — **oruga**
3. ¡Kikirikí! Soy el papá del pollo. — **gallo**
4. Soy un insecto muy bonito. Voy de flor en flor para chupar el néctar. — **mariposa**
5. Tengo una cáscara dura. Un pollito puede crecer dentro de mí. — **huevo de pollo**
6. Nado en el agua mientras mis patas crecen. Soy una rana bebé. — **renacuajo**
7. Cubro la oruga hasta que se convierta en mariposa. — **crisálida**
8. Soy una mamá ave. Pongo huevos. Los pollitos nacen de mis huevos. — **gallina**
9. Somos gelatinosos. Los renacuajos nacen de nosotros. — **huevos de rana**

Palabras

Extra: Pinta las aves. Circula los anfibios. Pon una X sobre los insectos.

©2002 by Evan-Moor Corp.

Page 125

Name

What Am I?

1. I have smooth, wet skin. I can hop. I live by the water. — **frog**
2. I eat plants to grow bigger. I am a baby butterfly. — **caterpillar**
3. Cock-a-doodle-doo! I am a father chicken. — **rooster**
4. I am a pretty insect. I go from flower to flower to sip nectar. — **butterfly**
5. I have a hard shell. A baby chick can grow inside me. — **chicken egg**
6. I swim in the water as my legs grow. I am a baby frog. — **tadpole**
7. I cover the caterpillar until it becomes a butterfly. — **chrysalis**
8. I am a mother bird. I lay eggs. Chicks hatch from my eggs. — **hen**
9. We are jelly-like. Tadpoles hatch from us. — **frog eggs**

Word Box

Extra: Color the birds. Circle the amphibians. X the insects.

©2002 by Evan-Moor Corp.

Page 126

Nombre

Busca los animales

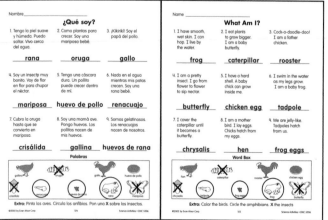

Las aves
arrendajo, buho, codorniz, correcaminos, gallina, gallo, gaviota, halcón, pato, petirrojo, pelírrojo, reyezuelo

Los insectos
abeja, avispa, bicho, escarabajo, grillo, hormiga, insecto, mariposa, mosca, polilla, pulga, saltamontes

Extra: ¿Puedes encontrar estos animales?
___ rana
___ sapo
___ salamandra

Todos estos animales son **anfibios**.
pájaros   anfibios   insectos

©2002 by Evan-Moor Corp.

Page 127

Name

Find the Animals

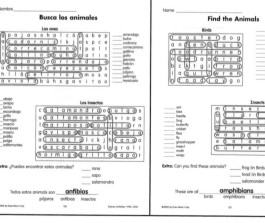

Birds
bird, duck, gull, hawk, hen, jay, owl, quail, roadrunner, robin, rooster, wren

Insects
ant, bee, beetle, bug, butterfly, cricket, flea, fly, grasshopper, insect, moth, wasp

Extra: Can you find these animals?
___ frog (in Birds puzzle)
___ toad (in Birds puzzle)
___ salamander (in Insects puzzle)

These are all **amphibians**.
birds   amphibians   insects

©2002 by Evan-Moor Corp.

Page 130

Nombre _____

El hábitat acuático

Un hábitat es un lugar donde conviven ciertos tipos de animales y plantas. Hay diferentes clases de hábitat sobre la Tierra.

Vamos a aprender sobre dos clases de <u>hábitat acuáticos</u>. El océano es un gran hábitat de agua salada. Una laguna es un tipo de hábitat de agua dulce.

Circula los hábitats que vamos a estudiar.

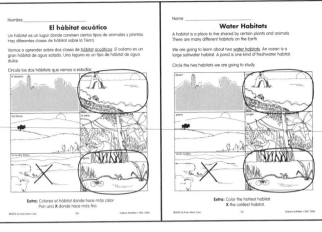

Extra: Colorea el hábitat donde hace más calor.
Pon una **X** donde hace más frío.

Page 131

Name _____

Water Habitats

A habitat is a place to live where certain plants and animals live. There are many different habitats on the Earth.

We are going to learn about two <u>water habitats</u>. An ocean is a large saltwater habitat. A pond is one kind of freshwater habitat.

Circle the two habitats we are going to study.

Extra: Color the hottest habitat.
X the coldest habitat.

Page 132

Nombre _____

La vida en el océano

Muchos animales y plantas maravillosos viven en el océano. Algunos viven cerca de la tierra. Otros viven en las aguas profundas del mar.

Estos animales y plantas deben adaptarse al lugar donde viven. Necesitan vivir en agua salada. Algunas han aprendido a vivir en lugares donde la marea sube y baja. Algunos viven en la profundidad del agua.

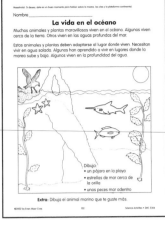

Dibuja
• un pájaro en la playa
• estrellas de mar cerca de la orilla
• unos peces mar adentro

Extra: Dibuja el animal marino que te guste más.

Page 133

Name _____

Living in an Ocean

Many wonderful plants and animal live in the ocean. Some live near the land. Some live far out in the deep ocean.

These plants and animals must adapt to the place they live. They have to live in salty water. Some have learned to live in places where the tides move in and out. Some live deep under the water.

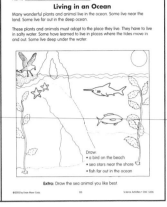

Draw
• a bird on the beach
• sea stars near the shore
• fish far out in the ocean

Extra: Draw the sea animal you like best.

Page 134

Nombre _____

Animales sin columna vertebral

Muchos de los animales que viven en el océano no tienen columna vertebral. Algunos tienen una dura concha exterior, como las almejas y los caracoles de mar. Algunos tienen la piel áspera y espinosa, como la estrella de mar. Un erizo de mar tiene espinas largas. Algunos animales, como los cangrejos, tienen una cubierta exterior dura. Los cangrejos tienen muchas patas largas y pinzas fuertes. El cangrejito ermitaño ocupa las conchas vacías de otros caracoles para su casa. El pulpo tiene un cuerpo blando. No tiene concha. Para protegerse, se esconde. También puede cambiar de color o producir una nube de tinta negra para esconderse.

Muchos de estos animales ponen huevos. Ellos comen pequeñas plantas y animales del océano. Algunas plantas y animales del océano son demasiado pequeños para distinguirlos con nuestros ojos.

Circula los animales que tienen una concha dura.
Colorea el animal que tienen un cuerpo blando.

Page 135

Name _____

Animals Without a Backbone

Many of the animals that live in the ocean do not have a backbone. Some have a hard outside shell, like clams and sea snails. Some have rough spiny skin, like sea stars. An urchin has long spines. Some animals have a hard outside covering, like crabs. Crabs also have many legs and strong claws. The little hermit crab uses empty snail shells for its home. An octopus has a soft body and no shell. It hides for protection. It can also change color or make a dark ink-like cloud for protection.

Most of these animals lay eggs. They eat small plants and animals in the water. Some ocean plants and animals are too small to see with just your eyes.

Circle the animals with the hard shell.
Color the animal with a soft body.

Page 136

Nombre _____

Los peces

Miles de diferentes tipos de peces viven en el mar. Los peces pueden ser de muchos colores, formas y tamaños. Algunos nadan en grupos que nosotros llamamos <u>cardúmenes</u>. Algunos nadan solos. Algunos viven cerca de la superficie del agua, donde llega la luz del sol. Otros descansan en el fondo del mar.

Los peces respiran con sus <u>agallas</u>. Tienen <u>escamas</u> sobre su cuerpo y <u>aletas</u> para ayudarlos a nadar.

Complete estas oraciones.
1. El pez respira con __agallas__.
2. Los peces tienen __aletas__ para ayudarles a nadar.
3. El cuerpo del pez está cubierto por __escamas__.
4. Algunos peces nadan en grupos llamados __cardúmenes__.

Hay dos grandes grupos de peces.

A. Peces con un esqueleto de huesos.

B. Peces con un esqueleto de cartílago. Cartílago es más suave que hueso.

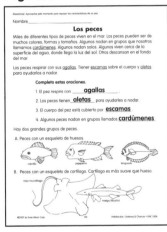

Page 137

Name _____

Fish

Thousands of different kinds of fish live in the sea. Fish come in many colors, shapes, and sizes. Some swim in groups we call <u>schools</u>. Some swim alone. Some live up in the open, sunny water. Some rest on the bottom of the sea.

A fish breathes with <u>gills</u>. It has <u>scales</u> on its body and has <u>fins</u> to help it swim.

Fill in the blanks:
1. Fish breathe with __gills__.
2. A fish has __fins__ to help it swim.
3. A fish's body is covered with __scales__.
4. Some fish swim in groups called __schools__.

There are two big groups of fish.

A. Fish with a skeleton of bone.

B. Fish with a skeleton of cartilage. Cartilage is softer than bone.

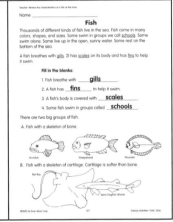

Page 138

Nombre _____

Los mamíferos

Los mamíferos que viven en la tierra respiran con pulmones. Los mamíferos que viven en el océano también respiran con pulmones. Ellos pueden estar bajo el agua por un tiempo largo, pero necesitan subir a la superficie para respirar.

El océano puede ser un lugar frío para vivir. Las nutrias tienen una piel gruesa que las mantiene abrigadas. Otros mamíferos marinos tienen una gruesa capa de grasa para mantenerlos abrigados.

Algunos mamíferos marinos viven cerca de la tierra. Pueden pasar una parte del día fuera del agua.

Algunos mamíferos nadan grandes distancias en el océano.

Marca los mamíferos de piel gruesa con [ ].
Marca el mamífero más grande con **X**.
Colorea los otros mamíferos.

Extra: ¿Cuáles mamíferos has visto?

Page 139

Name _____

Mammals

Mammals on land breathe with lungs. Mammals in the ocean breathe with lungs, too. They can stay under water for a long time, but they must still come to the surface to breathe.

The ocean can be a cold place to live. Otters have thick fur to keep them warm. Other ocean mammals have thick fat to keep them warm.

Some ocean mammals live near land. They may crawl out of the water for part of the day.

Some swim far out in the ocean.

Put a [ ] around the mammal with a thick fur coat.
Put an **X** on the largest mammal.
Color the other mammals.

Extra: Which mammals have you seen?

Page 140

Nombre _____

Las aves marinas

¿Has pasado un día en la playa observando las aves? Ellas vuelan sobre el agua. Algunas se zambullen para pescar su comida. Otras descansan sobre las rocas. Otras corren por arriba y para abajo por la playa.

La forma de las patas, el cuerpo y las alas de las aves que nadan es diferente a la de las aves que vuelan. Algunas aves marinas pueden beber agua salada. Estas aves tienen <u>glándulas de sal</u> para quitar la sal del agua. La mayoría de las aves tiene plumas aceitosas y una capa de grasa que las mantiene abrigadas y secas.

Une:
1. Las glándulas de sal quitan — y otras nadan.
2. Las plumas aceitosas — un ave que pesca.
3. Algunas aves vuelan — la sal del agua salada.
4. Un pelícano es — corren por la playa.
5. Los andarríos — mantienen secas a las aves.

Extra: Colorea el pelícano de color café.
Colorea el cormorán de color negro.

Page 141

Name _____

Sea Birds

Have you ever spent the day at the beach watching the birds? They fly out over the water. Some dive down to catch a fish dinner. Some rest on the rocks. Others run up and down the sandy beach.

The body, wing, and leg shape of birds that swim a lot are different than those of a bird that flies most of the time. Some water birds can drink salt water. These birds have <u>salt glands</u> to take the salt out of the water. Most water birds have oily feathers and a layer of fat to keep them warm and dry.

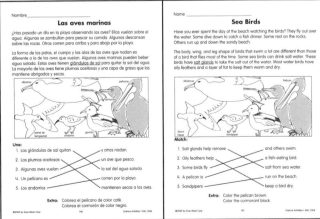

Match:
1. Salt glands help remove — and others swim.
2. Oily feathers help — a fish-eating bird.
3. Some birds fly — salt from sea water.
4. A pelican is — run on the beach.
5. Sandpipers — keep a bird dry.

Extra: Color the pelican brown.
Color the cormorant black.

Science Activities • EMC 5306

Page 142

Nombre _____

Las plantas del océano

Las algas producen alimento y oxígeno para los animales del océano. Algunos animales usan las algas como vivienda y para esconderse.

Las algas no tienen raíces como las plantas que crecen en la tierra. Sus <u>discos de fijación</u> evitan que las algas floten mar adentro. Son resistentes y elásticas. Se doblan cuando las olas las mueven. Los <u>flotadores</u> son bolitas llenas de gas que ayudan a las algas a flotar cerca de la superficie, a la luz del sol.

Las algas se reproducen rápidamente. Se usan para hacer helado, pasta de dientes y muchas otras cosas que usamos diariamente.

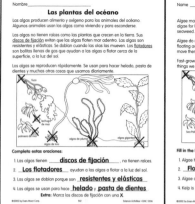

Complete estas oraciones:

1. Las algas tienen <u>discos de fijación</u>, no tienen raíces.
2. <u>Los flotadores</u> ayudan a las algas a flotar a la luz del sol.
3. Las algas se doblan porque son <u>resistentes y elásticas</u>.
4. Las algas se usan para hacer <u>helado y pasta de dientes</u>.

Extra: Marca los discos de fijación con una **X**.

©2002 by Evan-Moor Corp.

Page 143

Name _____

Ocean Plants

Algae make food and oxygen for ocean animals. Some animals use the algae for homes and for hiding places. Some algae are called kelp or seaweed.

Algae do not have roots like land plants. <u>Holdfasts</u> keep them from floating away. Algae are tough and elastic, so they bend when waves move them. <u>Floats</u> are gas-filled balls that hold algae up to the sunlight.

Fast-growing kelps are used in ice cream, toothpaste, and many other things we use every day.

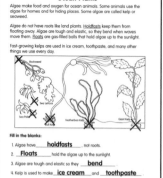

Fill in the blanks:

1. Algae have <u>holdfasts</u>, not roots.
2. <u>Floats</u> hold the algae up to the sunlight.
3. Algae are tough and elastic so they <u>bend</u>.
4. Kelp is used to make <u>ice cream</u> and <u>toothpaste</u>.

Extra: **X** the holdfasts.

©2002 by Evan-Moor Corp.

Page 144

Nombre _____

Las lagunas

Las lagunas son charcas de agua quieta. Las lagunas se pueden formar cuando las personas o los castores detienen el agua de un arroyo con una represa. Estas lagunas se llaman <u>estanques</u>. Cuando el agua se detiene naturalmente en un lugar bajo y no puede drenarse, se llama <u>charca</u>. Algunas charcas se llenan de agua de manantiales subterráneos.

Una laguna es un <u>hábitat de agua dulce</u>. Muchos tipos de plantas y animales viven en las lagunas y sus alrededores. Hay animales que siempre viven en las lagunas. Otros animales ponen sus huevos en las lagunas o cerca de ellas. Algunos animales encuentran comida y agua para beber en las lagunas. Colorea los animales y plantas de la lagunas.

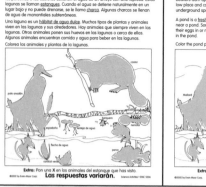

Extra: Pon una **X** en los animales del estanque que has visto.
Las respuestas variarán.

©2002 by Evan-Moor Corp.

Page 145

Name _____

Ponds

A pond is a small, still pool of water. Ponds can be made when people or beavers dam up a stream. Ponds can be made when water is trapped in a low place and cannot drain away. Some ponds get water from underground springs.

A pond is a <u>fresh-water habitat</u>. Many kinds of plants and animals live in or near a pond. Some animals live there all the time. Some animals lay their eggs in or near the pond. Some animals find food and water to drink in the pond.

Color the pond plants and animals.

Extra: Put an **X** on the pond animals you have seen.
Answers will vary.

©2002 by Evan-Moor Corp.

Page 146

Nombre _____

La vida en una laguna

Muchos animales diferentes viven en una laguna. Hay <u>peces</u> de muchos tamaños y colores. Los <u>renacuajos</u> nadan en el agua y comen pequeñas plantas hasta que ellos se convierten en <u>ranas</u> o <u>sapos</u>. El camarón de río camina por el fondo de la laguna en busca de animales pequeños para comer. Las <u>salamandras</u> se alimentan de insectos y pequeñas plantas acuáticas. Los caracoles caminan por el fondo y sobre los tallos de las plantas, comiendo plantas y animalitos a medida que avanzan.

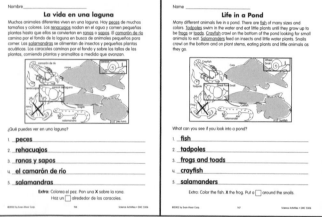

¿Qué puedes ver en una laguna?

1. <u>peces</u>
2. <u>rehacuajos</u>
3. <u>ranas y sapos</u>
4. <u>el camarón de río</u>
5. <u>salamandras</u>

Extra: Colorea el pez. Pon una **X** sobre la rana. Haz un ☐ alrededor de los caracoles.

©2002 by Evan-Moor Corp.

Page 147

Name _____

Life in a Pond

Many different animals live in a pond. There are <u>fish</u> of many sizes and colors. <u>Tadpoles</u> swim in the water and eat little plants until they grow up to be <u>frogs</u> or <u>toads</u>. <u>Crayfish</u> crawl on the bottom of the pond looking for small animals to eat. <u>Salamanders</u> feed on insects and little water plants. Snails crawl on the bottom and on plant stems, eating plants and little animals as they go.

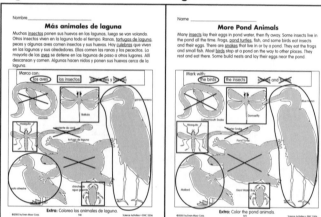

What can you see if you look into a pond?

1. <u>fish</u>
2. <u>tadpoles</u>
3. <u>frogs and toads</u>
4. <u>crayfish</u>
5. <u>salamanders</u>

Extra: Color the fish. **X** the frog. Put a ☐ around the snails.

©2002 by Evan-Moor Corp.

Page 148

Nombre _____

Más animales de laguna

Muchos <u>insectos</u> ponen sus huevos en las lagunas, luego se van volando. Otros insectos viven en la laguna todo el tiempo. Ranas, <u>tortugas de laguna</u>, peces y algunas aves comen insectos y sus huevos. Hay <u>culebras</u> que viven en las lagunas y sus alrededores. Ellas comen las ranas y los pececitos. La mayoría de las <u>aves</u> se detiene en las lagunas de paso a otros lugares. Allí descansan y comen. Algunas hacen nidos y ponen sus huevos cerca de la laguna.

Marca con: los aves | los insectos | reptiles y ranas

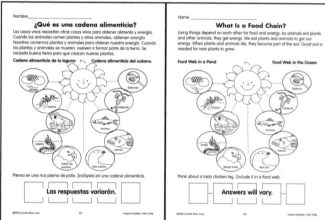

Extra: Colorea los animales de laguna.

©2002 by Evan-Moor Corp.

Page 149

Name _____

More Pond Animals

Many <u>insects</u> lay their eggs in pond water, then fly away. Some insects live in the pond all the time. Frogs, <u>pond turtles</u>, fish, and some birds eat insects and their eggs. There are <u>snakes</u> that live in or by a pond. They eat the frogs and small fish. Most <u>birds</u> stop at a pond on the way to other places. They rest and eat there. Some build nests and lay their eggs near the pond.

Mark with: the birds | the insects | reptiles and frogs

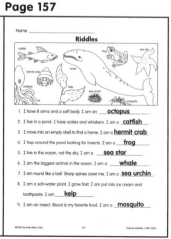

Extra: Color the pond animals.

©2002 by Evan-Moor Corp.

Page 150

Nombre _____

Las plantas de la laguna

Las plantas son importantes para las lagunas. Producen alimento y oxígeno para los animales. Pueden servir de viviendas o escondites. Algunos animales ponen sus huevos en las plantas.

Las <u>algas</u> diminutas crecen en las lagunas. Se parecen a espuma verde. Las <u>lentejas de agua</u> también flotan sobre la superficie del agua. Los nenúfares también flotan en la superficie, pero sus tallos alcanzan el fondo de la laguna en busca de plantas pequeñas para comer. La raíz mantiene fija a la planta. Las <u>espadañas</u> y <u>flechas de agua</u> crecen por la orilla. La <u>zostera marina</u> y las <u>yerbas acuáticas</u> crecen en el fondo del agua. Muchas otras plantas pueden crecer en una laguna.

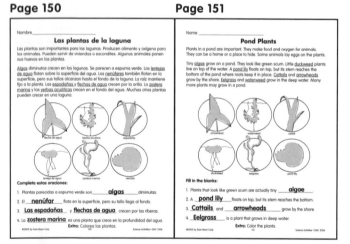

Completa estas oraciones:

1. Plantas parecidas a espuma verde son <u>algas</u> diminutas.
2. El <u>nenúfar</u> flota en la superficie, pero su tallo llega al fondo.
3. Las <u>espadañas</u> y <u>flechas de agua</u> crecen por las riberas.
4. La <u>zostera marina</u> es una planta que crece en la profundidad del agua.

Extra: Colorea las plantas.

©2002 by Evan-Moor Corp.

Page 151

Name _____

Pond Plants

Plants in a pond are important. They make food and oxygen for animals. They can be a home or a place to hide. Some animals lay eggs on the plants.

Tiny <u>algae</u> grow on a pond. They look like green scum. Tiny <u>duckweed</u> plants live on top of the water. A <u>pond lily</u> floats on top, but its stem reaches the bottom of the pond where roots keep it in place. <u>Cattails</u> and <u>arrowheads</u> grow by the shore. <u>Eelgrass</u> and <u>waterweed</u> grow in the deep water. Many more plants may grow in a pond.

Fill in the blanks:

1. Plants that look like green scum are actually tiny <u>algae</u>.
2. A <u>pond lily</u> floats on top, but its stem reaches the bottom.
3. <u>Cattails</u> and <u>arrowheads</u> grow by the shore.
4. <u>Eelgrass</u> is a plant that grows in deep water.

Extra: Color the plants.

©2002 by Evan-Moor Corp.

Page 152

Nombre _____

¿Qué es una cadena alimenticia?

Las cosas vivas necesitan otras cosas vivas para obtener alimento y energía. Cuando los animales comen plantas y otros animales, obtienen energía. Nosotros comemos plantas y animales para obtener nuestra energía. Cuando las plantas y animales se mueren, vuelven a formar parte de la tierra. Se necesita buena tierra para que crezcan nuevas plantas.

Cadena alimenticia de la laguna | Cadena alimenticia del océano

Piensa en una rica pierna de pollo. Inclúyela en una cadena alimenticia.

Las respuestas variarán. ☐

©2002 by Evan-Moor Corp.

Page 153

Name _____

What Is a Food Chain?

Living things depend on each other for food and energy. As animals eat plants and other animals, they get energy. We eat plants and animals to get our energy. When plants and animals die, they become part of the soil. Good soil is needed for new plants to grow.

Food Web in a Pond | Food Web in the Ocean

Think about a tasty chicken leg. Include it in a food web.

Answers will vary. ☐

©2002 by Evan-Moor Corp.

Page 154

Nombre _____

¿Dónde vivimos?

Marca con un ◯ las plantas y los animales que viven en el océano.
Marca con una **X** las plantas y animales que viven en una laguna de agua dulce.

Extra: Voltea esta página. Dibuja otros animales que viven en el océano o en una laguna.

©2002 by Evan-Moor Corp.

Page 155

Name _____

Where Do I Live?

Circle plants and animals that live in the salty ocean.
X plants and animals that live in a freshwater pond.

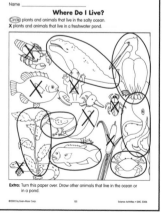

Extra: Turn this paper over. Draw other animals that live in the ocean or in a pond.

©2002 by Evan-Moor Corp.

Page 156

Nombre _____

Adivinanzas

1. Tengo 8 brazos y un cuerpo blando. Soy un <u>pulpo</u>.
2. Yo vivo en una laguna. Tengo escamas y bigotes. Soy un <u>bagre</u>.
3. Yo uso una concha vacía para mi casa. Soy un <u>cangrejo ermitaño</u>.
4. Salto por la laguna buscando insectos. Soy una <u>rana</u>.
5. Yo vivo en el océano, no en el cielo. Soy una <u>estrella de mar</u>.
6. Yo soy el animal más grande del océano. Soy una <u>ballena</u>.
7. Soy redondo como una pelota. Estoy cubierto por espinas afiladas.
   Soy un <u>erizo de mar</u>.
8. Soy una planta marina. Crezco rápidamente. Me usan para hacer helado y pasta de dientes. Soy <u>algas</u>.
9. Soy un insecto. La sangre es mi alimento favorito. Soy un <u>mosquito</u>.

©2002 by Evan-Moor Corp.

Page 157

Name _____

Riddles

1. I have 8 arms and a soft body. I am an <u>octopus</u>.
2. I live in a pond. I have scales and whiskers. I am a <u>catfish</u>.
3. I move into an empty shell to find a home. I am a <u>hermit crab</u>.
4. I hop around the pond looking for insects. I am a <u>frog</u>.
5. I live in the ocean, not the sky. I am a <u>sea star</u>.
6. I am the biggest animal in the ocean. I am a <u>whale</u>.
7. I am round like a ball. Sharp spines cover me. I am a <u>sea urchin</u>.
8. I am a salt-water plant. I grow fast. I am put into ice cream and toothpaste. I am <u>kelp</u>.
9. I am an insect. Blood is my favorite food. I am a <u>mosquito</u>.

©2002 by Evan-Moor Corp.

Page 158

Nombre

¿Recuerdas?

1. Una ballena es un pez.
2. Un océano tiene agua salada.
3. Se usan algas para fabricar pasta de dientes.
4. El pulpo tiene una concha dura.
5. Los tiburones son peces.
6. Las estrellas de mar nadan en cardúmenes.
7. Un renacuajo se convierte en una rana.
8. Los cangrejos ermitaños ocupan conchas vacías.
9. Un elefante marino es un mamífero.
10. Una laguna tiene agua dulce.
11. Las espadañas crecen en el océano.
12. Los peces respiran con sus agallas.

¿Puedes encontrar los animales?

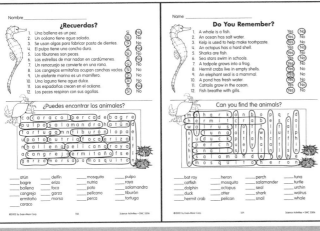

atún	delfín	mosquito	pulpo
bagre	erizo	nutria	raya
ballena	foca	pato	salamandra
cangrejo	garza	pelícano	tiburón
ermitaño	morsa	perca	tortuga
caracol			

Page 159

Name

Do You Remember?

1. A whale is a fish. — Yes / **No**
2. An ocean has salt water. — **Yes** / No
3. Kelp is used to help make toothpaste. — **Yes** / No
4. An octopus has a hard shell. — Yes / **No**
5. Sharks are fish. — **Yes** / No
6. Sea stars swim in schools. — Yes / **No**
7. A tadpole grows into a frog. — **Yes** / No
8. Hermit crabs live in empty shells. — **Yes** / No
9. An elephant seal is a mammal. — **Yes** / No
10. A pond has fresh water. — **Yes** / No
11. Cattails grow in the ocean. — Yes / **No**
12. Fish breathe with gills. — **Yes** / No

Can you find the animals?

bat ray	heron	perch	tuna
catfish	mosquito	salamander	turtle
dolphin	octopus	seal	urchin
duck	otter	shark	walrus
hermit crab	pelican	snail	whale

El agua/Water .... pages 162–191

Page 162

Nombre

La Tierra—El planeta del agua

¿Por qué se le llama a la Tierra "el planeta del agua"? El agua está en los océanos. El agua está en la Tierra, en los ríos y en los lagos. El agua está en las nubes que están encima de la Tierra. Podemos encontrar agua en casi todas partes de nuestro planeta.

Hemisferio Occidental

Colorea los océanos de color azul.
Colorea la tierra de color verde.

Extra: Al reverso de esta página, dibuja un lugar donde puedes encontrar agua.

Page 163

Name

Earth—The Water Planet

Why is Earth called "the water planet"? Water is in the oceans. Water is on the land, in the rivers, and in lakes. Water is in the clouds above the Earth. We can find water almost everywhere on our planet.

Western Hemisphere

Color the oceans blue.
Color the land green.

Extra: On the back of this paper, draw a place you can find water.

Page 164

Nombre

¿Por qué es importante el agua?

Todas las plantas, los animales y las personas necesitan agua para vivir. Las plantas y las personas usan el agua para crecer y producir alimentos. Los animales y las personas beben agua para crecer y tener buena salud.

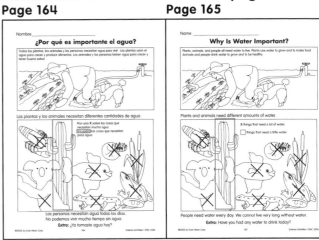

Las plantas y los animales necesitan diferentes cantidades de agua.

Pon una **X** sobre las cosas que necesitan mucha agua. Encuéntralas las cosas que necesitan poca agua.

Las personas necesitan agua todos los días. No podemos vivir mucho tiempo sin agua.

Extra: ¿Ya tomaste agua hoy?

Page 165

Name

Why Is Water Important?

Plants, animals, and people all need water to live. Plants use water to grow and to make food. Animals and people drink water to grow and to be healthy.

Plants and animals need different amounts of water.

X things that need a lot of water.
☐ things that need a little water.

People need water every day. We cannot live very long without water.

Extra: Have you had any water to drink today?

Page 166

Nombre

El ciclo del agua

El calor del sol transforma el agua en vapor. El vapor sube al cielo y forma las nubes. El viento sopla las nubes hasta la tierra. Las nubes encuentran aire frío. El vapor del agua se transforma en gotas de agua y éstas caen al suelo como lluvia.

Colorea el agua de color azul:

Extra: Dibuja un día lluvioso al reverso de esta página.

Page 167

Name

The Water Cycle

The hot sun makes water change into water vapor. The water vapor goes up into the sky and makes clouds. Wind blows the clouds over the land. The clouds meet cool air. The water vapor changes back into waterdrops and falls to the earth as rain.

Color the water blue:

Extra: Draw a rainy day picture on the back of this page.

Page 168

Nombre

El agua en el aire

El sol calienta la Tierra. El calor convierte el agua en vapor. El aire caliente pesa menos que el aire frío. El aire caliente sube al cielo. El vapor sube con el aire caliente.

Siempre hay vapor en el aire, pero es invisible. Puedes ver el vapor cuando exhalas aire en un día frío. Cuando respiras, forma una pequeña nube.

¿Sí o No?

1. El aire caliente sube al cielo. — **Sí**
2. A veces puedes ver vapor cuando respiras. — **Sí**
3. El frío convierte el agua en vapor. — **No**

Extra: ¿Puedes pensar en otro sitio donde puedas ver vapor?

Page 169

Name

Water in the Air

The hot sun warms the Earth. The heat changes water into water vapor. Warm air is lighter than cold air. It rises up into the sky. The water vapor goes up with the warm air.

Water vapor is always in the air, but it is invisible. You can see water vapor when you breathe out on a cold day. It looks like a little cloud when you breathe.

Yes or No?

1. Warm air goes up into the sky. — **Yes**
2. Sometimes, you can see water vapor when you breathe. — **Yes**
3. The cold makes water change into water vapor. — **No**

Extra: Can you think of another place you can see water vapor?

Page 170

Nombre

Las nubes

Las nubes pueden contener diferentes cantidades de gotas de agua. Las pequeñas nubes blancas contienen poca agua. Las grandes nubes negras contienen mucha agua. La niebla es una fina nubecilla de minúsculas gotitas de agua que baja hasta el suelo.

Aquí están algunas nubes.

Pon una **X** bajo la nube que contiene más agua.

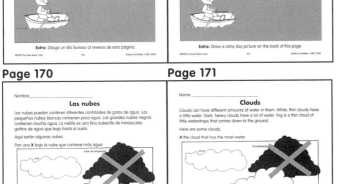

Algunas de las nubes se parecen a un animal o una persona. Dibuja una nube en una figura al reverso de esta hoja.

Extra: Mira por la ventana. Marca la nube en esta página que más se parece a las nubes que ves.

Page 171

Name

Clouds

Clouds can have different amounts of water in them. White, thin clouds have a little water. Dark, heavy clouds have a lot of water. Fog is a thin cloud of little waterdrops that comes down to the ground.

Here are some clouds.

X the cloud that has the most water.

Sometimes clouds look like an animal or a person. Make a cloud picture on the back of this paper.

Extra: Look out a window. Circle the cloud on this page that looks the most like the clouds you see.

Page 172

Nombre

Cómo se forma una nube

Cuando el aire **caliente** y húmedo encuentra aire **frío**, el vapor se transforma en pequeñas **gotas** de agua. Cuando millones de estas pequeñas gotas de agua se juntan, forman una nube.

Llena los espacios en blanco:

1. Una nube está formada por millones de **gotas**

2. El vapor se transforma en pequeñas gotas de agua cuando el aire **caliente** encuentra aire **frío**

Puedes ver el vapor transformarse en gotas de agua:

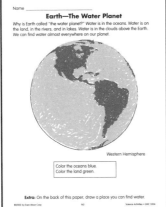

1. cuando tomas un baño caliente y el aire caliente choca con el espejo frío.

2. cuando pones cubos de hielo en un vaso seco y el aire caliente choca contra el vaso frío.

3. cuando el aire frío de la noche toca el suelo caliente. Estas gotas de agua sobre el pasto se llaman "rocío".

Extra: Colorea los dibujos.

Page 173

Name

Making a Cloud

When **warm**, damp air meets **cold** air, the water vapor turns into little **drops** of water. When millions of the little drops come together they make a cloud.

Fill in the blanks:

1. A cloud is made up of millions of **drops**

2. Water vapor turns into drops of water when **warm** air meets **cold** air

You can see water vapor turn into waterdrops:

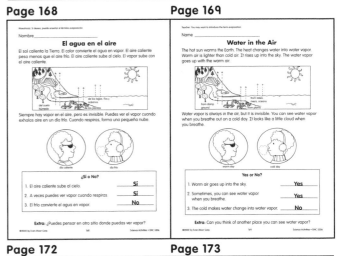

1. when you take a hot bath and the warm air meets the cold mirror.

2. when you put cold ice cubes in a dry glass and the warm air meets the cold glass.

3. when the cool night air meets the warm ground. The water droplets on the grass are called "dew."

Extra: Color the pictures.

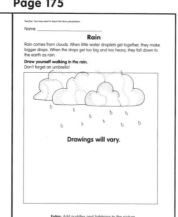
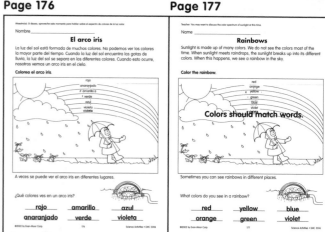

Page 174 — La lluvia
Nombre

La lluvia viene de las nubes. Cuando las gotitas de agua se juntan, forman gotas más grandes. Cuando las gotas se hacen demasiado grandes y pesadas, caen al suelo en forma de lluvia.

Dibújate a ti mismo paseando bajo la lluvia.
¡No olvides el paraguas!

Los dibujos variarán.

Extra: Agrégale charcos y relámpagos al dibujo.

Page 175 — Rain
Name

Rain comes from clouds. When little water droplets get together, they make bigger drops. When the drops get too big and too heavy, they fall down to the earth as rain.

Draw yourself walking in the rain.
Don't forget an umbrella!

Drawings will vary.

Extra: Add puddles and lightning to the picture.

Page 176 — El arco iris
Nombre

La luz del sol está formada de muchos colores. No podemos ver los colores la mayor parte del tiempo. Cuando la luz del sol encuentra las gotas de lluvia, la luz del sol se separa en los diferentes colores. Cuando esto ocurre, nosotros vemos un arco iris en el cielo.

Colorea el arco iris.

rojo / anaranjado / amarillo a / verde / azul / violeta

A veces se puede ver el arco iris en diferentes lugares.

¿Qué colores ves en un arco iris?

rojo   amarillo   azul
anaranjado   verde   violeta

Page 177 — Rainbows
Name

Sunlight is made up of many colors. We do not see the colors most of the time. When sunlight meets raindrops, the sunlight breaks up into its different colors. When this happens, we see a rainbow in the sky.

Color the rainbow.

red / orange / yellow / green / blue / violet

Colors should match words.

Sometimes you can see rainbows in different places.

What colors do you see in a rainbow?

red   yellow   blue
orange   green   violet

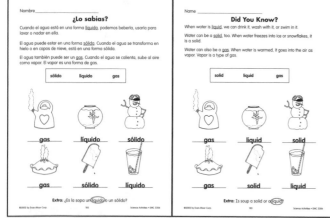
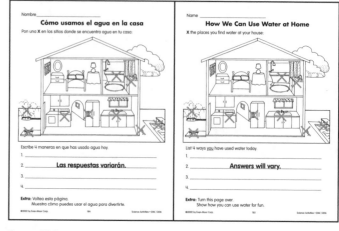

Page 182 — ¿Lo sabías?
Nombre

Cuando el agua está en una forma líquida, podemos beberla, usaría para lavar o nadar en ella.

El agua puede estar en una forma sólida. Cuando el agua se transforma en hielo o en copos de nieve, está en una forma sólida.

El agua también puede ser un gas. Cuando el agua se calienta, sube al aire como vapor. El vapor es una forma de gas.

sólido   líquido   gas

gas   líquido   sólido
gas   sólido   líquido

Extra: ¿Es la sopa un líquido o un sólido?

Page 183 — Did You Know?
Name

When water is liquid, we can drink it, wash with it, or swim in it.

Water can be a solid, too. When water freezes into ice or snowflakes, it is a solid.

Water can also be a gas. When water is warmed, it goes into the air as vapor. Vapor is a type of gas.

solid   liquid   gas

gas   liquid   solid
gas   solid   liquid

Extra: Is soup a solid or a liquid?

Page 184 — Cómo usamos el agua en la casa
Nombre

Pon una X en los sitios donde se encuentra agua en tu casa:

Escribe 4 maneras en que has usado agua hoy.

1.
2.   Las respuestas variarán.
3.
4.

Extra: Voltea esta página.
Muestra cómo puedes usar el agua para divertirte.

Page 185 — How We Can Use Water at Home
Name

X the places you find water at your house:

List 4 ways you have used water today.

1.
2.   Answers will vary.
3.
4.

Extra: Turn this page over.
Show how you can use water for fun.

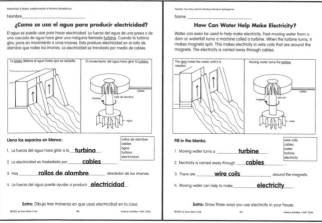
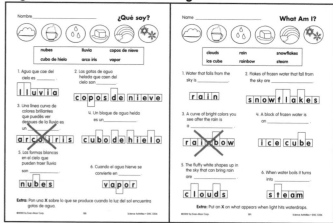

Page 186 — ¿Como se usa el agua para producir electricidad?
Nombre

El agua se puede usar para hacer electricidad. La fuerza del agua de una presa o de una cascada de agua hace girar una máquina llamada turbina. Cuando la turbina gira, pone en movimiento a unos imanes. Esto produce electricidad en el rollo de alambre que rodea los imanes. La electricidad es translada por medio de cables.

La presa detiene el agua hasta que se necesite.
El movimiento del agua hace girar la turbina.

Llena los espacios en blanco:

1. La fuerza del agua hace girar a la **turbina**.
2. La electricidad es trasladada por **cables**.
3. Hay **rollos de alambre** alrededor de los imanes.
4. La fuerza del agua puede ayudar a producir **electricidad**.

rollos de alambre / cables / agua / turbina / electricidad

Extra: Dibuja tres maneras en que usas electricidad en tu casa.

Page 187 — How Can Water Help Make Electricity?
Name

Water can even be used to help make electricity. Fast-moving water from a dam or waterfall turns a machine called a turbine. When the turbine turns, it makes magnets spin. This makes electricity in wire coils that are around the magnets. The electricity is carried away through cables.

The dam holds the water until it is needed.
Moving water turns the turbine.

Fill in the blanks:

1. Moving water turns a **turbine**.
2. Electricity is carried away through **cables**.
3. There are **wire coils** around the magnets.
4. Moving water can help to make **electricity**.

wire coils / cables / water / turbine / electricity

Extra: Draw three ways you use electricity in your house.

Page 188 — ¿Qué soy?
Nombre

nubes   lluvia   copos de nieve
cubo de hielo   arco iris   vapor

1. Agua que cae del cielo es **lluvia**
2. Las gotas de agua que caen del cielo son **copos de nieve**
3. Una línea curva de colores brillantes que puedes ver después de la lluvia es un **arco iris**
4. Un bloque de agua helada es un **cubo de hielo**
5. Las formas blancas en el cielo que pueden traer lluvia son **nubes**
6. Cuando el agua hierve se convierte en **vapor**

Extra: Pon una X sobre lo que se produce cuando la luz del sol encuentra gotas de agua.

Page 189 — What Am I?
Name

clouds   rain   snowflakes
ice cube   rainbow   steam

1. Water that falls from the sky is **rain**
2. Flakes of frozen water that fall from the sky are **snowflakes**
3. A curve of bright colors you see after the rain is a **rainbow**
4. A block of frozen water is an **ice cube**
5. The fluffy white shapes up in the sky that can bring rain are **clouds**
6. When water boils it turns into **steam**

Extra: Put an X on what appears when light hits waterdrops.

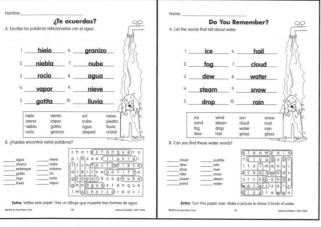

Page 190 — ¿Te acuerdas?
Nombre

A. Escribe las palabras relacionadas con el agua.

1. hielo   6. granizo
2. niebla   7. nube
3. rocío   8. agua
4. vapor   9. nieve
5. gotita   10. lluvia

hielo / viento / sol / nieve
arena / vapor / nube / piedra
niebla / gotita / agua / lluvia
rocío / granizo / césped / cristal

B. ¿Puedes encontrar estas palabras?

agua / nieve
charco / nube
estanque / océano
gotita / río
lago / rocío
lluvia

Extra: Voltea este papel. Haz un dibujo que muestre tres formas de agua.

Page 191 — Do You Remember?
Name

A. List the words that tell about water.

1. ice   6. hail
2. fog   7. cloud
3. dew   8. water
4. steam   9. snow
5. drop   10. rain

ice / wind / sun / snow
sand / steam / cloud / rock
fog / drop / water / rain
dew / hail / grass / glass

B. Can you find these water words?

cloud / puddle
dew / rain
drop / river
lake / snow
ocean / steam
pond / water

Extra: Turn this paper over. Make a picture to show 3 kinds of water.

©2002 by Evan-Moor Corp.   300   Science Activities • EMC 5306

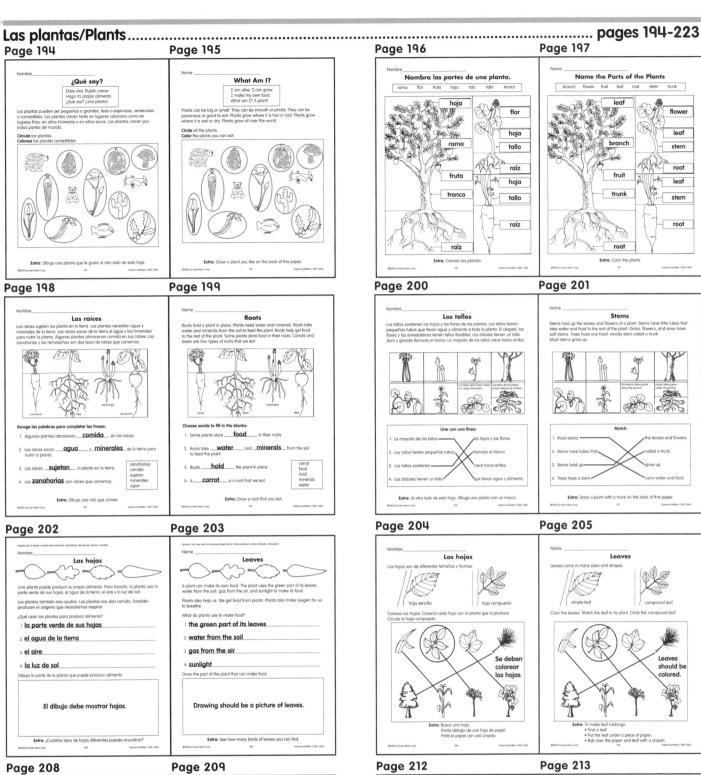

Page 194

¿Qué soy?

Estoy viva. Puedo crecer.
Hago mi propio alimento.
¿Qué soy? ¡Una planta!

Las plantas pueden ser pequeñas o grandes, lisas o espinosas, venenosas o comestibles. Las plantas crecen tanto en lugares calurosos como en lugares fríos, en sitios húmedos o en sitios secos. Las plantas crecen por todas partes del mundo.

Circula las plantas.
Colorea las plantas comestibles.

Extra: Dibuja una planta que te guste al otro lado de esta hoja.

Page 195

What Am I?

I am alive. I can grow.
I make my own food.
What Am I? A plant!

Plants can be big or small. They can be smooth or prickly. They can be poisonous or good to eat. Plants grow where it is hot or cold. Plants grow where it is wet or dry. Plants grow all over the world.

Circle all the plants.
Color the plants you can eat.

Extra: Draw a plant you like on the back of this paper.

Page 196

Nombra las partes de una planta.

rama   flor   fruta   hoja   raíz   tallo   tronco

hoja · flor · hoja · rama · tallo · raíz · fruta · hoja · tronco · tallo · raíz · raíz

Extra: Colorea las plantas.

Page 197

Name the Parts of the Plants

branch   flower   fruit   leaf   root   stem   trunk

leaf · flower · leaf · branch · stem · root · fruit · leaf · trunk · stem · root · root

Extra: Color the plants.

Page 198

Las raíces

Las raíces sujetan una planta en la tierra. Las plantas necesitan agua y minerales de la tierra. Las raíces sacan de la tierra el agua y los minerales para nutrir la planta. Algunas plantas almacenan comida en sus raíces. Las zanahorias y las remolachas son dos tipos de raíces que comemos.

zanahoria · higui · espárrago · remolacha

Escoge las palabras para completar las frases:

1. Algunas plantas almacenan en la tierra. **comida** en las raíces.
2. Las raíces sacan **agua** y **minerales** de la tierra para nutrir la planta.
3. Las raíces **sujetan** la planta en la tierra.
4. Las **zanahorias** son raíces que comemos.

zanahorias · comida · sujetan · minerales · agua

Extra: Dibuja una raíz que comes.

Page 199

Roots

Roots hold a plant in place. Plants need water and minerals. Roots take water and minerals from the soil to feed the plant. Roots help get food to the rest of the plant. Some plants store food in their roots. Carrots and beets are two types of roots that we eat.

Carrot · Bean · Beet

Choose words to fill in the blanks:

1. Some plants store **food** in their roots.
2. Roots take **water** and **minerals** from the soil to feed the plant.
3. Roots **hold** the plant in place.
4. A **carrot** is a root that we eat.

carrot · food · hold · minerals · water

Extra: Draw a root that you eat.

Page 200

Los tallos

Los tallos sostienen las hojas y las flores de las plantas. Los tallos tienen pequeños tubos que llevan agua y alimento a toda la planta. El césped, las flores y las enredaderas tienen tallos flexibles. Los árboles tienen un tallo duro y grande llamado el tronco. La mayoría de los tallos crece hacia arriba.

Une con una línea:

1. La mayoría de los tallos — las hojas y las flores.
2. Los tallos tienen pequeños tubos — llamado el tronco.
3. Los tallos sostienen — crece hacia arriba.
4. Los árboles tienen un tallo — que llevan agua y alimento.

Extra: Al otro lado de esta hoja, dibuja una planta con un tronco.

Page 201

Stems

Stems hold up the leaves and flowers of a plant. Stems have little tubes that take water and food to the rest of the plant. Grass, flowers, and vines have soft stems. Trees have one hard, woody stem called a trunk. Most stems grow up.

Strawberry stems grow along the ground. Potato stems grow under the ground.

Match:

1. Most stems — the leaves and flowers.
2. Stems have tubes that — called a trunk.
3. Stems hold up — grow up.
4. Trees have a stem — carry water and food.

Extra: Draw a plant with a trunk on the back of this paper.

Page 202

Las hojas

Una planta puede producir su propio alimento. Para hacerlo, la planta usa la parte verde de sus hojas, el agua de la tierra, el aire y la luz del sol.

Las plantas también nos ayudan. Las plantas nos dan comida. También producen el oxígeno que necesitamos respirar.

¿Qué usan las plantas para producir alimento?

1. la parte verde de sus hojas
2. el agua de la tierra
3. el aire
4. la luz de sol

Dibuja la parte de la planta que puede producir alimento.

El dibujo debe mostrar hojas.

Extra: ¿Cuántos tipos de hojas diferentes puedes encontrar?

Page 203

Leaves

A plant can make its own food. The plant uses the green part of its leaves, water from the soil, gas from the air, and sunlight to make its food.

Plants also help us. We get food from plants. Plants also make oxygen for us to breathe.

What do plants use to make food?

1. the green part of its leaves
2. water from the soil
3. gas from the air
4. sunlight

Draw the part of the plant that can make food.

Drawing should be a picture of leaves.

Extra: See how many kinds of leaves you can find.

Page 204

Las hojas

Las hojas son de diferentes tamaños y formas.

hoja sencilla · hoja compuesta

Colorea las hojas. Conecta cada hoja con la planta que la produce. Circula la hoja compuesta.

Se deben colorear las hojas.

Extra: Busca una hoja.
Ponla debajo de una hoja de papel.
Frota el papel con una crayola.

Page 205

Leaves

Leaves come in many sizes and shapes.

simple leaf · compound leaf

Color the leaves. Match the leaf to its plant. Circle the compound leaf.

Leaves should be colored.

Extra: To make leaf rubbings.
• Find a leaf.
• Put the leaf under a piece of paper.
• Rub over the paper and leaf with a crayon.

Page 208

¿Qué hay dentro de una semilla?

La semilla contiene una "planta bebé". La semilla germina y una pequeña planta empieza a crecer. La semilla nutre la nueva planta hasta que las hojas crezcan y puedan producir su propio alimento.

¿Puedes encontrar la "planta bebé"?
¿Puedes ver una hoja?
¿Puedes ver una raíz?

Colorea las semillas:

Extra: Dibuja 4 semillas que comes.

Page 209

What Is in a Seed?

A baby plant is in the seed. The seed sprouts. A little plant starts to grow. The seed has food for the new plant until it grows leaves to make its own food.

Can you find the baby plant?
Can you see a leaf?
Can you see a root?

Color the seeds:

Extra: Draw 4 seeds you can eat.

Page 212

Ciclo de vida de una planta de semillas

Colorea.
Corta y pega en orden.

Mira cómo crece el tomate.

Extra: Toma una hoja de papel.
Escribe una frase acerca de cada dibujo.

Page 213

Life Cycle of a Seed Plant

Color.
Cut and paste in order.

Watch the tomato grow.

Extra: Get a sheet of paper.
Write a sentence about each picture.

Science Activities • EMC 5306

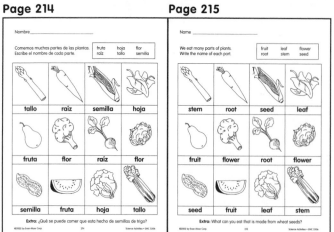

Page 214

Nombre _____

Comemos muchas partes de las plantas. Escribe el nombre de cada parte.

| fruta | hoja | flor |
| raíz | tallo | semilla |

tallo	raíz	semilla	hoja
fruta	flor	raíz	flor
semilla	fruta	hoja	tallo

Extra: ¿Qué se puede comer que esta hecho de semillas de trigo?

©2002 by Evan-Moor Corp.

Page 215

Name _____

We eat many parts of plants. Write the name of each part.

| fruit | leaf | flower |
| root | stem | seed |

stem	root	seed	leaf
fruit	flower	root	flower
seed	fruit	leaf	stem

Extra: What can you eat that is made from wheat seeds?

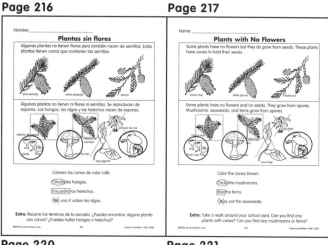

Page 216

Nombre _____

Plantas sin flores

Algunas plantas no tienen flores pero también nacen de semillas. Estas plantas tienen conos que contienen las semillas.

Algunas plantas no tienen ni flores ni semillas. Se reproducen de esporas. Los hongos, las algas y los helechos nacen de esporas.

Colorea los conos de color café.
Circula los hongos.
Encuadra los helechos.
Pon una X sobre las algas.

Extra: Recorre los terrenos de tu escuela. ¿Puedes encontrar alguna planta con conos? ¿Puedes hallar hongos o helechos?

Page 217

Name _____

Plants with No Flowers

Some plants have no flowers but they do grow from seeds. These plants have cones to hold their seeds.

Some plants have no flowers and no seeds. They grow from spores. Mushrooms, seaweeds, and ferns grow from spores.

Color the cones brown.
Circle the mushrooms.
Box the ferns.
Cross out the seaweeds.

Extra: Take a walk around your school yard. Can you find any plants with cones? Can you find any mushrooms or ferns?

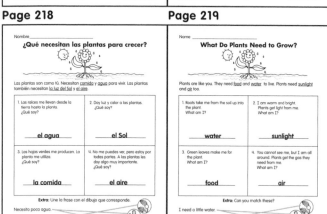

Page 218

Nombre _____

¿Qué necesitan las plantas para crecer?

Las plantas son como tú. Necesitan comida y agua para vivir. Las plantas también necesitan la luz del Sol y el aire.

1. Las raíces me llevan desde la tierra hasta la planta. ¿Qué soy?
   el agua

2. Doy luz y calor a las plantas. ¿Qué soy?
   el Sol

3. Las hojas verdes me producen. La planta me utiliza. ¿Qué soy?
   la comida

4. No me puedes ver, pero estoy por todas partes. A las plantas les doy algo muy importante. ¿Qué soy?
   el aire

Extra: Une una frase con el dibujo que corresponde.

Necesito poca agua.
Crezco en agua salada.

Page 219

Name _____

What Do Plants Need to Grow?

Plants are like you. They need food and water to live. Plants need sunlight and air too.

1. Roots take me from the soil up into the plant. What am I?
   water

2. I am warm and bright. Plants get light from me. What am I?
   sunlight

3. Green leaves make me for the plant. What am I?
   food

4. You cannot see me, but I am all around. Plants get the gas they need from me. What am I?
   air

Extra: Can you match these?

I need a little water.
I grow in salty water.

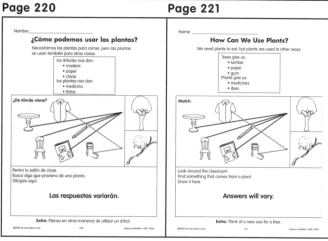

Page 220

Nombre _____

¿Cómo podemos usar las plantas?

Necesitamos las plantas para comer, pero las plantas se usan también para otras cosas:

los árboles nos dan:
• madera
• papel
• chicle
los plantas nos dan:
• medicina
• tintas

¿De dónde viene?

Revisa tu salón de clase.
Busca algo que provenga de una planta.
Dibújalo aquí.

Las respuestas variarán.

Extra: Piensa en otras maneras de utilizar un árbol.

Page 221

Name _____

How Can We Use Plants?

We need plants to eat, but plants are used in other ways:

Trees give us:
• lumber
• paper
• gum
Plants give us:
• medicines
• dyes

Match:

Look around the classroom
Find something that comes from a plant.
Draw it here.

Answers will vary.

Extra: Think of a new use for a tree.

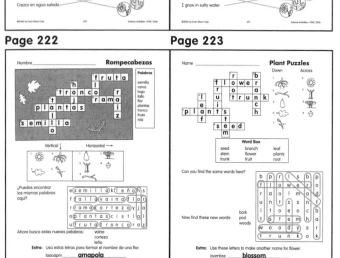

Page 222

Nombre _____ **Rompecabezas**

Palabras: semilla, rama, hoja, tallo, flor, plantas, tronco, fruto, raíz

Vertical ↓   Horizontal →

¿Puedes encontrar las mismas palabras aquí?

Ahora busca estas nuevas palabras: vaina, corteza, leño

Extra: Usa estas letras para formar el nombre de una flor. laoaapm **amapola**

Page 223

Name _____ **Plant Puzzles**

Down   Across

Word Box: seed, stem, trunk, branch, flower, fruit, leaf, plants, root

Can you find the same words here?

Now find these new words: bark, pod, woody

Extra: Use these letters to make another name for flower. loombss **blossom**

El Sol, la Luna y las estrellas/Sun, Moon, and Stars.................................pages 226-255

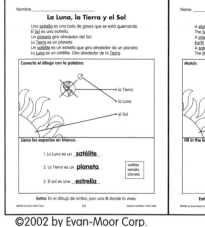 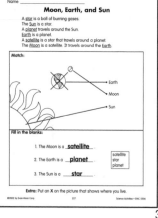

Page 226

Nombre _____

La Luna, la Tierra y el Sol

Una estrella es una bola de gases que se está quemando.
El Sol es una estrella.
La Tierra gira alrededor del Sol.
La Tierra es un planeta.
Un satélite es una estrella que gira alrededor de un planeta.
La Luna es un satélite. Gira alrededor de la Tierra.

Conecta el dibujo con la palabra:
— la Tierra
— la Luna
— el Sol

Llena los espacios en blanco:

1. La Luna es un **satélite**
2. La Tierra es un **planeta**
3. El sol es una **estrella**

satélite / estrella / planeta

Extra: En el dibujo de arriba, pon una X donde tú vives.

Page 227

Name _____

Moon, Earth, and Sun

A star is a ball of burning gases.
The Sun is a star.
A planet travels around the Sun.
Earth is a planet.
A satellite is a star that travels around a planet.
The Moon is a satellite. It travels around the Earth.

Match:
— Earth
— Moon
— Sun

Fill in the blanks:

1. The Moon is a **satellite**
2. The Earth is a **planet**
3. The Sun is a **star**

satellite / star / planet

Extra: Put an X on the picture that shows where you live.

Page 228

Maestro(a): Si desea, puede enseñar estos términos: satélite, órbita, reflexión.
Nombre _____

La Luna

La Luna es más pequeña que la Tierra y el Sol. Nosotros podemos ver la Luna porque brilla con la luz del Sol. La Luna gira alrededor de la Tierra una vez en un mes. No hay aire ni agua en la Luna. Hay montañas altas y llanuras planas cubiertas de polvo en la Luna. Hay muchas hoyas grandes llamadas cráteres.

| llanura | montaña | cráter |

llanura
montaña
cráter

Extra: Dibuja la Tierra en el cielo, arriba de Luna.

Page 229

Teacher: You may want to introduce the terms orbit, satellite and reflection.
Name _____

The Moon

The Moon is smaller than the Earth and Sun. We can see the Moon because it shines with light from the Sun. The Moon goes around the Earth one time in a month. There is no air or water on the Moon. There are tall mountains and flat, dusty plains on the Moon. There are many big holes called craters on the Moon.

| plain | mountain | crater |

plain
mountain
crater

Extra: Make the Earth in the sky above the Moon.

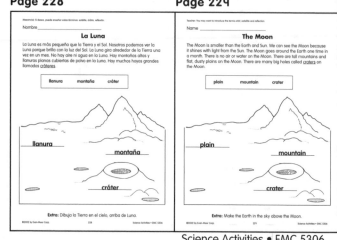

Science Activities • EMC 5306

Page 230

Nombre

Mira cómo cambia la Luna

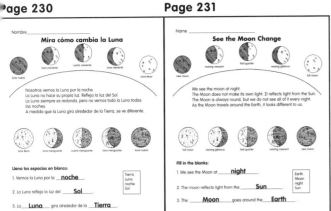

luna nueva · luna creciente · cuarto creciente · luna creciente · luna llena

Nosotros vemos la Luna por la noche.
La Luna no hace su propia luz. Refleja la luz del Sol.
La Luna siempre es redonda, pero no vemos toda la Luna todas las noches.
A medida que la Luna gira alrededor de la Tierra, se ve diferente.

luna llena · luna menguante · cuarto menguante · luna menguante · luna nueva

Llena los espacios en blanco:

1. Vemos la Luna por la __noche__

2. La Luna refleja la luz del __Sol__

3. La __Luna__ gira alrededor de la __Tierra__

Tierra / Luna / noche / Sol

Extra: Dibuja un cuarto creciente de luna al reverso de esta pagina.

©2002 by Evan-Moor Corp.

Page 231

Name

See the Moon Change

new moon · waxing crescent · first quarter · waxing gibbous · full moon

We see the moon at night.
The Moon does not make its own light. It reflects light from the Sun.
The Moon is always round, but we do not see all of it every night.
As the Moon travels around the Earth, it looks different to us.

full moon · waning gibbous · last quarter · waning crescent · new moon

Fill in the blanks:

1. We see the Moon at __night__

2. The moon reflects light from the __Sun__

3. The __Moon__ goes around the __Earth__

Earth / Moon / night / Sun

Extra: Draw a quarter moon on the back of this paper.

©2002 by Evan-Moor Corp.

Page 232

Nombre

Los hombres en la Luna

En 1969, los primeros hombres desembarcaron en la Luna. Ellos caminaron en la Luna. Recogieron piedras para llevarlas a la Tierra.

Estos hombres tuvieron que usar trajes especiales. Tuvieron que llevar aire para respirar. Tuvieron que llevar los alimentos y el agua que necesitaban para el viaje.

Dibuja un hombre en la Luna.
¿Qué llevará puesto?

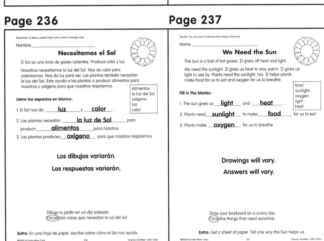

Los dibujos variarán.

Extra: ¿En qué se parecen la Tierra y la Luna?
¿En qué son diferentes?

©2002 by Evan-Moor Corp.

Page 233

Name

Men on the Moon

In 1969, the first men landed on the Moon. They walked on the Moon. They picked up rocks to bring back to Earth.

These men had to wear special suits. They had to take air to breathe. They had to take the food and water they needed for the trip.

Draw a man on the Moon.
What will he have on?

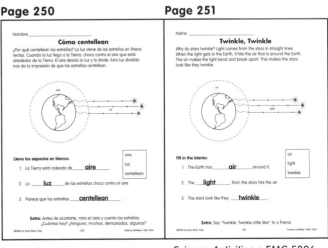

Drawings will vary.

Extra: How are the Earth and the Moon alike?
How are they different?

©2002 by Evan-Moor Corp.

Page 234

Nombre

El Sol

El Sol es una estrella. Es la estrella más cercana a la Tierra. Es la estrella que vemos durante el día. El Sol es mucho más grande que la Tierra. Se ve pequeño porque está tan lejos. La Tierra gira alrededor del Sol. Tarda un año en dar una vuelta al Sol.

Colorea el **Sol** de color amarillo.
Colorea la **Tierra** de azul y verde.
Escribe los nombres correcto.

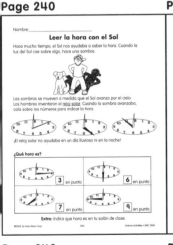

Sol · Tierra

Extra: La Tierra gira alrededor del Sol. Dibuja una Luna pequeña cerca de la Tierra.

©2002 by Evan-Moor Corp.

Page 235

Name

The Sun

The Sun is a star. It is the star closest to the Earth. It is the star we see in the daytime. The Sun is much bigger than the Earth. It looks small because it is so far away. The Earth travels around the Sun. It takes one year for it to travel once around the sun.

Color the **Sun** yellow.
Color the **Earth** blue and green.
Write the correct name.

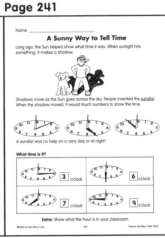

Sun · Earth

Extra: The Moon goes around the Earth. Make a little Moon by the Earth.

©2002 by Evan-Moor Corp.

Page 236

Nombre

Necesitamos el Sol

El Sol es una bola de gases calientes. Produce calor y luz.

Nosotros necesitamos la luz del Sol. Nos da calor para calentarnos. Nos da luz para ver. Las plantas también necesitan la luz del Sol. Esto ayuda a las plantas a producir alimentos para nosotros y oxígeno para que nosotros respiremos.

Llena los espacios en blanco:

1. El Sol nos da __luz__ y __calor__

2. Las plantas necesitan __la luz de Sol__ para producir __alimentos__ para nosotros.

3. Las plantas producen __oxígeno__ para que nosotros respiremos.

alimentos / la luz del Sol / oxígeno / luz / calor

Los dibujos variarán.

Las respuestas variarán.

Dibuja tu jardín en un día soleado.
Circula las cosas que necesitan la luz del sol.

Extra: En una hoja de papel, escribe sobre cómo el Sol nos ayuda.

©2002 by Evan-Moor Corp.

Page 237

Name

We Need the Sun

The Sun is a star. It is a ball of hot gases.

We need the sunlight. It gives us heat to stay warm. It gives us light to see by. Plants need the sunlight, too. It helps plants make food for us to eat and oxygen for us to breathe.

Fill in the blanks:

1. The sun gives us __light__ and __heat__

2. Plants need __sunlight__ to make __food__ for us to eat.

3. Plants make __oxygen__ for us to breathe.

food / sunlight / oxygen / light / heat

Drawings will vary.

Answers will vary.

Draw your backyard on a sunny day.
Circle the things that need sunshine.

Extra: Get a sheet of paper. Tell one way the Sun helps us.

©2002 by Evan-Moor Corp.

Page 240

Nombre

Leer la hora con el Sol

Hace mucho tiempo, el Sol nos ayudaba a saber la hora. Cuando la luz del Sol cae sobre algo, hace una sombra.

Las sombras se mueven a medida que el Sol avanza por el cielo. Los hombres inventaron el _reloj solar_. Cuando la sombra avanzaba, caía sobre los números para indicar la hora.

¡El reloj solar no nos ayudaba en un día lluvioso ni en la noche!

¿Qué hora es?

3 en punto   6 en punto

7 en punto   9 en punto

Extra: Indica qué hora es en tu salón de clase.

©2002 by Evan-Moor Corp.

Page 241

Name

A Sunny Way to Tell Time

Long ago, the Sun helped show what time it was. When sunlight hits something, it makes a shadow.

Shadows move as the Sun goes across the sky. People invented the _sundial_. When the shadow moved, it would touch numbers to show the time.

A sundial was no help on a rainy day or at night!

What time is it?

3 o'clock   6 o'clock

7 o'clock   9 o'clock

Extra: Show what the hour is in your classroom.

©2002 by Evan-Moor Corp.

Page 244

Nombre

Las estrellas

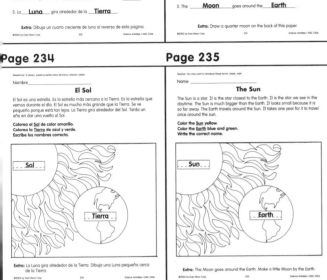

Una estrella es una bola de gases calientes. Las estrellas producen luz y calor. Las estrellas están tan lejos que no podemos sentir su calor. Se ven como pequeños puntitos de luz.

Las estrellas siempre están en el cielo. Durante el día, nuestro Sol produce tanta luz que no deja ver a las otras estrellas. Por la noche, cuando el Sol no está en nuestro cielo, podemos ver las otras estrellas.

Las estrellas en nuestro cielo se llaman "la Vía láctea".
¿Puedes adivinar por qué?

Conecta las frases que van juntas:

1. Una estrella es — calor y luz.
2. Las estrellas están — son parte de la Vía láctea.
3. Una estrella produce — una bola de gases calientes.
4. Nuestro Sol es — muy lejos.
5. Las estrellas en nuestro cielo — una estrella.

Extra: ¿Cómo se llama la estrella más cercana a la Tierra? __el Sol__

©2002 by Evan-Moor Corp.

Page 245

Name

Stars

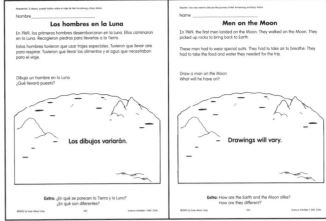

A star is a ball of hot gases. Stars make light and heat. Stars are so far away that we cannot feel their heat. They just look like little spots of light.

Stars are always in the sky. Our Sun makes so much light that it hides the other stars during the daytime. At night, when the Sun is not in our sky, we can see the other stars.

The stars in our sky are called "the Milky Way." Can you guess why?

Match:

1. A star is — heat and light.
2. Stars are — are part of the Milky Way.
3. A star makes — a ball of hot gases.
4. Our Sun — very far away.
5. The stars in our sky — is a star.

Extra: What is the name of the star nearest the Earth? __the Sun__

©2002 by Evan-Moor Corp.

Page 248

Nombre

Las constelaciones

Aquí hay algunas de las figuras de estrellas en nuestro cielo:

la reina en su trono (Casiopea)	el dragón (Draco)	el cazador (Orión)
la Osa Mayor (Ursa Mayor)	el caballo alado (Pegaso)	el cisne (Cygnus)

Repasa estas partes de figuras con una crayola negra:

1. en Casiopea   4. en Pegaso
2. en el dragón   5. en el cisne
3. en Orión   6. en la Osa Mayor

Extra: Dibuja la Osa Menor al reverso de esta hoja.

©2002 by Evan-Moor Corp.

Page 249

Name

Constellations

Here are some of the star pictures in our sky:

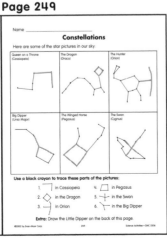

Queen on a Throne (Cassiopeia)	The Dragon (Draco)	The Hunter (Orion)
Big Dipper (Ursa Major)	The Winged Horse (Pegasus)	The Swan (Cygnus)

Use a black crayon to trace these parts of the pictures:

1. in Cassiopeia   4. in Pegasus
2. in the Dragon   5. in the Swan
3. in Orion   6. in the Big Dipper

Extra: Draw the Little Dipper on the back of this page.

©2002 by Evan-Moor Corp.

Page 250

Nombre

Cómo centellean

¿Por qué centellean las estrellas? La luz viene de las estrellas en líneas rectas. Cuando la luz llega a la Tierra, choca contra el aire que está alrededor de la Tierra. El aire desvía la luz y la divide. Esta luz dividida nos da la impresión de que las estrellas centellean.

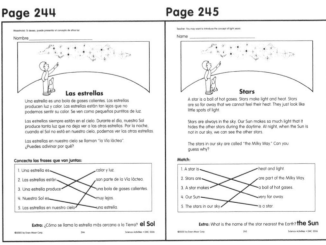

Llena los espacios en blanco:

1. La Tierra está rodeada de __aire__

2. La __luz__ de las estrellas choca contra el aire.

3. Parece que las estrellas __centellean__

aire / luz / centellean

Extra: Antes de acostarte, mira el cielo y cuenta las estrellas.
¿Cuántas hay? ¿Ninguna, muchas, demasiadas, algunas?

©2002 by Evan-Moor Corp.

Page 251

Name

Twinkle, Twinkle

Why do stars twinkle? Light comes from the stars in straight lines. When the light gets to the Earth, it hits the air that is around the Earth. The air makes the light bend and break apart. This makes the stars look like they twinkle.

Fill in the blanks:

1. The Earth has __air__ around it.

2. The __light__ from the stars hits the air.

3. The stars look like they __twinkle__

air / light / twinkle

Extra: Say "Twinkle, Twinkle Little Star" to a friend.

©2002 by Evan-Moor Corp.

Page 252
Nombre _____
¿Qué es?

la luna llena	la luna creciente
el Sol	el dragón
la Tierra	la Osa Mayor

Conecta los números:

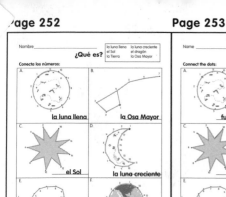

A. **la luna llena** B. **la Osa Mayor**
C. **el Sol** D. **la luna creciente**
E. **el dragón** F. **la Tierra**

Extra: Colorea el Sol de amarillo y la Tierra de azul y verde.

Page 253
Name _____
What Is It?

full moon	crescent moon
Sun	The Dragon
Earth	Big Dipper

Connect the dots:

A. **full moon** B. **Big Dipper**
C. **Sun** D. **crescent moon**
E. **The Dragon** F. **Earth**

Extra: Color the Sun yellow and the Earth blue and green.

Page 254
Nombre _____

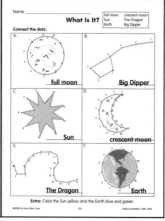

la Luna | la Tierra | el día | el cráter
el Sol | las estrellas | la noche | la Osa Mayor

1. Soy una figura de estrellas que ves en la noche. **la Osa Mayor**
2. Soy el tiempo cuando el cielo está oscuro. **la noche**
3. El planeta en el que te encuentras. **la Tierra**
4. Soy la estrella que ves durante el día. **el Sol**
5. Soy el tiempo cuando el cielo está iluminado con la luz solar. **el día**
6. Soy un hoyo profundo en la Luna. **el cráter**
7. Me verás si observas el cielo por la noche. Soy grande y brillo. **la Luna**
8. Nosotros centelleamos en el cielo durante la noche. **las estrellas**

¿Puedes encontrar las respuestas aquí?

P E R E T E S T R E L L A S
L U N A L M O S T I E R R A
N O C H E C I E R R A D Í A
B O C R Á T E R R E S S O L
L O M I N S O S A M A Y O R

Extra: Inventa una adivinanza sobre las estrellas. Cuéntasela a un amigo.

Page 255
Name _____

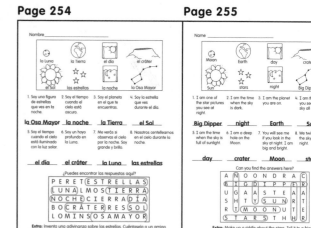

Moon | Earth | day | crater
Sun | stars | night | Big Dipper

1. I am one of the star pictures you see at night. **Big Dipper**
2. I am the time when the sky is dark. **night**
3. I am the planet you are on. **Earth**
4. I am the star you see in the sky all day. **Sun**
5. I am the time when the sky is full of sunlight. **day**
6. I am a deep hole on the Moon. **crater**
7. You will see me if you look in the sky at night. I am big and bright. **Moon**
8. We twinkle in the sky at night. **stars**

Can you find the answers here?

A N O O N D R A C
B I G D I P E A A
U G A A S T E A R
S H T Y S U N T T
R I O M O O N U T
E L S T A R S T H

Extra: Make up a riddle about the stars. Tell it to a friend.

Los planetas/The Planets .... pages 258-287

Page 258
Nombre _____
¿Qué es un sistema solar?

Un sistema solar tiene muchos elementos. El Sol está en el centro del sistema solar. Los planetas con sus lunas giran alrededor del Sol.

Pedazos de roca llamados meteoritos; enormes pedazos de roca, metal y hielo llamados asteroides; y grandes bolas de hielo, gas y roca llamados cometas también giran alrededor del Sol.

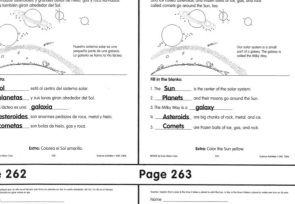

Nuestro sistema solar es una pequeña parte de una galaxia. La galaxia se llama la Vía láctea.

Completa:
1. El **Sol** está en el centro del sistema solar.
2. Los **planetas** y sus lunas giran alrededor del Sol.
3. La Vía láctea es una **galaxia**.
4. Los **asteroides** son enormes pedazos de roca, metal y hielo.
5. Los **cometas** son bolas de hielo, gas y roca.

Extra: Colorea el Sol amarillo.

Page 259
Name _____
What Is a Solar System?

A solar system has many parts. The Sun is the center of the solar system. Planets with their moons go around the Sun.

Chunks of rock called meteoroids; big chunks of rock, metal, and ice called asteroids; and frozen balls of ice, gas, and rock called comets go around the Sun, too.

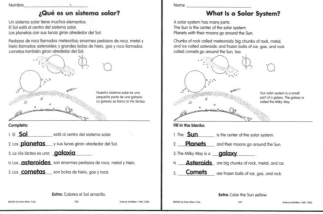

Our solar system is a small part of a galaxy. The galaxy is called the Milky Way.

Fill in the blanks:
1. The **Sun** is the center of the solar system.
2. **Planets** and their moons go around the Sun.
3. The Milky Way is a **galaxy**.
4. **Asteroids** are big chunks of rock, metal, and ice.
5. **Comets** are frozen balls of ice, gas, and rock.

Extra: Color the Sun yellow.

Page 260
Nombre _____
Los planetas

Hay ocho planetas en nuestro sistema solar. Algunos son grandes, otros son pequeños. Algunos están cerca del Sol. Otros están muy lejos.

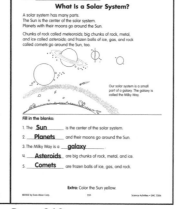

Los planetas desde los más pequeños hasta los más grandes.

Los planetas se mueven de dos maneras diferentes.

Ellos giran alrededor del Sol. Cada planeta sigue su propia órbita, o recorrido.

Los planetas también dan vueltas como un trompo.

Anota los planetas que son más pequeños que la Tierra.
Mercurio
Marte
Venus

Anota los planetas que son más grandes que la Tierra.
Neptuno
Urano
Saturno
Júpiter

Extra: Marca con X el planeta más pequeño. Colorea el planeta más grande.

Page 261
Name _____
The Planets

There are eight planets in our solar system. Some are large. Some are small. Some are close to the Sun. Some are very far away.

The planets from smallest to largest.

Planets move in two ways.

They move around the Sun. Each planet travels along its own orbit, or path.

Planets also spin around like a top.

List the planets that are smaller than Earth.
Mercury
Mars
Venus

List the planets that are bigger than Earth.
Neptune
Uranus
Saturn
Jupiter

Extra: Put an X on the smallest planet. Color the biggest planet.

Page 262
Nombre _____
Mercurio

- el planeta más cercano al Sol
- está a 36 millones de millas de distancia del Sol
- no tiene lunas

Mercurio es un pequeño planeta rocoso. Es muy caliente. Tiene una superficie polvorienta cubierta de hoyos redondos llamados cráteres. Mercurio se parece mucho a nuestra luna.

Un año en Mercurio dura 88 días. Un día en Mercurio dura como 59 días en la Tierra.

¿Sí o no?
1. Mercurio gira alrededor del Sol en 88 días. **Sí**
2. Mercurio tiene 3 lunas. **No**
3. Mercurio es un planeta rocoso y caliente. **Sí**
4. Mercurio se parece a la Tierra. **No**
5. Los cráteres son hoyos redondos. **Sí**

Extra: Busca Mercurio y márcalo con una X.

Page 263
Name _____
Mercury

- the planet closest to the Sun
- 36 million miles away from the Sun
- it has no moons

Mercury is a small, rocky planet. It is very hot. It has a dusty surface filled with round holes called craters. Mercury looks a lot like Earth's moon.

A year is 88 days long on Mercury. One day on Mercury is as long as 59 days on Earth.

Yes or No?
1. Mercury goes around the Sun in 88 days. **Yes**
2. Mercury has three moons. **No**
3. Mercury is rocky and hot. **Yes**
4. Mercury looks like Earth. **No**
5. Craters are round holes. **Yes**

Extra: Find Mercury. Put an X on it.

Page 264
Nombre _____
Venus

- el segundo planeta a partir del Sol
- está a 67 millones de millas de distancia del Sol
- no tiene lunas

Puedes ver a Venus brillando en el cielo de noche. Venus es casi tan grande como la Tierra. Es un planeta muy seco donde hace mucho calor. Tiene montañas muy altas y valles profundos. Tiene espesas nubes amarillas. Vientos fuertes mueven las nubes.

Un año en Venus dura 225 días. Un día dura como 243 días en la Tierra.

Completa:
1. Venus **no** tiene lunas.
2. Espesas **nubes** amarillas cubren Venus.
3. Venus es casi tan grande como la **Tierra**.
4. **Vientos** fuertes mueven las nubes.
5. Venus brilla por la **noche** en el **cielo**.

Extra: Busca a Venus. Márcalo con un círculo.

Page 265
Name _____
Venus

- the second planet from the Sun
- 67 million miles away from the Sun
- it has no moons

You can find Venus shining in the night sky. Venus is almost as big as Earth. It is a dry, hot planet. It has some tall mountains and deep valleys. It has thick, yellow clouds. Strong winds blow the clouds around.

A year on Venus is 225 days long. One day is as long as 243 Earth days.

Fill in the blanks:
1. Venus has **no** moons.
2. Thick, yellow **clouds** cover Venus.
3. Venus is almost as big as **Earth**.
4. Strong **winds** blow the clouds around.
5. Venus shines in the **sky** at **night**.

Extra: Find Venus. Put a ring around it.

Page 266
Nombre _____
Tierra

- el tercer planeta a partir del Sol
- está a 93 millones de millas de distancia del Sol
- tiene una luna

La Tierra es una bola de roca casi cubierta por océanos. No hace ni demasiado calor ni demasiado frío. La temperatura es perfecta para la vida humana y también para las plantas y los animales.

Visto desde el espacio, la Tierra se parece a un globo azul rodeado de nubes blancas. Debajo de las nubes, se puede ver el azul de los océanos y la tierra verde y color café.

Un año en la Tierra dura 365 días. Un día dura 24 horas.

Busca la frase que completa la oración:
1. La Tierra es una bola de roca — se llama Tierra.
2. En la Tierra no hace demasiado calor — 365 días.
3. La Tierra está a 93 millones de millas — casi cubierta por océanos.
4. El tercer planeta a partir del Sol — de distancia del Sol.
5. Un año en la Tierra dura — ni demasiado frío.

Extra: Busca la Tierra y traza un cuadrado alrededor de ella.

Page 267
Name _____
Earth

- the third planet from the Sun
- 93 million miles from the Sun
- it has one moon

The Earth is a ball of rock almost covered by oceans. It is not too hot and it is not too cold. It is just right for us to live. It is just right for the plants and animals, too.

From space, Earth looks like a blue ball covered with white clouds. Under the clouds you can see blue oceans and brown and green land.

A year on Earth is 365 days long. One day is 24 hours long.

Match:
1. Earth is a ball of rock — is called Earth.
2. The Earth is not too hot — 365 days long.
3. Earth is 93 million miles — almost covered by oceans.
4. The third planet from the Sun — from the Sun.
5. An Earth year is — or too cold.

Extra: Find Earth. Make a box around it.

Page 268
Nombre _____
Marte

- el cuarto planeta a partir del Sol
- está a 67 millones de millas de distancia del Sol
- no tiene lunas

Marte es un desierto excepto sus dos polos, que están cubiertos de hielo. Tiene montañas altas y cañones hondos. Su tierra está llena de herrumbre. Esto le da su color rojizo. Vientos muy fuertes levantan nubes de polvo rojo. Esto le da al cielo un color rosado. Hace mucho frío por la noche.

Un año en Marte dura 687 días. Un día dura 24½ horas.

¿Sí o no?
1. Hay mucha agua en Marte. **No**
2. Marte es el cuarto planeta a partir del Sol. **Sí**
3. Marte tiene un aspecto rojizo. **Sí**
4. Hay vientos muy fuertes en Marte. **Sí**
5. El cielo en Marte es verde. **No**

Extra: Busca y colorea Marte de color rojo.

Page 269
Name _____
Mars

- the fourth planet from the Sun
- 141 million miles from the Sun
- it has 2 moons

Mars is a desert except for the ice caps at each end of the planet. It has tall mountains and deep canyons. The soil is full of rust. It looks red. Strong winds blow up big storms of the red dust. This makes the sky look pink. The nights are very cold on Mars.

A year on Mars is 687 days long. One day is 24½ hours long.

Yes or No?
1. There is a lot of water on Mars. **No**
2. Mars is the fourth planet from the Sun. **Yes**
3. Mars looks red. **Yes**
4. There are windstorms on Mars. **Yes**
5. The sky on Mars is green. **No**

Extra: Find Mars. Color it red.

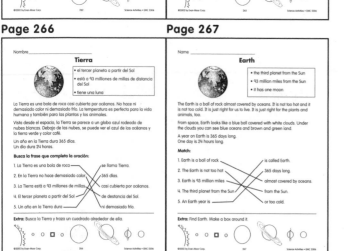
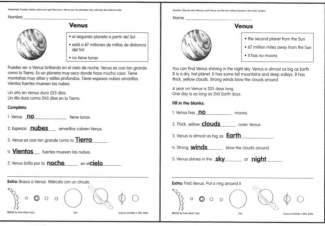
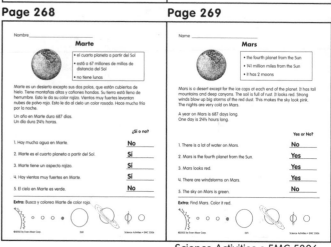
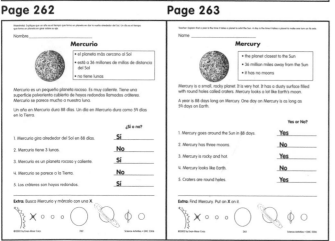
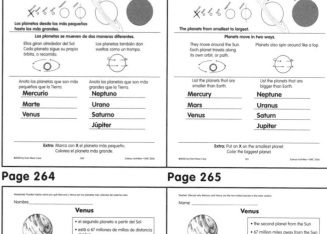
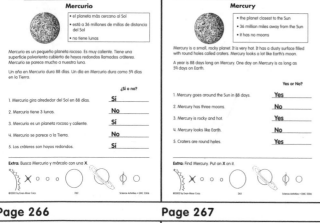

Science Activities • EMC 5306